MEU AMIGO SECRETO

FEMINISMO ALÉM DAS REDES

COLETIVO NÃO ME KAHLO

Bruna de Lara_Bruna Rangel_Gabriela Moura_Paola Barioni_Thaysa Malaquias

#MEU AMIGO SECRETO

FEMINISMO ALÉM DAS REDES

_Violência contra a mulher_Padrão de beleza_Por que o ódio ao feminismo?
_O desafio de ser mãe_Aborto_Empoderamento pra quem?
Machismo no mundo geek Feminismo negro_ e mais

Prefácio de Djamila Ribeiro

1ª edição

EDIÇÕES DE JANEIRO

Rio de Janeiro
2016

Editores
José Luiz Alquéres
Dênis Rubra

Assistente editorial
Rava Vieira

Copidesque
Marina Vargas

Revisão
Vânia Santiago

Projeto gráfico e capa
Lola Vaz

Editoração
FA studio

Imagem de capa
Pixaboy

CIP-BRASIL. CATALOGAÇÃO NA PUBLICAÇÃO
SINDICATO NACIONAL DOS EDITORES DE LIVROS, RJ

M557

#MeuAmigoSecreto: Feminismo além das redes / [Não Me Kahlo]. – 1. ed. – Rio de Janeiro: Edições de Janeiro, 2016.

Inclui bibliografia e índice
ISBN 978-85-67854-95-3

1. Papel sexual. 2. Sexo – Diferenças (Psicologia). 3. Feminismo. 4. Feminilidade. I. Não me Kahlo.

16-31558 CDD: 305.4
CDU: 316.346.2-055.2

Este livro foi revisado segundo o Acordo Ortográfico da Língua Portuguesa de 1990, em vigor no Brasil desde 2009.

EDIÇÕES DE JANEIRO

Rua da Glória, 344/103
Rio de Janeiro-RJ 20241-180
Tel.:(21) 3988-0060
contato@edicoesdejaneiro.com.br
www.edicoesdejaneiro.com.br

Agradecemos, primeiramente, às seguidoras que nos acompanham de perto, compartilham nossas mensagens, se envolvem nos debates e projetos que propomos e, assim, nos inspiram a continuar trabalhando. Também queremos agradecer a todas as mulheres que colaboram com a construção de conteúdo do nosso site, traduzindo artigos, revisando textos e escrevendo.

Registramos um agradecimento especial à Raquel Thomé, ilustradora do site, e à Djamila Ribeiro, que nos deu a honra de assinar o prefácio deste livro.

Por fim, deixamos aqui todo amor às nossas mães — primeiras referências de feminismo para nós, mesmo quando a palavra "feminista" sequer era pronunciada. Essas mulheres que com muita luta nos criaram e construíram histórias inspiradoras, que possibilitaram que estivéssemos hoje produzindo este material. Nós amamos vocês, Dalva Barioni, Stela Moura, Nádia Malaquias, Soraya Rangel e Larissa de Lara.

Sumário

Prefácio

Os estudos feministas são essenciais para que pensemos novos modelos de sociedade e possibilidades de emancipação para as mulheres. Sendo assim, teorizar sobre essas questões é um ato sobretudo político, uma tomada de posição.

De forma geral, pode-se dizer que o objetivo do feminismo[1] é uma sociedade sem hierarquia de gênero, uma sociedade na qual o gênero não seja utilizado para conceder privilégios ou legitimar opressão. Ou, como disse Amelinha Teles na introdução de *Breve história do feminismo no Brasil*, "falar da mulher em termos de aspiração e projeto, rebeldia e constante busca de transformação, falar de tudo o que envolva a condição feminina, não é só uma vontade de ver essa mulher reabilitada nos planos econômico, social e cultural. É mais do que isso. É assumir a postura incômoda de se indignar com o fenômeno histórico em que metade da humanidade se viu milenarmente excluída nas diferentes sociedades no decorrer dos tempos".

No Brasil, o "assumir essa postura incômoda", o movimento feminista, teve início no século XIX, o que chamamos de primeira onda.[2] Suas reivindicações eram voltadas para questões como o direito ao voto e à vida pública. Um dos grandes nomes dessa onda é a jornalista Nísia Floresta. Em 1922, nasce a Federação Brasileira pelo Progresso Feminino, que tinha como objetivo lutar pelo sufrágio feminino e pelo direito ao trabalho sem a autorização do marido, o que diz muito sobre quem era a mulher que reivindicava esse direito.

---

[1] O movimento feminista contemporâneo, reflexo das transformações do feminismo original — predominantemente intelectual, branco e de classe média —, configura-se um discurso múltiplo e de variadas tendências, embora com bases comuns. As feministas destacam que a opressão de gênero, de etnia e de classe social perpassa as mais variadas sociedades ao longo dos tempos. Essa forma de opressão sustenta práticas discriminatórias, tais como o racismo, o classismo, a exclusão de grupos de homossexuais e de outros grupos minoritários (Negrão, 2002; Prá, 1997; Toledo, 2003).

[2] Ver mais em *Breve história do feminismo no Brasil*, de Amelinha Teles.

A segunda onda começou nos anos 1970, em um momento de crise da democracia. Além de lutar pela valorização do trabalho da mulher, pelo direito ao prazer e contra a violência sexual, também combateu a ditadura militar. O primeiro grupo de que se tem notícia foi formado em 1972, sobretudo por professoras universitárias. Em 1975, formou-se o Movimento Feminino pela Anistia. No mesmo ano, surgiu o jornal *Brasil Mulher*, editado primeiramente no Paraná, depois transferido para a capital paulista. O jornal circulou até 1980.

Na terceira onda, que teve início da década de 1990, começou-se a discutir os paradigmas estabelecidos nas outras ondas. Apesar de que, as mulheres negras norte-americanas, como a ativista bell hooks, já na década de 1970 começaram a denunciar a invisibilidade das mulheres negras na pauta de reivindicações do movimento. No Brasil, o feminismo negro começou a ganhar força no fim dessa década, começo da década de 1980, lutando para que as mulheres negras se tornassem sujeitos políticos.

As críticas feitas por algumas feministas dessa terceira onda, alavancadas por Judith Butler, vêm no sentido de mostrar que o discurso universal é excludente; excludente porque as opressões atingem as mulheres de modos diferentes, portanto seria necessário discutir gênero com recorte de classe e raça, levando em conta as especificidades das mulheres. Trabalhar fora sem a autorização do marido, por exemplo, jamais foi uma reivindicação das mulheres negras/pobres, da mesma maneira que a universalização da categoria mulheres tendo em vista a representação política teve como base a mulher branca, de classe média. Além disso, a terceira onda propõe a desconstrução das teorias feministas e das representações que pensam a categoria de gênero de modo binário, masculino/feminino, como era feito até então.

O que percebemos, porém, é que existe uma história dominante do feminismo, que uma voz é privilegiada. Porque, ao restringir à terceira onda a discussão sobre as diferenças, ignora-se que já na segunda onda mulheres negras estavam refutando a categoria mulher criada pelo feminismo. É preciso se debruçar com um olhar crítico sobre essa história, porque, ao romper com a visão masculinista, as mulheres brancas acabaram criando um novo universal.

Nesse sentido, é de extrema importância um livro como o do Coletivo Não Me Khalo, que abarca várias vozes, dá visibilidade a diversas possibilidades de existência e rompe com essa ideia de universalidade.

No capítulo sobre feminismo negro, o coletivo destaca a importância da mulher negra como sujeito político, resgatando figuras como Sojourner Truth, que, já em 1851, com seu discurso "E eu não sou uma mulher?", nos ensinava que não era possível falar em mulher como um sujeito único. Mas, além disso, ao abordar a interseccionalidade, conceito cunhado por mulheres negras, enfatiza que essas mulheres não buscam somente possibilidades emancipatórias para seu grupo, mas também outro modelo de sociedade. Ao mostrar como classe, raça e gênero se entrecruzam e se combinam, gerando outras formas de opressão, elas nos ensinam que não é possível hierarquizar as opressões, uma vez que elas estruturam as relações sociais.

O livro aborda outra questão importante: o mundo geek, ainda tão misógino e masculino, e fala da importância de, nesse espaço, a mulher não ser mais definida pelo olhar do homem, não ser mais o Outro, para usar um termo de Simone de Beauvoir. No capítulo sobre padrão de beleza, vemos como a criação de um padrão do que é belo violenta mulheres e as coloca na posição de serem vistas e aprovadas pelo olhar masculino, mais uma vez no lugar do Outro, sem possibilidade de definir-se. Se há uma construção do belo, automaticamente há uma construção do desejo. Deseja-se quem é considerado belo, e pensar essa conexão é essencial para desmistificar a naturalização desses papéis.

Ao falar da cultura do estupro, evidencia-se como as mulheres ainda vivem uma realidade de medo, de não direito ao espaço público, em uma cultura arraigada que naturaliza desde cantadas cotidianas até a violação do corpo. É extremamente importante falar disso, quebrar o silêncio e denunciar os mecanismos criados para culpabilizar as vítimas de violência.

E, por fim, ao dedicar um capítulo à questão da violência contra a mulher, nos mostram os dados ainda alarmantes no que diz respeito à violência que as mulheres sofrem cotidianamente. De maneira detalhada, enumera quais são os variados tipos de violências às quais as mulheres estão submetidas, desde a física até a psicológica, o abuso financeiro, entre outras. Violências que muitas vezes não são encaradas como tal.

Acredito que um livro como este reitera a possibilidade de trabalhos com profundidade realizados a partir de um coletivo que atua nas redes sociais.

Essa pluralidade de vozes e temas enriquece a obra, que se mostra uma ferramenta importante de informação, conhecimento e, sobretudo, empoderamento. Mulheres falando de suas realidades e sendo sujeito de suas histórias.

Djamila Ribeiro
Mestre em Filosofia pela Universidade Federal de São Paulo,
colunista do site da *Carta Capital*,
feminista negra

Apresentação

Não é de hoje que a militância feminista na internet é vista com maus olhos. Por vezes, a chamam de supérflua; por outras, a acusam de ser ineficaz em relação a seus objetivos. Seja como for, todas essas críticas são permeadas por um certo tom de desdém, desqualificando o "feminismo de internet" como uma mobilização insignificante em comparação ao ativismo "real", ou seja, aquele feito nas ruas, fora do mundo virtual.

Nem todas as críticas podem ser desconsideradas, é claro. Longe de desqualificarem o feminismo on-line, aquelas que merecem nossa atenção procuram refletir sobre seus objetivos, delineando suas limitações. De fato, as informações produzidas no meio virtual — em especial nas redes sociais — costumam ser menos aprofundadas. Textos enxutos chamam mais atenção do que longos escritos, e o conteúdo em forma de imagens e vídeos é mais valorizado. Mesmo fora das redes sociais, como em colunas e blogs, preferem-se textos mais informais. É muito improvável que uma pessoa que está navegando pelas redes sociais queira parar para ler um artigo acadêmico de vinte páginas sobre o feminismo, não é? Porém, essa mesma pessoa estará disposta a assistir a um vídeo, a ver uma imagem ou a ler um texto menor que lhe interesse. Sendo assim, alguém que nunca tenha tido contato com o feminismo passa a tê-lo e a compreender melhor a nossa agenda. Enquanto isso, pessoas que já tiveram um primeiro contato com o movimento podem se aproximar de assuntos que antes desconheciam ou analisá-los por uma nova perspectiva. Não se trata, portanto, de difundir um conteúdo frívolo, mas de entender a utilidade do meio virtual em suas particularidades, para, assim, utilizá-lo da melhor forma possível.

Pouco se sabe ainda sobre o impacto da militância virtual no "mundo real". A página de Facebook do coletivo, o Não Me Kahlo, até o fechamento do livro, reúne mais de 800 mil seguidores e alcança milhões de pessoas a cada semana. No Twitter e no site, são milhares. Recebemos inúmeros e-mails com feedback bastante positivo de mulheres que conheceram o feminismo por meio das nossas redes sociais ou, por exemplo, que saíram de relacionamentos abusivos após lerem sobre o tema em nosso site, e sabemos que o mesmo ocorre com outras páginas feministas. Sendo assim, acreditamos que a internet é, sem dúvida, uma plataforma de extrema importância para a disseminação de nossa mensagem e para a pulverização de conteúdo feminista. E o maior exemplo que podemos citar desse engajamento virtual e de seu impacto na vida das mulheres se deu através da #MeuAmigoSecreto.

A hashtag, criada em novembro de 2015, não surgiu de uma campanha planejada, mas sim de uma construção coletiva e espontânea. Como acontece com muitas coisas na internet, é difícil definir o momento exato em que a tag nasceu. Porém, não há dúvidas de que o pontapé inicial foi dado em nossa conta no Twitter. Estávamos nos aproximando do final de ano, quando acontecem encontros festivos e brincadeiras, como a do amigo oculto. Lendo nessa época os tweets das pessoas que seguimos, um nos chamou a atenção. Uma menina reclamava do amigo secreto que havia tirado no sorteio, que não lhe agradava. Inspiradas no formato de seu microrrelato, resolvemos fazer uma série de tweets que trouxessem uma perspectiva feminista à situação. Fizemos isso várias vezes em outras ocasiões, mas nunca havíamos tido o alcance que conseguimos com a #MeuAmigoSecreto.

O primeiro tweet que publicamos foi "Meu amigo secreto diz que aborto é assassinato, mas pediu pra namorada abortar quando engravidou" — esse tweet, inclusive, abre o artigo sobre aborto deste livro. Depois, seguiram-se outros, como "Meu amigo secreto diz que não é homofóbico, mas que 'só pode ser viado longe de mim'" e "Meu amigo secreto não apresentou a namorada para a família porque ela é negra". Todos os tweets que publicamos foram baseados em fatos da vida de pessoas conhecidas e, até então, não estavam acompanhados da hashtag. Nossa intenção foi chamar atenção para o machismo daqueles que nos são próximos, desmistificando a noção de que nossos agressores são sempre pessoas desconhecidas. Na verdade, eles são também nossos chefes, colegas de trabalho, namorados, pais, tios, amigos… ou seja, alguém que você sortearia em um jogo de amigo oculto.

Imediatamente após a publicação dos tweets, nossas seguidoras começaram a nos mandar as próprias histórias. Depois, postamos um desses tweets na nossa página do Facebook e perguntamos: o que vocês falariam para o seu amigo secreto? Recebemos vários comentários seguindo o mesmo formato. Foi apenas no dia seguinte, porém, que ficamos sabendo da dimensão que aquilo havia tomado. Transformaram "meu amigo secreto" em hashtag e, por meio dela, milhares de mulheres estavam compartilhando seus relatos, interagindo e se conectando com as histórias umas das outras.

A adesão maciça de diferentes mulheres possibilitou que outras tivessem coragem também para contar os próprios casos. E, assim, a hashtag se transformou em algo muito maior do que havíamos imaginado, passando a ser utilizada para se falar, de forma indireta, sobre os abusos que mulheres sofrem por pessoas próximas, em tom de denúncia. Outro aspecto interessante que somente percebemos em uma análise posterior foi o efeito da hashtag sobre os homens. Quando falamos "meu amigo secreto", não dizemos quem é o amigo. Apenas damos dicas a partir das quais seria possível reconhecer e identificar quem é a pessoa sobre a qual falamos. Como veremos ao longo deste livro, o abuso é uma prática naturalizada e, infelizmente, bastante comum. Em muitos casos, a pessoa de quem se falava pode ter se identificado; em outros, pode ter acontecido de mais de um homem ter se identificado como o "amigo secreto". Era possível ainda que um homem soubesse que a indireta não era para ele, por não se reconhecer nos detalhes da história, mas que soubesse que já havia feito a mesma coisa ou algo semelhante com outra mulher.

Mais do que servir à conscientização dos homens, porém, a hashtag se estabeleceu como uma forma de denúncia das situações pelas quais nós mulheres passamos, nos relembrando que não estamos sozinhas e que é possível, sim, levantarmos a voz. Fora da internet, a campanha teve um impacto significativo: o número de denúncias feitas ao 180 – o "disque--denúncia" da Secretaria de Políticas para Mulheres – chegou a 63.090, 40% a mais do que no ano anterior.

Diante de resultados tão positivos, não poderíamos deixar que essa mobilização passasse sem que aprofundássemos os assuntos abordados por todas aquelas mulheres que fizeram uso do #MeuAmigoSecreto. Então, a convite da Edições de Janeiro, trazemos esse debate das redes sociais para o papel, procurando examinar mais a fundo diversos temas caros ao feminismo e oferecer às nossas leitoras um novo material de referência.

Nas páginas seguintes, vocês poderão acompanhar vários artigos que tratam de temas que selecionamos por acreditar que precisam de mais atenção agora. Os artigos foram elaborados de forma conjunta por todas nós e, por isso, não levam o nome de apenas uma autora neles. Debruçamos sobre essas questões, pesquisamos, juntamos dados, conversamos e trocamos nossas opiniões e ideias, de forma a construir um material completo, profundo, que ao mesmo tempo tivesse uma linguagem acessível e que fosse útil para a compreensão das complexidades contidas em cada um desses temas. Esperamos ter alcançado os objetivos pretendidos com este livro, e que possamos, aqui, ampliar e continuar esse debate tão relevante acerca do feminismo. Boa leitura!

Não Me Kahlo
Bruna de Lara, Bruna Rangel, Gabriela Moura,
Paola Barioni e Thaysa Malaquias

Construção da feminilidade: a naturalização dos papéis de gênero

#MeuAmigoSecreto acredita que os homens até podem dividir as tarefas domésticas com as mulheres, mas que elas levam mais jeito para isso.

Em um primeiro momento, pode parecer difícil contestar meu amigo. De fato, as mulheres, em geral, costumam realizar as tarefas domésticas com muito mais cuidado, atenção e eficiência do que os homens. Por essa razão é fácil concluir que, ao contrário deles, elas teriam uma predisposição às atividades e aos assuntos do lar: isso faria parte da "natureza feminina". O que meu amigo talvez não tenha percebido ainda é que, ao contrário do que o termo nos leva a pensar, os comportamentos considerados naturais ou imprimidos como parte de uma essência feminina são, na verdade, construções sociais — ou seja, frutos de processos históricos e culturais.

Paremos para analisar: desde cedo, as meninas aprendem que devem cuidar da casa. Enquanto seus irmãos estão brincando, assistindo TV ou estudando, elas estão lavando louça, arrumando as camas ou ganhando sua primeira vassourinha. Um estudo realizado com brasileiras de 6 a 14 anos concluiu que 81,4% delas arrumam sua própria cama, enquanto apenas 11,6% dos meninos fazem o mesmo.[1] Elas não só dedicam mais tempo à tarefa, como são cobradas de forma desigual. Quantas vezes já ouvimos, por exemplo, que "menina precisa ter capricho" ou que é "feio" uma moça ser desleixada?

Nesse cenário, frases como a do meu amigo acabam se tornando profecias autorrealizáveis. Convencidos de que as meninas têm um dom

[1] Dados da pesquisa "Por ser menina no Brasil: crescendo entre direitos e violências", da Plan International. Disponível em: <http://www.promenino.org.br/redepromenino/uploads/files/1/por_ser_menina_resumoexecutivo[2014][web].pdf>.

natural para o trabalho doméstico, nós as forçamos, mas não seus irmãos, a se dedicar a ele. Então, anos depois, quando se mostram melhores no desempenho dessas tarefas, dizemos: "Viu? A mulher leva mais jeito para isso, mesmo." Assim, ignoramos todo o processo de socialização por trás dessa aptidão, atribuindo a diferença entre homens e mulheres a causas meramente naturais.

Não se nasce mulher, torna-se mulher

Como todos os mamíferos, os seres humanos se dividem anatômica e fisiologicamente em duas categorias: os machos, nascidos com pênis, e as fêmeas, nascidas com vaginas. Com base nessa diferença anatômica, criamos duas categorias sociais: homem e mulher. A cada uma atribuímos um repertório simbólico artificial e arbitrário. As mulheres têm seu quarto pintado de rosa, seu corpo coberto por vestidinhos e suas orelhas furadas para receber um adorno logo nos primeiros dias de vida. Já os homens têm quartos azuis, roupinhas sem fru-fru e meses ou anos livres de acessórios.

Essas e outras diferenciações, feitas logo após o nascimento, marcam socialmente os nascidos com pênis e as nascidas com vagina, que são *ensinados* a se portar como homens e mulheres. Meninas não nascem gostando de rosa, desejando usar maquiagem ou sentando-se com as perninhas fechadas. É interessante pontuarmos, inclusive, que o rosa só passou a ser associado definitivamente à feminilidade a partir dos anos 1980. Antes disso, a convenção social era justamente o contrário: o rosa, por ser considerado uma cor forte, relacionada ao sangue, era imposto aos meninos, e o azul, às meninas.[2]

Hoje, a preferência das meninas por tons rosados é construída, em grande parte, pela publicidade infantil, que cria um ciclo vicioso:

---

2 Hancock, 2014.

as propagandas voltadas para meninas usam tons rosados porque o rosa é associado à feminilidade, e esse uso torna a associação ainda mais forte. Embora a mídia exerça grande influência sobre as crianças, são os adultos com quem elas convivem porém que têm maior poder sobre elas. Com eles, elas aprendem os comportamentos considerados apropriados para seu gênero, reproduzindo e descartando atitudes por meio da observação ou de ensinamentos diretos vindos de seus cuidadores.[3]

Os brinquedos que definimos como "de menino" e "de menina" também ensinam muito às crianças sobre o papel que se espera que elas desempenhem. Compramos bonecas, casinhas, forninhos e espelhinhos para as meninas, treinando-as para a tradicional função de mães e donas de casa e incentivando sua vaidade. Enquanto isso, os brinquedos voltados para os meninos costumam estar ligados aos esportes, à construção e aos super-heróis. Quando expressam interesse por brinquedos do gênero oposto, as crianças têm seus desejos repreendidos por meio de frases como "isso não é coisa de menina/o" ou "menina/o não gosta disso".

Outra construção social são as características que generalizamos como "de mulher" ou "de homem". Diz-se, por exemplo, que a emotividade e a docilidade são características inerentes à mulher, enquanto o desapego e a praticidade são naturais dos homens. Bem, em primeiro lugar, é importante notarmos que esses conjuntos de características criam duas espécies distintas de sujeitos: um treinado para a submissão e, o outro, para a independência. Portanto, a naturalização desses traços serve a uma tentativa de justificar o domínio do homem sobre a mulher. Em segundo lugar, devemos perceber que diferentes valores são atribuídos a essas características, a depender do gênero de quem as exibe.

Demonstrações de sensibilidade, por exemplo, são não apenas esperadas das mulheres, como também incentivadas. Afinal, a mulher que não mostra sentimentalidade é encarada como fria ou arrogante. Quando uma mulher é assertiva, por outro lado, diz-se que ela é insensível ou que

[3] Lorber, 1994, pp. 4-5.

não tem cuidado com os sentimentos dos outros, ao passo que, no homem, a assertividade é relacionada à franqueza e à objetividade.

Da mesma forma que o "isso é coisa de menino" limita nossas escolhas quando crianças, a repreensão social de certos comportamentos tidos como masculinos nos faz interiorizar traços opostos. Além de nos censurar, a sociedade se empenha em ensinar formas de agir consideradas mais "apropriadas" para as moças. Se os homens devem ser diretos, nós, mulheres, devemos ser extremamente cuidadosas com as palavras e ações, para não ferir os sentimentos alheios. Se os homens devem sempre se impor, nós, por outro lado, devemos relevar o que nos incomoda. Por séculos, mulheres que não se encaixavam no ideal de docilidade foram diagnosticadas com uma condição chamada histeria feminina.

A palavra histeria tem origem no termo grego para "útero", órgão que era considerado a causa da patologia. Durante séculos, o desconhecimento sobre o corpo da mulher levou médicos a acreditarem que o útero se movimentava — no livro de 1609 *Trois livres des maladies et infirmités des femmes*, Libaud escreveu até que ele chegava a subir aos pulmões e à cabeça.[4] A histeria também era chamada de "sufocação da matriz" — a matriz sendo o útero —, e acreditava-se que o fato de a mulher ficar muito tempo sem ter filhos poderia ser uma de suas causas.[5] Como tratamento, sugeria-se a manipulação da vagina e do clitóris pelo marido da mulher diagnosticada ou, caso isso não desse certo, pelo médico, que devia masturbar a paciente até que ela atingisse o orgasmo — assim, acreditava-se, ela ficaria mais calma. O primeiro vibrador, patenteado em 1869, foi criado por um médico norte-americano com o objetivo de tratar a histeria e "aliviar" os homens dessa tarefa.[6]

Apesar da vinculação da histeria a causas biológicas, o que se observava, na verdade, era que usava-se a histeria, muitas vezes, como forma de tornar patológicos comportamentos femininos que fugissem às normas

---

[4] Ávila; Terra, 2010.

[5] Ibidem.

[6] Verrumo, 2012.

sociais da época, posturas consideradas indevidas para uma mulher. Foi o que aconteceu com Camille Claudel, internada à força pela família em um manicômio, onde passou vinte e nove anos. Segundo Daniela Lima,[7] ela manchou a honra da família por não ter se casado nem tido filhos e por ter se dedicado à escultura, um ofício na época considerado masculino. O que alegava seu laudo de internação? Basicamente que Camille era relapsa com a aparência, as roupas e os sapatos e que vivia sozinha com muitos gatos. Ela era, como diz Daniela, um mau exemplo para as mulheres à sua volta.

> Mulheres eram internadas pelos mais variados motivos: engravidar *indevidamente*, gastar muito dinheiro, estar desempregada e — ainda mais violento — por um simples pedido da família. Na loucura, parecia caber tudo aquilo que era desviante à média ou à norma (...)
> Quando Camille transgrediu os estereótipos de gênero de sua época, revelou mecanismos de poder que fabricam esses estereótipos. Era um exemplo perigoso para outras mulheres. Portanto, tentaram "corrigir" violentamente sua *anormalidade*. O que define o anormal é que ele constitui, em sua existência mesma, a transgressão de leis invisíveis da sociedade, leis que são naturalizadas.[8]

Embora hoje a medicina não mais reconheça a histeria feminina, as expressões de raiva das mulheres continuam a ser associadas a seu ciclo reprodutivo e à sua sexualidade. Não raro, nossa revolta diante de atitudes machistas, por exemplo, é atribuída à tensão pré-menstrual ou a uma suposta falta de sexo, a fim de desvalidar nossas críticas. De fato, estudos norte-americanos mostraram que tanto homens quanto mulheres tendem a respeitar mais um homem quando ele expressa raiva, ao passo que as mulheres que expressam esse mesmo sentimento perdem respeito.[9]

---

7 Lima, 2015.

8 Ibidem.

9 Dahl, 2015.

Com as mulheres negras, isso acontece de forma ainda mais incisiva e constante, devido ao estereótipo da mulher negra raivosa — mais conhecido pelo termo em inglês, *angry black woman*. Basicamente, é a ideia de que mulheres negras, ao contrário das brancas, teriam uma tendência natural a ser mais agressivas e escandalosas — noção amplamente reforçada por Hollywood, que relega as atrizes negras a papéis que reproduzem esse estereótipo, e pela mídia em geral.

Para ilustrar, vale lembrar a briga recente entre as cantoras norte-americanas Nicki Minaj e Miley Cyrus. Em julho de 2015, Nicki fez uma série de críticas necessárias ao racismo na indústria musical norte-americana, mais especificamente no Video Music Awards, importante premiação musical do país. Um mês depois, em uma entrevista à *New York Times Magazine*, Miley censurou as críticas da colega, dizendo que há um "jeito certo" de falar sobre conflitos raciais e que ela não podia respeitar nenhuma opinião expressa com raiva.[10] Ou seja: uma mulher branca invalidou as críticas ao racismo feitas por uma mulher negra por considerar que suas opiniões expressavam raiva demais.

Essa característica atribuída às mulheres negras, assim como todas as outras que imputamos ao homem e à mulher não se explicam por razões naturais. São, como vimos, construídas desde a mais tenra idade e transmitidas de indivíduo a indivíduo. Como disse Simone de Beauvoir:

> Ninguém nasce mulher: torna-se mulher. Nenhum destino biológico, psíquico, econômico define a forma que a fêmea humana assume no seio da sociedade; é o conjunto da civilização que elabora esse produto intermediário entre o macho e o castrado que qualificam de feminino.[11]

[10] *E!News*, 2015.

[11] Beauvoir, 1967, p. 9.

A inscrição do gênero nos corpos

A construção do gênero vai muito além da designação de papéis e da construção de características, sendo capaz também de produzir corpos. O exemplo mais simples disso, no caso das mulheres, é a perfuração das orelhas. Ainda que atualmente um número considerável de homens *escolha* usar brincos, para eles o acessório não é uma marcação de gênero, mas sim uma mera opção estética. Para as mulheres, é o primeiro ritual de diferenciação do gênero feminino — quando vemos um bebê com brinquinhos, sabemos que é uma menina, não é?

Enquanto o uso de brincos costuma ser uma imposição — quem escolhe furar as orelhas de um recém-nascido são os pais, não ele —, outras formas de inscrição do gênero feminino se dão com mais sutileza, a partir do disciplinamento. Nos anos 1970, o teórico francês Michel Foucault dedicou parte de seus estudos ao entendimento do que ele veio a chamar de sociedade disciplinar. Procurando entender como o poder se manifesta na esfera subjetiva, Foucault analisou as diferentes instituições sociais da era moderna, como as escolas, as prisões e os manicômios, e sua relação com o poder.

Nas duas últimas, era comum que a organização arquitetural se baseasse no panóptico, pensado pelo jurista Jeremy Bentham como o desenho ideal para um instituto carcerário. Trata-se de uma estrutura construída em formato de anel, com uma torre instalada no centro. Na estrutura anelar ficariam as celas dos presos, cada uma com duas janelas, de modo que a iluminação permitisse ao agente carcerário, instalado na torre central, vigiar os movimentos dos prisioneiros. Na teoria, o fato de que eles não tinham meios de saber em que momento exatamente estariam sendo vigiados os faria agir como se estivessem sendo observados cem por cento do tempo. Dessa forma, o comportamento que antes se manifestaria apenas sob vigilância real acabaria por ser interiorizado por esses indivíduos, transformando-os em corpos dóceis, disciplinados. Até mesmo antes disso, a produção de corpos dóceis se deu pela padronização da educação, responsável não apenas por transmitir conhecimentos intelectuais, mas também por disciplinar o corpo, através, por exemplo, do controle da postura.

Embora Foucault não tenha se debruçado sobre a disciplina de corpos femininos e masculinos, é interessante pensarmos como sua teoria da disciplina dos corpos se aplica à inscrição do gênero no corpo humano. Em seu artigo "Foucault, Femininity and the Modernization of Patriarchal Power",[12] a professora emérita de filosofia e estudos de gênero Sandra Lee Bartky faz essa relação, mostrando como o corpo feminino pode ser disciplinado a partir da inscrição do ideal da docilidade. As mulheres são constantemente instadas a sorrir e tachadas de mal-educadas quando não o fazem. Interiorizando essa demanda, elas passam, de fato, a sorrir mais do que os homens. Da mesma forma, o ideal da submissão está presente no baixar de olhos das mulheres quando são encaradas por um homem.

Mais interessante ainda: Sandra explica como homens e mulheres aprendem a usar o espaço de forma diferente. Enquanto as mulheres, em geral, andam com os braços rentes ao corpo, sentam-se com as pernas fechadas e as mãos unidas sobre o colo, os homens costumam andar com os braços afastados, se sentar com as pernas bem abertas e deixar as mãos separadas. É provável que você já tenha percebido isso ao se sentar ao lado de um homem no transporte público. Já aconteceu de você estar lá, quietinha, ocupando o espaço do seu banco e um homem se sentar do seu lado com as pernas superabertas? Então, é disso que estamos falando.

Basicamente, as mulheres, ainda que de forma inconsciente, procuram ocupar sempre o menor espaço possível, enquanto os homens tendem a ocupar todo o espaço que estiver disponível. E isso, mais uma vez, não é natural. Quando um menino cruza as pernas, não é comum que

[12] Em tradução livre: "Foucault, feminilidade e a modernização do poder patriarcal".

seja ridicularizado ou que se diga a ele para se sentar como um homem? E, ao contrário, quando uma menina se senta com as pernas abertas, não dizem a ela para sentar como uma mocinha? Em sua obra *A dominação masculina*, o antropólogo e sociólogo Pierre Bourdieu argumenta que a eficácia dessa aprendizagem está justamente no fato de se manter despercebida, e que "os princípios antagônicos da identidade masculina e da identidade feminina se inscrevem, assim, sob forma de maneiras permanentes de se servir do corpo, ou de manter a postura, que são como a realização, ou melhor, a naturalização de uma ética".[13]

A forma considerada "certa" de homens e mulheres ocuparem espaço está ligada a alguns ideais abstratos de gênero, como a delicadeza feminina e a robustez masculina. Uma mulher delicada e elegante não deve ocupar muito espaço nem chamar atenção, já um homem másculo e forte deve dominar o território. Bourdieu enfatiza:

> [É] como se a feminilidade se medisse pela arte de "se fazer pequena" (...), mantendo as mulheres encerradas em uma espécie de *cerco invisível* (do qual o véu não é mais do que manifestação visível), limitando o território deixado aos movimentos e deslocamentos de seu corpo — enquanto homens tomam maior lugar com seu corpo, sobretudo em lugares públicos. Essa espécie de *confinamento* simbólico é praticamente assegurado por suas roupas (o que é algo mais evidente ainda em épocas antigas).[14]

As formas mais severas da inscrição física do gênero talvez sejam, porém, a circuncisão masculina e a mutilação do clitóris. Embora esses dois processos constituam interferências profundas e involuntárias nos corpos de crianças, é importante perceber que têm significados culturais muito diferentes. Segundo Judith Lorber:

13 Bourdieu, 2002, p. 38.

14 Ibidem, p. 39.

> Os pais judeus circuncisam seus filhos recém-nascidos para mostrar seu compromisso com Deus. As mulheres nas sociedades africanas removem o clitóris de suas filhas pré-púberes, raspam os lábios e os fazem crescer emendados para preservar sua castidade e as condições necessárias para o casamento (...) Hanna Papanek nota que essas práticas reforçam o senso de superioridade ou inferioridade nos adultos que as executam, assim como nas crianças nas quais são realizadas: as genitálias dos pais e filhos judeus são provas físicas e psicológicas compartilhadas do domínio religioso e do status de sua família; as genitálias das mães e filhas africanas são provas físicas e psicológicas de sua subordinação conjunta.[15]

A desvalorização do feminino

Como instituição social, o sistema de gênero não apenas *cria* diferenciações entre machos e fêmeas humanos, ensinando-os a serem homens e mulheres, como confere status diferentes a um e a outro. Se é verdade que o gênero restringe as escolhas tanto dos homens quanto das mulheres, repreendendo aqueles e aquelas que adotam comportamentos tidos como pertencentes ao gênero oposto, é verdade também que ele confere maior valor às condutas impostas aos homens, em detrimento daquelas impostas às mulheres.

As ocupações tradicionalmente femininas — nas quais características como o cuidado com o outro e o apreço pelas coisas do lar são valorizadas —, por exemplo, não concedem poder às mulheres. Em relação ao trabalho doméstico, as pesquisadoras Márcia Lima e Marta Rodriguez de Assis Machado escreveram:

> Tudo isso não apenas no plano material, mas com os requintes de desvalorização simbólica e decréscimo de autoestima. Como dizia Simone de Beauvoir, poucas tarefas se parecem mais com a

[15] Lorber, 1994, p. 4.

> tortura de Sísifo além dos afazeres domésticos, com a sua interminável repetição: a limpeza torna-se suja, a sujeira é feita limpa, dia após dia. E além de cansativo e interminável, o trabalho doméstico é sempre associado a algo sem sentido e sem refinamento produtivo ou intelectual.[16]

Aqui, deve-se reconhecer também a interseção entre as questões de gênero, classe e raça. Segundo dados do censo de 2010, dos quase 5 milhões de brasileiros que trabalhavam como empregados domésticos na época, 94,4% eram mulheres, 61,6% eram negros e 60% não haviam completado o Ensino Fundamental.[17] Ou seja: quando uma mulher não precisa se dedicar ao trabalho doméstico, é provavelmente porque outra — negra e mais pobre — está assumindo essa tarefa.

Da mesma forma, as características associadas ao feminino são vistas como virtudes das mulheres que as possuem, mas não lhes conferem nenhum status — são, na verdade, consideradas empecilhos à ocupação de posições de poder, atributo encarado como masculino. Somos dóceis, boazinhas e sensíveis demais para exercer cargos que exigem objetividade e franqueza, traços historicamente valorizados e encarados como masculinos.

Quando uma mulher deseja ocupar uma função de liderança, portanto, ela enfrenta um duplo desafio. Se for feminina demais, será considerada fraca e inapta. Provavelmente, vai passar boa parte da carreira ouvindo insinuações de que lançou mão de favores sexuais para chegar aonde chegou. Se, por outro lado, ela exibir traços tradicionalmente valorizados nesses cargos, será considerada masculina e durona. Dirão que ela é um "homem de saias" e que sua postura se deve a uma suposta falta de sexo.

As próprias mulheres, inseridas em um sistema de dominação que se impõe como natural, acabam por interiorizar essa inferiorização, o que

[16] Lima; Machado, 2016, p. 6.

[17] Ibidem, pp. 1-2.

as desencoraja a realizar atos que não sejam esperados delas, e fazendo com que reproduzam discursos machistas. Ao mesmo tempo, os homens são desencorajados a ocupar posições tradicionalmente femininas, consideradas degradantes. Aqueles que se aventuram a desempenhar essas funções, no entanto, acabam sendo muito mais valorizados do que as mulheres que as realizam — basta pensarmos na diferença de admiração despertada, por exemplo, por um cozinheiro e uma cozinheira.[18]

Nesse contexto de desvalorização do feminino, fazer algo "como uma menina" ou "como uma mulher" vira uma ofensa, porque o padrão de qualidade é o masculino. Analisando a associação entre sexualidade e poder, Bourdieu nota que, em diversas sociedades, a penetração, em relações homossexuais, era vista como forma de dominação, da afirmação de uma superioridade ao "feminizar" o outro, ou seja, o penetrado.[19] Hoje, ainda é comum que se diga a homens encarcerados, por exemplo, que eles serão "feitos de mulherzinha" por presos mais fortes. Bourdieu conclui, então, que "a pior humilhação, para um homem, consiste em ser transformado em mulher" e que a virilidade é construída "contra a feminilidade, por uma espécie de *medo* do feminino".[20]

A mulher como "o Outro"

O sistema de gênero em vigor em nossa sociedade valoriza o masculino a tal ponto que ele é considerado universal. De acordo com ele, o homem é o padrão, enquanto a mulher é aquela que se desvia do padrão. Nas palavras de Simone de Beauvoir:

> Se quero definir-me, sou obrigada inicialmente a declarar: "Sou uma mulher". Essa verdade constitui o fundo sobre o qual se

[18] Bourdieu, 2002, pp. 71, 75.

[19] Ibidem, p. 31.

[20] Ibidem, pp. 32, 67.

> erguerá qualquer outra afirmação. Um homem não começa nunca por se apresentar como um indivíduo de determinado sexo: que seja homem é natural. (...) A relação dos dois sexos não é a das duas eletricidades, de dois polos. O homem representa a um tempo o positivo e o neutro, a ponto de dizermos "os homens" para designar os seres humanos, tendo-se assimilado ao sentido singular do vocábulo vir o sentido geral da palavra homo. A mulher aparece como o negativo, de modo que toda determinação lhe é imputada como limitação, sem reciprocidade. Agastou-me, por vezes, no curso de conversações abstratas, ouvir os homens dizerem: "Você pensa assim porque é uma mulher". Mas eu sabia que minha única defesa era responder: "penso-o porque é verdadeiro", eliminando assim minha subjetividade. Não se tratava, em hipótese alguma, de replicar: "E você pensa o contrário porque é um homem", pois está subentendido que o fato de ser um homem não é uma singularidade; um homem está em seu direito sendo homem, é a mulher que está errada. (...) A mulher determina-se e diferencia-se em relação ao homem e não este em relação a ela; a fêmea é o inessencial perante o essencial. O homem é o Sujeito, o Absoluto; ela é o Outro.[21]

A mulher, em suma, é aquela que se diferencia do homem. Isso fica claro, por exemplo, na estética feminina. O homem, para ser considerado masculino, deve manter os pelos, ficar de cara limpa e aceitar suas rugas. A mulher, por outro lado, deve se afastar de seu estado natural para ser considerada feminina. O padrão de beleza vigente exige dela que arranque os pelos que lhe cobrem o corpo, esconda suas "imperfeições" com espessas camadas de maquiagem e trave uma batalha perdida contra o tempo. Tudo isso, sob pena de ser considerada relaxada, feia ou "igual a um homem".

Com todas essas imposições, construímos a ideia do corpo feminino como algo deficiente: ao natural, alguma coisa lhe falta. Para suprir essa

[21] Beauvoir, 1970, pp. 9-10.

aparente deficiência, é preciso o maior dos comprometimentos. O ideal de beleza, afinal, é mais uma das formas de disciplinar o corpo feminino. Para atender às suas expectativas, é preciso saber manejar uma dezena de instrumentos e produtos,[22] dispor de tempo e, é claro, de dinheiro. Em seu livro *O mito da beleza*, Naomi Wolf aponta que "à medida que as mulheres se liberaram da mística feminina da domesticidade, o mito da beleza invadiu esse terreno perdido, expandindo-se ao mesmo tempo que a mística definhava, para assumir sua tarefa de controle social".[23]

Considerada ser-percebido,[24] sempre sob o olhar dos outros, a mulher tem de encarar a distância entre seu próprio corpo e aquele que lhe é imposto por padrões arbitrários. Treinada para agradar esse olhar externo que lhe exige o impossível e sabendo estar sempre em avaliação, ela exerce sobre si mesma uma disciplina rígida e constante, na forma de dietas, exercícios modeladores e tratamentos estéticos. Sob tamanha pressão, acaba marcada por um sentimento de autodepreciação. Segundo um estudo realizado em Londres, Inglaterra, por exemplo, as mulheres se criticam em média oito vezes por dia.[25] Das vinte autocríticas mais recorrentes, treze têm relação com a aparência física.

Enquanto os homens são considerados bonitos ainda que não usem maquiagem, não retirem os pelos e envelheçam, as mulheres que escolhem não ornar seus corpos são constantemente castigadas. Em seu livro, Wolf dedica um capítulo inteiro à relação entre capitalismo, mercado de trabalho e beleza, dando diversos exemplos notáveis de mulheres que perderam o emprego ou deixaram de ser contratadas por serem consideradas pouco atraentes ou velhas demais.

Ao mesmo tempo que penaliza as mulheres que não tomam parte nos rituais de feminilidade, a sociedade tacha aquelas que se preocupam

---

22 Bartky, 1998.

23 Wolf, 1992, pp. 12-13.

24 Bourdieu, 2012.

25 Disponível em: <http://www1.folha.uol.com.br/mulher/2016/01/1725835-mulheres-se-criticam-ao-menos-oito-vezes-por-dia-diz-estudo.shtml?cmpid=facefolha>.

com a beleza de fúteis; renega e humilha as mulheres que estão fora do padrão, mas deprecia as que se encaixam nele com mais perfeição, que passam a ser consideradas bonitas demais para serem levadas a sério. O projeto disciplinar da feminilidade,[26] então, se estabelece como uma forma eficaz de controle das mulheres, forçando-as a dedicar tempo e recursos a uma batalha que estão destinadas a perder.

Para além da questão estética, o lugar da mulher como "o Outro" pode ser observado nas produções culturais. Os jornais diários, por exemplo, costumam conter um caderno dedicado especificamente às mulheres, sempre mostrando o que seria o ideal feminino — a mulher que se preocupa com moda, culinária, beleza e decoração. No mercado editorial, ainda vigora a ideia de que a literatura produzida por mulheres não é capaz de despertar interesse no público masculino, independentemente do assunto sobre o qual elas escrevam.[27] Vale lembrar, aqui, o caso da escritora J.K. Rowling, que foi aconselhada a publicar o primeiro livro da série *Harry Potter* usando apenas as iniciais de seu nome, para que o público não soubesse de imediato que a série era escrita por uma mulher.

Uma expressão máxima dessa premissa pode ser encontrada no lamentável termo escolhido para designar um gênero no qual a mulher é o centro de todas as atenções: a literatura — e o cinema — "de mulherzinha" (*chick flick*). Ainda que o termo fosse um pouco mais aprazível — se, por exemplo, deixasse de lado o terrível diminutivo em tom de escárnio —, a ideia por trás dele ainda seria ruim. Homens escrevem sobre homens o tempo todo, e nunca se inferiu que estivessem escrevendo apenas para seus pares. A mulher, entretanto, não estaria apta a falar de determinadas coisas e não seria lida por todos. Mas eles sim, porque seu olhar, o olhar do homem, é o olhar neutro.

Mesmo quando são empreendidas tentativas de enfraquecer o sistema de gênero, a mulher continua relegada ao lugar de "o Outro".

---

[26] Bartky, 1998.

[27] Romanelli, 2014.

Em 2015, por exemplo, a apresentadora norte-americana Ellen DeGeneres lançou uma linha de roupas sem gênero, ou seja, que poderiam ser usadas tanto por homens quanto por mulheres. Antes de tudo, podemos questionar a tentativa da apresentadora de insinuar que, ao contrário de todas as outras roupas do mundo, aquelas seriam as únicas livres de marcações de gênero. O que mais chamou a atenção na linha de Ellen, porém, foi o fato de que todos os itens de vestuário apresentados por ela eram, na verdade, aqueles tradicionalmente vistos como masculinos. Havia mulheres de calças, jaquetas e suéteres largos, mas não homens de vestidos, saias ou blusas de alcinha. Novamente, vemos que apenas o masculino pode tornar-se universal, pois é no feminino que marcamos o sexo. Quando há uma tentativa de criar neutralidade, migra-se para o masculino.

O problema do gênero

O entendimento do gênero como construção social é fundamental para que os papéis e condutas tradicionalmente designados a homens e mulheres possam ser mudados. Afinal, a naturalização do gênero é essencial para a manutenção do imaginário social que coloca homens acima de mulheres. Quando consideramos, por exemplo, que o cuidado do lar é uma tarefa feminina por determinação natural, reforçamos como imutável o paradigma que aprisiona mulheres a horas de um trabalho pouco valorizado e mal remunerado — ou, na maior parte das vezes, sem remuneração.

Esse entendimento é também fundamental para que saibamos que ser homem ou ser mulher não equivale a ter, respectivamente, um pênis ou uma vagina. Embora o gênero nos seja imposto de acordo com nossa genitália, não há nada de natural na relação vagina-mulher/pênis-homem ou no conjunto de significados que hoje estão por trás dessas categorias sociais. É possível ter uma vagina e se identificar com a categoria social homem, assim como é possível se identificar com a categoria social mulher sem aderir completamente a todos os ditames da feminilidade. Da mesma maneira, é possível não se prender ao binarismo de gênero. Nas palavras de Judith Butler:

> Às vezes há formas de minimizar a importância do gênero na vida, ou de confundir categorias de gênero para que elas não mais tenham poder descritivo. Mas outras vezes o gênero pode ser muito importante para nós, e algumas pessoas realmente amam o gênero que reivindicaram para si mesmas. Se o gênero for erradicado, será um importante domínio de prazer para muitas pessoas. Já outras têm uma noção forte de si amarrada aos seus gêneros, então acabar com o gênero seria destruidor para sua noção de si. Acho que temos que aceitar uma larga variedade de posições sobre o gênero. Alguns querem ser livres de gênero, mas outros querem ser livres para viver um gênero que é crucial para quem eles são. (...) Eu não vejo problema algum em mulheres terem um pênis e homens terem uma vagina. As pessoas podem ter quaisquer características primárias que tenham (sejam elas dadas ou adquiridas) e isso não necessariamente insinua a qual gênero pertencem ou querem pertencer. Para outras, as características sexuais primárias significam o gênero de forma mais direta.[28]

O problema não está em identificar-se como homem ou mulher, independentemente da genitália. O problema é a forma como o sistema de gêneros como instituição social cria uma hierarquia, colocando os homens em uma posição superior à das mulheres. Uma mudança nas estruturas do sistema de gênero como o conhecemos, porém, é extremamente complexa. Afinal, ele é sustentado por outras instituições sociais, como a escola, a religião e a lei, além de se manifestar e se propagar através das produções culturais.[29]

---

[28] Butler, 2015.

[29] Foucault; Gramsci *apud* Lorber, 1994.

Mais do que isso, o gênero como instituição está entranhado a tal ponto em nossa sociedade que, na maior parte das vezes, mal o percebemos. Todos fazemos gênero o tempo todo, mas só paramos para reparar nessa performance quando ela está em desacordo com o que prega o sistema.[30] Eis aí, então, o maior trunfo do sistema de gênero como forma de opressão: ele se faz invisível.

Referências

ÁVILA, Lazslo Antônio; TERRA, João Ricardo. "Histeria e somatização: O que mudou?". *Jornal Brasileiro de Psiquiatria*, Rio de Janeiro, v. 59, n. 4, pp. 333-340, 2010.

BARTKY, Sandra Lee. "Foucault, femininity and the modernization of the patriarchal power". In: WEITZ, Rose (Org.). *The Politics of Women's Bodies:* Sexuality, Appearance and Behavior. Oxford: Oxford University Press, 1998, pp. 25-45.

BEAUVOIR, Simone de. *O segundo sexo:* a experiência vivida. São Paulo: Difusão Europeia do Livro, 1967.

______. *O segundo sexo*: fatos e mitos. São Paulo: Difusão Europeia do Livro, 1970.

BOURDIEU, Pierre. *A dominação masculina*. Rio de Janeiro: Bertrand Brasil, 2002.

BUTLER, Judith. "Judith Butler fala das TERFs e do trabalho de Sheila Jeffreys e Janice Raymond" [8 jun. 2015]. Entrevista concedida a Cristan Williams e veiculada no site The TERFs em 1º maio 2014. Disponível em: <http://www.naomekahlo.com/#!Judith-Butler-fala-das-TERFs-e-do-trabalho-de-Sheila-Jeffreys-e-Janice-Raymond/c1a1n/5565304d0cf24874175e33bc>. Acesso em 24 jan. 2016.

DAHL, Melissa. "Women who show anger are taken less seriously". *New York Maganize*, 13 nov. 2015. Disponível em: <http://nymag.com/scienceofus/2015/10/women-who-show-anger-are-taken-less-seriously.html?mid=facebook_nymag#>. Acesso em 22/1/2016.

E! News. "Miley Cyrus critica comentários de Nicki Minaj sobre o VMA 2015", 28 ago. 2015. Disponível em: <http://br.eonline.com/2015/miley-cyrus-critica-comentarios-de-nicki-minaj-sobre-o-vma-2015/>. Acesso em 22 jan. 2016.

FOUCAULT, Michel. "O olho do poder". In: ______. *Microfísica do poder*. Rio de Janeiro: Paz & Terra, 2014, pp. 318-343.

HANCOCK, Jaime Rubio. "Por que rosa é de menina e azul é de menino?". *El País*, 18 nov. 2014. Disponível em: <http://brasil.elpais.com/brasil/2014/11/18/ciencia/1416328918_518343.html>. Acesso em 22 jan. 2016.

[30] Lorber, 1994, p. 1.

LIMA, Daniela. "Camille Claudel: a quem serve a normalidade?" *Blog da Boitempo*, 3 nov. 2015. Disponível em: <http://blogdaboitempo.com.br/2015/11/03/camille-claudel-a-quem-serve-a-normalidade/>. Acesso em 24 fev. 2016.

LIMA, Márcia; MACHADO, Marta Rodriguez de Assis. "Trabalho doméstico no Brasil: afetos desiguais e as interfaces de classe, raça e gênero". *Geledés*, jan. 2016. Disponível em: <http://www.geledes.org.br/wp-content/uploads/2016/01/Texto_Domesticas_Mascaro_final.pdf?1c3484>. Acesso em 23 jan. 2016.

LORBER, J. *Night to His Day*: The Social Construction of Gender. Manhattan, Kansas: Midwest Equity Assistance Center, 1994.

MAGNABOSCO, Maria Madalena. "Mal-estar e subjetividade feminina". *Revista Mal-Estar e Subjetividade*, Fortaleza, v. 3, n. 2, set. 2003. Disponível em: <http://pepsic.bvsalud.org/scielo.php?script=sci_arttext&pid=S1518-61482003000200009>. Acesso em 24 fev. 2016.

ROMANELLI, Marina. *A representatividade feminina na literatura brasileira contemporânea*. Rio de Janeiro: ECO/UFRJ, 2014. Monografia (Graduação em Comunicação Social).

VERRUMO, Marcel. "Primeiro vibrador da história era terapêutico e movido a vapor: conheça a história do objeto". *Superinteressante*, 22 ago. 2012. Disponível em: <http://super.abril.com.br/blogs/historia-sem-fim/primeiro-vibrador-da-historia-era-terapeutico-e-movido-a-vapor-conheca-a-historia-objeto/>. Acesso em 24 fev. 2016.

WOLF, Naomi. *O mito da beleza*. Rio de Janeiro: Rocco, 1992.

Mulheres negras: o sujeito desconhecido

#MeuAmigoSecreto acha que feminismo negro é segregacionista e vai dividir o movimento, afinal, somos todas mulheres.

Ligar a televisão em um telejornal sensacionalista é receber uma torrente de sangue e dor. As manchetes e reportagens que destrincham os detalhes de crimes de gênero não deixam esquecer quão violento o mundo é para as mulheres. Digitar a palavra "estuprada" ou o termo "morta pelo companheiro" em um buscador na internet resulta em uma lista que parece não ter fim de notícias e artigos sobre assassinatos cujas vítimas tiveram tal destino unicamente por serem mulheres. Uma cabeleireira morta com um tiro na cabeça pelo marido ciumento, uma travesti esfaqueada na rua porque seu algoz não a considerava humana, uma adolescente enforcada pelo namorado que não aceitou o fim do relacionamento, uma jovem violentada em uma festa na universidade.

As campanhas de conscientização sobre a importância da denúncia e os cartazes que explicam aos homens, de maneira clara e didática, que não podem tocar uma mulher sem permissão são ignorados ou se tornam alvo de deboche. Quando se joga um holofote sobre essas situações, podemos perceber que o perfil das vítimas muda. O que não significa, de maneira alguma, que exista uma balança para o sofrimento, mas sim que é imprescindível buscar a raiz desses recortes, com o objetivo de entender as motivações desses crimes e fazer com que espaços feministas não sejam reprodutores de uma das mazelas mais violentas do país: o racismo.

A evolução dos debates sobre machismo no Brasil aconteceu de maneira diferente para mulheres negras e brancas. A suposição de que fazer recorte de raça nos debates feministas promoveria uma segregação dentro de um grupo que deveria se unir — ou seja, dividiria o movimento —, deixa evidente como é preciso relembrar a história e compreender o que enfrentamos hoje no que diz respeito às diferenças sociais mantidas com afinco pelo senso comum. Não enxergar a necessidade do estudo em diferentes nichos sobre mulheres brasileiras e ignorar negras e indígenas, por exemplo, é desconsiderar sua existência e suas especificidades. Nas próximas páginas trataremos do surgimento de um feminismo negro que busca promover espaços e debates sobre essa camada da população ainda ignorada, e a proposta é que essa análise, ainda que preliminar, possa ser uma abertura para uma nova forma de ver a luta das mulheres no Brasil. Por isso, apenas entendendo as similaridades e as diferenças entre esses grupos é que poderá ser feita uma apreciação justa. O reconhecimento de que não existe apenas um tipo de violência vitimando as mulheres pode ajudar na elaboração de políticas que diminuam o abismo entre esses cenários.

A importância do recorte de raça dentro do feminismo

De cada cem mulheres assassinadas, quantas são negras? De cada cem mulheres em universidades, quantas são negras? De cada cem mulheres ocupando cargos de decisão em empresas, quantas são negras? De cada cem mulheres trabalhando em cargos de limpeza, quantas são negras? Por quê?

Focar na mulher negra torna o sofrimento da mulher branca aceitável? Nem por um segundo. Ao contrário, essa série de questões se presta a mostrar que, para diminuir os índices de violência contra a mulher, a situação da população negra precisa ser revisitada quantas vezes forem necessárias até que se compreenda o problema e sejam implantadas soluções. Se falarmos de violência doméstica mas ignorarmos que a moradora periférica está mais à mercê de companheiros violentos, alcoolismo e violência policial, os números de morte vão se manter ou aumentar, mas não diminuir. Portanto, ainda que as regiões centrais e as classes mais abastadas não devam ser esquecidas, esse discurso não pode negar visibilidade à cor.

Quando falamos de fazer um recorte de raça, divisão de movimento social não é a proposta. Não há a intenção de sobrepor a raça a tudo o que já se discute acerca de violência, mercado de trabalho, liberdade sexual, maternidade. O que se reivindica é o direito de falar da realidade das mulheres negras no âmbito desses temas. Se existem mais mulheres negras do que brancas sofrendo violência obstétrica, tratar dessa questão não visa a jogar para debaixo do tapete o problema geral, mas entender que esse dado pode demonstrar que o racismo faz vítimas bem definidas no sistema de saúde.

Quem deu um dos primeiros pontapés nesse debate foi Sojourner Truth. Nascida em cativeiro e tendo conquistado a liberdade por meio de uma fuga em 1826, foi considerada uma das precursoras do feminismo negro norte-americano. Seu famoso discurso chamado "E não sou uma mulher?",[1] proferido na Convenção dos Direitos da Mulher, em 1851, na cidade de Akron, Ohio, fala do que era considerado feminino para a sociedade norte-americana da época e de como as mulheres negras eram deliberadamente excluídas. E se não eram mulheres, o que eram, então?

> Aqueles homens ali dizem que as mulheres precisam de ajuda para subir em carruagens, e devem ser carregadas para atravessar valas, e que merecem o melhor lugar onde quer que estejam. Ninguém jamais me ajudou a subir em carruagens, ou a saltar sobre poças de lama, e nunca me ofereceram melhor lugar algum! E não sou uma mulher? Olhem para mim? Olhem para meus braços! Eu arei e plantei, e juntei a colheita nos celeiros, e homem algum poderia estar à minha frente. E não sou uma mulher? Eu poderia trabalhar tanto e comer tanto quanto qualquer homem — desde que eu tivesse oportunidade para isso — e suportar o açoite também! E não sou uma mulher? Eu pari treze filhos e vi a maioria

[1] Truth, 1891.

deles ser vendida para a escravidão, e quando eu clamei com a minha dor de mãe, ninguém a não ser Jesus me ouviu! E não sou uma mulher?[2]

Truth faz então o questionamento: qual é o papel da mulher negra em uma sociedade que não a considera humana? O que era chamado de lugar da mulher representava um patamar que para as escravas ou recém-libertas não era possível. A elas eram reservados apenas deveres e tarefas pesadas, que mulheres brancas não executariam.

Assim, a mulher da sociedade americana de 1850 era oprimida pelo machismo, vista como uma criatura física e intelectualmente inferior e, portanto, incapaz de exercer as mesmas funções de um homem. Mas, se as mulheres brancas eram desvalorizadas e vistas como "sub-humanas", sendo a elas reservado um papel de submissão perante a supremacia do homem provedor e tomador de decisões, as mulheres negras escravizadas padeciam em um patamar ainda mais baixo, uma vez que escravos eram considerados propriedade privada, indivíduos desprovidos de alma, e não cidadãos.

Quando apresentou seu estudo sobre mulheres negras no trabalho doméstico na cidade de São Paulo, no livro *Libertas entre sobrados*,[3] a historiadora Lorena Telles pontuou firmemente como o feminismo que não considera recortes de raça e foca apenas no gênero é falho em abranger diferentes contextos e promove o apagamento de mulheres não brancas. Manter escravas que se ocupassem das atividades domésticas era comum, mas não apenas para ter o conforto assegurado; mesmo após a abolição, possuir escravas trabalhadoras dentro do lar era sinônimo de status para as famílias e ajudava a manter aqueles cidadãos de segunda

---

[2] Ibidem.

[3] O livro *Libertas entre sobrados* é resultado da pesquisa da historiadora Lorena Telles sobre a situação das mulheres negras e a relação com a profissão de empregada doméstica entre os anos 1880 e 1920, e sobre como mesmo depois da abolição a cultura escravagista se manteve nessa atuação profissional.

classe em um local determinado na sociedade. Crianças negras eram contratadas muito cedo para que pudessem ser treinadas nas funções que iam desempenhar. Com a institucionalização do trabalho infantil, o requerimento de tutela de órfãos tornou-se uma manobra comum. Ao obter o direito legal sobre a criança, o senhor poderia contar com seu trabalho sem a obrigação do pagamento. O resultado disso eram mulheres que envelheciam doentes e acabavam largadas na miséria em asilos ou nas ruas, muitas vezes sem registros que pudessem auxiliar no encontro de familiares. Mesmo com a carta de alforria em mãos, a necessidade de sobrevivência manteve mulheres negras nas atividades domésticas, o que se tornou o elo entre a escravidão e a profissão de empregada doméstica como a conhecemos hoje.

A feminista negra Audre Lorde[4] contextualizou o mesmo quadro apresentado por Truth em seu famoso texto "Não existe hierarquia de opressão". Ou seja, as violências se sobrepõem, e não é possível lutar contra uma e ignorar outra. Negra, lésbica e mãe, Audre sabia que não poderia focar em apenas um tipo de violência, já que se sentia igualmente afetada por todas. Este é um paralelo fácil de enxergar: as primeiras problemáticas sobre a situação da mulher negra na década de 1850 ainda são observadas hoje. A abolição da escravidão não foi suficiente para permitir que essas mulheres vivessem em igualdade com os demais cidadãos. Ainda pairam estigmas, como veremos melhor a seguir.

O debate sobre a dominação patriarcal muitas vezes gira em torno da imagem da mulher fragilizada, que demanda cuidados, a dama cortejada pelo cavalheiro, a moça que foi proibida de trabalhar fora e que com muita dificuldade conseguiu o direito de cursar o ensino superior.

---

[4] Audre Geraldine Lorde foi uma feminista e poetisa negra, nascida em Nova York no ano de 1934. Mãe, lésbica e guerreira, como ela mesma se definia, tratou em suas obras dos desafios de um feminismo que levasse em conta a situação das mulheres negras, propondo uma abordagem de gênero, raça e classe. Lorde criticou o feminismo branco que supunha que todas as realidades eram iguais, uma vez que se fundamentava unicamente nas experiências de mulheres brancas de classes mais altas. É considerada uma das maiores pensadoras do feminismo negro interseccional, ao lado de Angela Davis, bell hooks e Patricia Hill Collins.

Em seu artigo "Enegrecer o feminismo — a situação da mulher negra na América Latina a partir de uma perspectiva de gênero", Sueli Carneiro[5] lembrou que mulheres negras trazem consigo o histórico do trabalho forçado na era escravagista, tendo sido muitas vezes impedidas de cuidar dos próprios filhos para se dedicar às crianças brancas e à casa dos seus senhores:

> Em geral, a unidade na luta das mulheres em nossas sociedades não depende apenas da capacidade de superar as desigualdades geradas pela histórica hegemonia masculina, mas exige, também, a superação de ideologias complementares desse sistema de opressão, como é o caso do racismo. O racismo estabelece a inferioridade social dos segmentos negros da população em geral, e das mulheres negras em particular, operando ademais como fator de divisão na luta das mulheres pelos privilégios que se instituem para as mulheres brancas. Nessa perspectiva, a luta das mulheres negras contra a opressão de gênero e de raça vem desenhando novos contornos para a ação política feminista e antirracista, enriquecendo a discussão tanto da questão racial como da questão de gênero na sociedade brasileira.[6]

É interessante perceber a similaridade entre o discurso de Sojourner Truth há mais de um século e meio e as análises de Audre Lorde, Lorena Telles e Sueli Carneiro em tempos bem mais recentes. A similaridade dos discursos não é infundada. As autoras contemporâneas falam de um objeto de estudo bem específico: mulheres negras. E explicam como ser negro e ser mulher são vivências inseparáveis e, por isso, não faz sentido pautar apenas o debate de gênero. O que evidencia a urgência da prática

[5] Sueli Carneiro é feminista, filósofa, doutora em Educação pela Universidade de São Paulo (USP) e coordenadora e editora do Portal Geledés — Instituto da Mulher Negra. Como militante, aborda pautas como cotas raciais, ensino da cultura africana e afro-brasileira nas escolas públicas, racismo na infância e mercado de trabalho.

[6] Carneiro, 2001.

do feminismo negro, que busca compreender os pormenores muitas vezes deixados em segundo plano por um feminismo racista, que nega debates de raça e apaga vivências individuais e coletivas.

Violência multifacetada

O racismo não está apenas na violência verbal. É, fundamentalmente, uma reminiscência colonial. E isso, que deveria ser óbvio e cujas explicações já deveriam ter sido assimiladas, torna-se um empecilho quando esbarra no capricho de uma sociedade racista que cresceu sobre pilares discriminatórios em relação a uma população escravizada e animalizada e que se vale de ardis para manter uma hierarquia de raça que, apesar de visível, é mascarada. No âmbito do feminismo, isso se reflete no silêncio diante das reivindicações de mulheres negras no que diz respeito a suas particularidades. Falar da luta de mulheres de uma perspectiva negra não raro causa estranhamento. A ideia de que o feminismo, por si só, fala em nome de todas, passou a ser facilmente abraçada quando se levanta a questão: Por que falar das mulheres negras especificamente? Essa perspectiva talvez possa ser considerada o fio da navalha que é estar entre o racismo dentro de coletivos feministas e o machismo dentro de coletivos negros. Fez-se necessário o enfrentamento de ambas as questões por meio do agrupamento de mulheres negras, que, com base em suas experiências e estudos, puderam exercitar um novo olhar sobre as relações de gênero na sociedade. Esse é o processo da interseccionalidade imperativo para que se possa evoluir nos debates sobre o papel reservado à mulher negra no Brasil.

Os obstáculos, porém, ainda são muitos, mesmo em espaços que se propõem a estudar as relações de gênero, onde a percepção das premências de populações vulneráveis deveria ser mais sensível do que na sociedade como um todo. Mulheres negras são cerceadas de seu direito de luta sob acusações de irracionalidade e agressividade. Para que se faça uma justa reflexão, comecemos com o entendimento de quem são as mulheres negras. Quando se diz que "a raça nos separou" ou "hoje tudo é racismo" qual é a mensagem que se pretende passar?

Em 2009, 50% das mulheres brasileiras eram negras e 49,3% eram brancas, segundo dado apresentado pelo *Dossiê Mulheres Negras*, do Instituto de Pesquisa Econômica Aplicada (Ipea). Isso quer dizer que existe uma uniformidade populacional em termos numéricos, o que não necessariamente se reflete na atuação social e na manutenção de direitos civis iguais para todos os indivíduos, como o próprio documento explica ao apresentar a disparidade socioeconômica entre esses grupos. Cabe ainda pontuar que a pequena diferença percentual significa que, até a publicação do documento, existiam cerca de 600 mil mulheres negras a mais do que brancas. Começamos, então, a compreender que as mulheres não constituem um grupo homogêneo.

Educação como luxo: por que mulheres negras são tratadas como intrusas no meio acadêmico?

O *Dossiê Mulheres Negras*[7] também demonstra que há uma diferença muito grande entre o percentual de mulheres negras no ensino superior (pouco mais de 15%) e o percentual de homens e mulheres brancos (30% e 40%, respectivamente), além de fazer uma análise do mercado de trabalho. É com base nesses dados que é possível entender a importância do feminismo negro, pois é dele que parte a problematização sobre esses abismos, suas causas e consequências, e sobre a importância de políticas públicas que levem em conta essas análises e trabalhem em ações para inserir e manter as populações marginalizadas no ensino superior, o que significa também promover nas instituições de ensino programas que assegurem uma formação completa e igualitária. Para isso, voltamos à

[7] Documento elaborado pelo Instituto de Pesquisa Econômica Aplicada (Ipea), que apresenta a situação das mulheres negras no Brasil. Disponível em: <http://www.ipea.gov.br/portal/images/stories/PDFs/livros/livros/livro_dossie_mulheres_negras.pdf>.

interseccionalidade, ou seja, nenhum tema é tratado isoladamente. Para que mulheres negras possam gozar do direito à continuação de seus estudos é preciso conhecer sua realidade além dos portões acadêmicos, o que inevitavelmente vai descortinar cenários de violência e pobreza, duas consequências do racismo. O acesso a determinadas profissões passa por etapas dificultantes. No documento, percebe-se que o acesso a determinadas áreas parece seguir a tradição de atividades consideradas femininas e masculinas.

MATRÍCULAS DE MULHERES E HOMENS EM CURSOS DE GRADUAÇÃO PRESENCIAIS, POR ÁREAS GERAIS DO CONHECIMENTO (2009) (Em %)

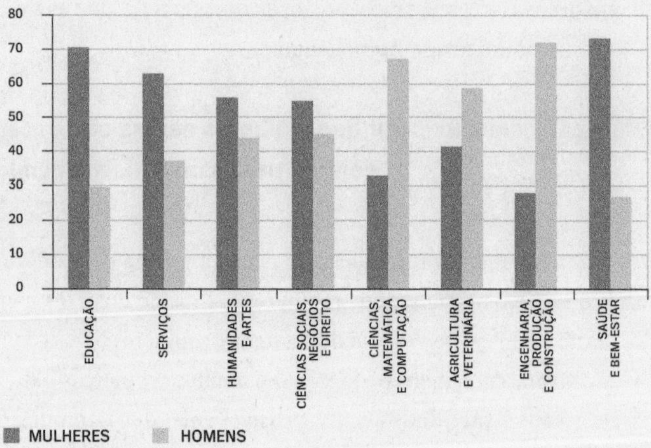

Fonte: Instituto Nacional de Estudos e Pesquisas Educacionais Anísio Teixeira (Inep). Censo da Educação Superior. Disponível em: <http://portal.inep.gov.br/superior-censosuperior>.

O estudo mostrou também que, mesmo com os recentes avanços educacionais, as mulheres negras lidam com o duplo peso da discriminação de gênero e de raça, situação que pode se agravar ainda mais em determinadas áreas de conhecimento dominadas por profissionais brancos. Isso denuncia a diferença entre a trajetória escolar de negros e brancos e a urgência de políticas públicas educacionais fundamentadas em valores que prezem pela diversidade, como inserção e manutenção de estudantes negros em universidades, apoio a mulheres com filhos e apoio familiar. É preciso considerar ainda que ingressar em um curso superior não é o resultado final dessa luta, como mostrou o relatório do Center for Worklife Law da Universidade da Califórnia.[8] Cientistas negras e latinas têm relatado sofrer discriminação no ambiente de trabalho, onde afirmam sentir diferença no tratamento que recebem em relação aos colegas homens, além de precisarem provar a própria capacidade constantemente e chegarem a ser confundidas com zeladoras por causa de sua aparência. O estereótipo de que mulheres não podem atuar na ciência, somado à visão pejorativa de cargos de limpeza, criou no imaginário popular a ideia de que é impossível uma mulher negra seguir uma carreira acadêmica.

No Brasil, paira o sentimento de democracia racial, mesmo diante de dados que mostram claramente a desvantagem social enfrentada pelos negros. As análises dos críticos das políticas de reserva de vagas no ensino superior para negros e indígenas giram em torno de argumentações sobre a imprescindibilidade de uma reforma profunda no ensino de base no lugar de cotas universitárias. Essa hipótese, porém, não se sustenta na prática. Apesar de a revisão dos moldes educacionais ser urgente e de a discussão sobre a mercantilização da educação ser indispensável, essas ações não invalidam a importância das cotas como política afirmativa, como Kabengele Munanga[9] explica:

> (...) se, por passe do milagre, o ensino básico e fundamental melhorasse seus níveis, para que os alunos desse ensino pudessem competir igualmente no vestibular com os alunos oriundos dos colégios particulares bem abastecidos, os alunos negros levariam cerca de 32 anos para atingir o atual nível dos alunos brancos.

---

[8] Disponível em: <http://goo.gl/c5TGnq>.

[9] Munanga *apud* Gomes; Martins, 2006.

> Isso supõe que os brancos fiquem parados em suas posições atuais esperando a chegada dos negros, para juntos caminharem no mesmo pé de igualdade. Uma hipótese improvável, ou melhor, inimaginável. Os lobbies das escolas particulares, cada vez mais fortes, deixarão os colégios públicos subirem seu nível de ensino, tendo como consequência a redução de sua clientela, majoritariamente oriunda das classes sociais altas e médias, e a diminuição de seus lucros? Quanto tempo a população negra deverá ainda esperar essa igualdade de oportunidade de acesso e permanência em um curso superior ou universitário gratuito de boa qualidade?

Com isso, o artigo de Munanga[10] não sugere uma inferioridade intelectual, de forma alguma. O que essa avaliação faz é descortinar a diferença de possibilidades para negros e brancos na educação brasileira. Os colégios particulares preparam alunos para passar no vestibular, o que não significa que a prova de ingresso em universidades seja sinônimo de avaliação de capacidade, mas sim testes robóticos que transformaram o intenso treinamento em instituições particulares em uma competição violenta que atua como uma peneira.

Os alunos cotistas da Universidade Federal de Pernambuco (UFPE) apresentam rendimento considerado alto, com média de notas 8,8, maior do que a média geral, que é 7, segundo pesquisa feita pelo Centro de Ciências Sociais Aplicadas (CCSA), um departamento da instituição.[11] A inclusão social também é abordada pelo Laboratório de Políticas Públicas da Universidade do Estado do Rio de Janeiro, que ressaltou que, apesar de não haver queda na qualidade do ensino, é necessário pensar também em ações para a manutenção desses estudantes nas instituições,

[10] O artigo faz parte do livro *Afirmando direitos — Acesso e permanência de jovens negros na universidade*, obra que debate a atuação do Estado na diminuição da desigualdade social vivenciada pela população negra.

[11] A pesquisa foi desenvolvida pela professora de ciências contábeis Ana Fontes, que atua desde 2005 como coordenadora de tutoria do Programa de Educação Tutorial (PET) Conexão de Saberes, realizado em 32 universidades federais. O estudo foi realizado com noventa universitários que ingressaram no ensino superior pelo sistema de bônus instituído pela UFPE em 2005. Disponível em: <https://goo.gl/LTvu7q>.

proporcionando-lhes as condições para o bom aproveitamento da vida acadêmica.[12]

É no âmbito dessa visão interseccional sobre como a educação é ofertada à população mais pobre — e predominantemente negra — que esse tópico se mostra congruente com o feminismo negro, sendo um dos possíveis pontos de partida para compreender mulheres negras produzindo ciência.

Quantos passos entre o prato vazio e a sepultura?

O *Mapa da Violência 2015*, publicado pela Faculdade Latino-Americana de Ciências Sociais (Flacso), mostrou que o feminicídio de mulheres brancas caiu quase 10% em dez anos, enquanto o número de assassinatos de mulheres negras subiu mais de 50% no mesmo período.[13] O dado alarmante está relacionado com a deficiência da atuação do Estado, especialmente nas periferias, no sentido de diminuir a exposição de mulheres negras à violência direta e indireta, situações que comprometem o desenvolvimento saudável de um indivíduo.

A campanha SUS Sem Racismo [14] explora mais índices de violência contra a mulher negra. Com imagens informativas publicadas em redes sociais, o órgão buscou apresentar dados que mostram como o racismo afeta a saúde de mulheres negras:

- a mortalidade materna no Brasil é de 60% entre mulheres negras, ao passo que entre mulheres brancas é de 34%;
- 62,5% das mulheres negras receberam orientação sobre aleitamento materno, enquanto 77,7% de mulheres brancas tiveram acesso a essas informações;

---

[12] Disponível em: <https://www.ufmg.br/inclusaosocial/?p=53>.

[13] Waiselfisz, 2015.

[14] Lançada pelo Ministério da Saúde e pela Secretaria de Direitos Humanos em novembro de 2015, essa campanha tinha por objetivo a conscientização sobre os efeitos do racismo na saúde. Disponível em: <http://www.blog.saude.gov.br/34777-campanha-mobiliza-a-populacao-contra-o-racismo-no-sus.html>.

- 46,2% das mulheres brancas puderam ter acompanhantes durante o parto, mas apenas 27% das mulheres negras tiveram acesso a esse direito.

EVOLUÇÃO DAS TAXAS DE HOMICÍDIO DE MULHERES BRANCAS E NEGRAS (POR 100 MIL) NO BRASIL — 2003/2013

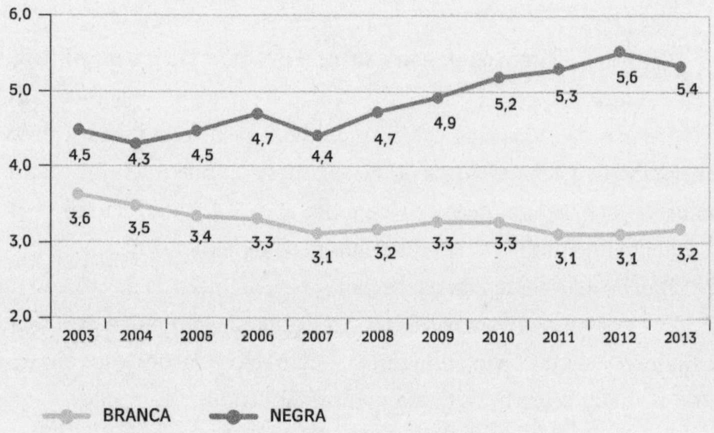

Fonte: Mapa da Violência 2015. Homicídio de mulheres no Brasil.

Além da violência física, a saúde mental também é afetada pelos marcadores sociais que definem o lugar do negro por meio de estereótipos discriminatórios, causando forte sofrimento psíquico. A estrutura física social, que promove o afastamento da população pobre para pontos cada vez mais distantes dos grandes centros e mantém o negro longe de boas condições de moradia, educação e transporte, somada a uma cultura racista na qual indivíduos, consciente ou inconscientemente, se separam de cidadãos entendidos como menos importantes, pode ajudar no desenvolvimento de distúrbios psicológicos e físicos graves, que variam de taquicardia e ansiedade a ataques de pânico, úlcera, alcoolismo, depressão e suicídio. Maria Lúcia da Silva mergulhou no tema durante o I Seminário Saúde da População Negra,[15] com seu estudo intitulado *Racismo e os efeitos na saúde mental*. Para ela, a negra se encontra, de certa forma, presa a uma condição socioeconômica desfavorável. E, de fato, a pesquisadora apresenta uma argumentação sólida, uma vez que a ascensão social também dependerá da abertura de possibilidades por parte daqueles que detêm o poder, sejam empresários, sejam lideranças políticas. Para que haja uma diminuição dessa dependência imposta e a quebra das atuais correntes invisíveis, os coletivos negros têm se articulado de maneira inteligente e enérgica em prol de seus novos interesses.

Se outrora os escravos eram mantidos presos por grilhões de ferro e eram açoitados, muitas vezes até a morte, nos dias atuais podemos perceber uma situação bastante semelhante de forma velada. A senzala que se tornou quarto de empregada, o navio negreiro que se tornou camburão e o capitão do mato que se tornou agente de caça e extermínio com respaldo legal são exemplos já conhecidos dessa nova configuração, que mantém o negro em papéis bem definidos. O fato de o Brasil ser um país miscigenado e multicultural não torna mais fácil a vida dos cidadãos "de cor", assim chamados por eufemismo. A cultura negra costuma ser evocada quando o branco busca um álibi para explicar por que não é racista. "Tenho amigos negros", "amo a cultura afro", "o Brasil é um país de todas as cores". No feminismo, esse oportunismo se converte em "somos todas mulheres", "somos irmãs".

Curiosamente, porém, esse discurso parece evaporar quando a proposta é debater o lugar da mulher negra na sociedade: onde estão as mulheres negras nas faculdades, nas empresas e no poder público? Com mais frequência em cargos de servidão, e menos vezes em cadeiras ao lado de pessoas brancas. Maria Lúcia ainda aponta que:

> A exposição constante a situações de humilhação e constrangimento provoca rebaixamento de sua autoestima, levando-o à

[15] Silva, 2006.

> construção de uma imagem bastante distorcida. O Estado brasileiro, produtor das desigualdades, através dos instrumentos de segregação que inviabilizam a mobilidade da população negra, é o grande responsável por este estado de coisas, cabendo-lhe mudanças na sua estrutura, de forma a contemplar ações específicas de combate, assim como garantia de acesso a serviços humanizados.[16]

O estereótipo marginalizante nasce da naturalização do imaginário popular sobre a inferioridade do negro. É o que Lélia Gonzáles apontou em "Racismo e sexismo na cultura brasileira", texto apresentado no IV Encontro Anual da Associação Brasileira de Pós-Graduação e Pesquisa nas Ciências Sociais, no Rio de Janeiro, em 1980, expondo uma situação que é quase um ciclo. É considerado natural que o negro viva na miséria e seja perseguido por policiais, afinal, é o lugar que ele merece por ser preguiçoso, intelectualmente incapaz e irresponsável. Ainda nessa linha de pensamento, à mulher negra ficam reservados os papéis de servente ou prostituta. Gonzáles (1980) ironiza:

> Racismo? No Brasil? Quem foi que disse? Isso é coisa de americano. Aqui não tem diferença porque todo mundo é bem-tratado, tem o mesmo direito que a gente tem. Tanto é que, quando se esforça, ele sobe na vida como qualquer um. Conheço um que é médico: educadíssimo, culto, elegante e com feições tão finas... Nem parece que é preto.[17]

Aqui a autora escancara o reducionismo em torno do debate sobre tensões raciais. Ao falar sobre a domesticação que o branco impõe, ela fala, de maneira informal e direta, sobre a violência e o mito da democracia racial, apontando, por exemplo, que a negra anônima, que habita

[16] Ibidem.

[17] Gonzáles, 1984, pp. 223-244.

as periferias, é a maior vítima dos efeitos das infindáveis tentativas de colonização branca. Essa mulher sobrevive por meio da prestação de serviços e sustenta sua família muitas vezes sozinha. A figura da vida real que ilustra perfeitamente as definições de Gonzáles é Carolina Maria de Jesus. Autora de *Quarto de despejo — Diário de uma favelada*, Carolina é, ao mesmo tempo, narradora e protagonista. Sua fala em primeira pessoa leva o leitor às taperas da favela do Canindé, em São Paulo, onde a escritora fez do lixo sustento para si e para seus filhos, sempre consciente de sua condição. A edição do livro preservou a realidade de sua escrita, sem adequações à norma culta, com o intuito de manter a veracidade e a agressividade dos relatos.

> 6 de agosto — Fiz café para o João e o José Carlos, que hoje completa 10 anos. E eu apenas posso dar-lhe os parabéns, porque hoje nem sei se vamos comer (...)
>
> 3 de setembro — Ontem comemos mal. E hoje pior.[18]
>
> 29 de dezembro — Saí com o João e a Vera e o José Carlos. O João levou o rádio para consertar. Quando eu ia na rua Porto Vicente, o guarda do depósito chamou-me e disse-me para eu ir buscar uns sacos de papel que estavam perto do rio. Agradeci e fui ver os sacos. Eram sacos de arroz que estavam nos armazéns e apodreceram. Mandaram jogar fora. Fiquei horrorizada vendo arroz podre. Contemplei as traças que circulavam, as baratas e os ratos que corriam de um lado para outro. Pensei: por que é que o homem branco é tão perverso assim? Ele tem dinheiro, compra e põe nos armazéns. Fica brincando com o povo igual gato com rato.[19]
>
> 26 de agosto — A pior coisa do mundo é a fome![20]

[18] Jesus, 1992, p. 121.
[19] Ibidem, p. 149.
[20] Ibidem, p. 192.

A história de Carolina se tornou emblemática, e a recusa em se debater o feminismo negro é um sintoma. A quem beneficia uma sociedade na qual falar de racismo é tabu? Por que soa tão ofensivo que mulheres negras queiram falar por si, produzir ciência e avançar nos debates além da violência? Mulheres negras querem falar de política, de economia, de cinema, de publicidade, de física, de diplomacia, de quaisquer assuntos que soem interessantes, porque nenhum espaço deve estar fechado.

Resistindo ao racismo dentro do feminismo

Costumo fazer uma brincadeira vulgar: falar de racismo é como espirrar um jato de veneno em uma caixa de esgoto, deixando os insetos alvoroçados e irritados. O senso comum de que o movimento negro "inventou" o racismo ao lutar pela implementação de um sistema de cotas para negros em universidades ilustra a analogia entre racistas e baratas. Tudo estava bem até que os negros quiseram deixar os quartinhos de empregada para ocupar cadeiras universitárias. O feminismo negro tem um caminho a trilhar que vai além de repetir à exaustão o que o mundo parece ainda não ter aprendido: não nascemos para ser a próxima Globeleza nem eternas reencarnações de Tia Anastácia. Nosso papel não é ser mulata para fazer estrangeiro babar nem empregada sempre à disposição. E mexer no *status quo* jamais será uma tarefa fácil, tampouco bem aceita por quem se beneficia de um sistema discriminatório.

As mulheres negras estão se unindo para o exercício da cidadania, pois compreendem que não podem mais ser vistas como objeto, seja para o prazer do homem negro seja para servir a mulheres brancas, e que não precisam ser tuteladas. Enxergar o mundo com realismo não é apontar a culpa, mas identificar a responsabilidade para obter justiça. Se há um clamor vindo desses pulmões, desde Sojourner Truth até Audre Lorde, e se há novas vozes se erguendo hoje, é porque há a percepção de que não pode existir uma sociedade justa enquanto as raízes escravagistas forem mantidas. A palavra "privilégio" significa poder sobre o outro. Aqui não está sendo descartado o recorte social e as pessoas brancas que vivem em situação de pobreza estão sendo levadas em consideração; é preciso deixar evidente essa consciência de classe. Privilégio branco diz respeito ao fato de que, se avaliada apenas a aparência, em um país colonizado por brancos exercendo dominação sobre negros escravizados, a sua posição social pode ser definida apenas pela cor da pele. E é por essa razão que a interseccionalidade será o viés usado para estudar esse indivíduo muitas vezes atingido por múltiplas opressões.

Uma mulher é oprimida pelo machismo; uma mulher negra é violentada também pelo racismo, e uma mulher negra e pobre sofrerá com o acréscimo de uma violência que a segregará por sua condição social, além de sua cor e seu gênero. É para encarar os diferentes panoramas e perspectivas e suprir as necessidades antes ignoradas que o feminismo negro se faz obrigatório para um diálogo coerente e justo dentro dos movimentos sociais.

Referências

CARNEIRO, Sueli. "Enegrecer o feminismo: a situação da mulher negra na América Latina a partir de uma perspectiva de gênero". *Geledés*, 6 mar. 2011. Disponível em: <http://arquivo.geledes.org.br/em-debate/sueli-carneiro/17473-sueli-carneiro-enegrecer-o-feminismo-a-situacao-da-mulher-negra-na-america-latina-a-partir-de-uma-perspectiva-de-genero>. Acesso em: 5 fev. 2016.

GOMES, Nilma Lino; MARTINS, Aracy Alves (Orgs.). *Afirmando direitos*: acesso e permanência de jovens negros na universidade. 2. ed. Belo Horizonte: Autêntica, 2006.

GONZALES, Lélia. "Racismo e sexismo na cultura brasileira". *Revista Ciências Sociais Hoje*, São Paulo, pp. 223-244, 1984. Disponível em: <http://artigo157.com.br/wp-content/uploads/2015/12/RACISMO-E-SEXISMO-NA-CULTURA-BRASILEIRA.pdf>. Acesso em: 17 fev. 2016.

JESUS, Carolina Maria de. *Quarto de despejo*. São Paulo: Ática, 1992.

MARCONDES, Mariana Mazzini; PINHEIRO, Luana; QUEIROZ, Cristina; QUERINO, Ana Carolina; VALVERDE, Danielle (Orgs.). *Dossiê Mulheres Negras* — retrato das condições de vida das mulheres negras no Brasil. Brasília: Ipea, 2013. Disponível em: <http://www.ipea.gov.br/portal/images/stories/PDFs/livros/livros/livro_dossie_mulheres_negras.pdf>. Acesso em: 15 fev. 2016.

SILVA, Maria Lúcia da. *Racismo e os efeitos na saúde mental.* Disponível em: <http://www.mulheresnegras.org/doc/livro%20ledu/129-132MariaLucia.pdf>. Acesso em: 02 de fev. de 2016.

TELLES, Lorena Féres da Silva. *Libertas entre sobrados*: mulheres negras e trabalho doméstico em São Paulo (1880-1920). São Paulo: Alameda Casa Editorial, 2013.

TRUTH, Sojourner. *E não sou uma mulher?* Akron, Ohio: 1891. Discurso proferido na Convenção dos Direitos da Mulher. Disponível em: <http://arquivo.geledes.org.br/atlantico-negro/afroamericanos/sojourner-truth/22661-e-nao-sou-uma-mulher-sojourner-truth>. Acesso em: 17 fev. 2016.

WAISELFISZ, Julio Jacobo. *Mapa da Violência 2015*: homicídio de mulheres no Brasil. Brasília: Faculdade Latino-Americana de Ciências Sociais, 2015.

Empoderamento: da luta antissistêmica ao feminismo apolítico

#MeuAmigoSecreto acredita que basta a mulher descobrir sua "força interior" para ser empoderada e derrubar todas as barreiras impostas pelo machismo.

Para entendermos as razões de criticarmos a ideia desse amigo precisaremos voltar um pouco na história do movimento e de suas reivindicações. A chamada "primeira onda" feminista teve início na Inglaterra e aconteceu entre o fim do século XIX e o início do século XX, tendo como foco a conquista de direitos civis, em especial, o direto ao voto. Desde esse momento inicial, o movimento contou com a participação de mulheres da classe operária, que denunciavam suas péssimas condições de trabalho e os salários inferiores aos dos homens.

O Dia Internacional da Mulher surgiu na Segunda Conferência Internacional das Mulheres Trabalhadoras, em 1910. Nessa ocasião, decidiu-se pela aprovação da proposta da socialista alemã Clara Zetkin relativa à instituição desse dia, apesar de não terem definido uma data. A intenção não era criar uma data comemorativa apenas, mas promover a luta pelo direito das mulheres ao voto e, assim, se unificar também em prol da luta socialista. O 8 de março, instituído posteriormente como Dia Internacional da Mulher, marca o episódio em que aproximadamente 90 mil operárias russas entraram em greve, protestando contra o czar Nicolau II, as condições de trabalho e a fome.[1]

O início do movimento feminista, no entanto, passa a ser (re)conhecido pela atuação das *suffragettes* na busca por direitos civis e políticos. Ocorre que as mulheres socialistas já se organizavam em torno dessa

[1] Nadal.

pauta, como bem lembra Rosa Luxemburgo em "Direito de voto das mulheres e luta de classes":

> A espetacular sacudida política e sindical das massas do proletariado feminino nos últimos quinze anos apenas se tornou possível porque as mulheres do povo trabalhador, apesar de serem privadas de direitos, tomam parte ativa na vida política e nas lutas parlamentares de sua classe. (...) Em todas as assembleias de eleitores social-democratas, as mulheres formam um público ativo e fervorosamente participante, numeroso, algumas vezes até predominante. Em todos os círculos de eleitores em que existe uma organização social-democrata firme as mulheres participam do trabalho eleitoral.[2]

Rosa Luxemburgo conta como o movimento proletário alemão estava desenvolvido em relação à participação feminina: havia mais de 150 mil trabalhadoras sindicalmente organizadas, dezenas de milhares delas reuniam-se "em torno da bandeira da social-democracia" e o "periódico feminino da social-democracia já [contava] mais de 100 mil assinantes".[3] Unidas, conquistaram o direito de ingressar em reuniões públicas e associações políticas, inclusive obrigando o Estado a "liberar o famoso 'segmento das mulheres' nas reuniões políticas". Essas conquistas formaram o alicerce para que alcançassem o direito ao voto:

> Graças ao aproveitamento do direito de associação e de reunião, as proletárias conquistaram para si a parte mais ativa na vida parlamentar, nas lutas eleitorais. E, agora, é apenas uma consequência imperiosa, é o resultado lógico do movimento que hoje milhões de mulheres proletárias gritem de maneira autoconsciente e provocadora: Que venha o direito de voto das mulheres![4]

---

[2] Luxemburgo, 2011, p. 444.
[3] Ibidem, p. 443.
[4] Ibidem, p. 445.

No Brasil, o movimento também permeou todas as classes sociais, reunindo mulheres em torno de seus interesses específicos. As feministas de elite defendiam o acesso feminino à educação e ao trabalho, mas reforçavam os papéis tradicionais da mulher. Já as operárias eram contra o padrão moral da época e questionavam a imposição do casamento e a submissão feminina no espaço doméstico, além de lutarem pela redução da jornada de trabalho e pelo fim da exploração pelos patrões.[5] Reunidas na União das Costureiras, Chapeleiras e Classes Anexas, algumas operárias anarquistas prepararam um manifesto no mesmo ano da grande greve russa, denunciando a "dolorida" situação das mulheres nas fábricas e nas oficinas.[6]

Esse primeiro movimento começou a perder força a partir da década de 1930, devido à conquista do voto em diversos países — aqui, em 1932 — e à posterior absorção de mão de obra feminina na Segunda Guerra Mundial, quando postos de trabalho até então reservados aos homens passaram a ser ocupados por mulheres. Com o fim da guerra, entretanto, as posições tradicionais foram reestabelecidas e a volta das mulheres ao lar foi tão marcante que, nos Estados Unidos, a dona de casa tornou-se um dos maiores símbolos do *american way of life* nos anos 1950.[7]

Nos anos 1960, o movimento de contracultura se espalhou por diversos países, questionando a ordem e a moral tradicionais. É nesse contexto que surge uma nova onda feminista, contemporânea do movimento hippie, das lutas do movimento negro por direitos civis e da criação da pílula anticoncepcional.[8] A maior preocupação do movimento feminista de segunda onda é desnaturalizar o papel feminino na cultura. Título de um artigo da feminista Carol Harnsh, a frase "O pessoal é político" tornou-se um slogan do movimento, que criticava a visão vigente de que

---

[5] Rago, 1995, *apud* Leal, 2015.

[6] Pinto, 2010.

[7] Honey, 2005 *apud* Leal, 2015.

[8] Soihet, 2005 *apud* Leal, 2015.

questões como a sexualidade feminina, o aborto e a violência doméstica não pertenciam ao debate político, mas sim ao âmbito privado.

Apesar de hoje quem está de fora ter uma ideia do movimento feminista como algo homogêneo, podemos perceber que ele sempre foi marcado por pautas diversificadas, até mesmo antagônicas, que não seguiram um caminho linear pelas diferentes regiões onde o movimento se fez presente. Se, para as mulheres com melhor condição econômica, o acesso à educação e ao trabalho permitiria que se libertassem da dependência econômica dos maridos, para as mulheres pobres, a exploração do seu trabalho sempre foi uma realidade. Para estas, a vida daquelas, em um bairro seguro, com uma boa casa, nos moldes dos subúrbios norte-americanos, não seria tão ruim assim. Se na década de 1920 o direito ao aborto era apenas um sonho distante para feministas americanas, as mulheres dos países soviéticos já contavam com a legalização da prática e avançavam no debate com relação aos direitos da mulher. Nessa mesma época, no Brasil, como vimos, ainda estávamos tentando conquistar o direito ao voto e o aborto ainda é criminalizado.

Dessa forma, até mesmo na segunda onda feminista as tensões se faziam presentes. Enquanto feministas liberais se guiavam por um feminismo com uma perspectiva individualista, a filósofa Nancy Fraser destaca que a maior parte das feministas da época entendia que a superação da subordinação feminina requeria uma transformação radical das estruturas da sociedade, o que resultou em uma crítica que integrava economia, cultura e política. O objetivo do movimento em geral estava longe de ser a mera incorporação das mulheres como assalariadas no sistema capitalista, mas sim uma mudança profunda das estruturas desse sistema e dos valores que o estimulam. Em suas palavras:

> Em suma, a segunda onda do feminismo aderiu a um projeto político transformador, baseado em um entendimento expandido de injustiça e na crítica sistêmica da sociedade capitalista. As correntes mais avançadas do movimento viram as suas lutas como multidimensionais, voltadas simultaneamente contra a exploração

econômica, hierarquia de status e sujeição política. Para elas, ademais, o feminismo surgiu como parte de um projeto emancipatório mais amplo, no qual as lutas contra injustiças de gênero estavam necessariamente ligadas a lutas contra o racismo, o imperialismo, a homofobia e a dominação de classes, todas as quais exigiam uma transformação das estruturas profundas da sociedade capitalista.[9]

Também nessa época, feministas negras como Angela Davis, bell hooks e Lélia Gonzáles apontaram a impossibilidade de desassociar a luta de classes da luta pelo fim do racismo, muitas vezes ignorada por feministas que, com o discurso da "opressão comum" sofrida pelas mulheres, se recusavam a reconhecer a experiência de mulheres que fogem ao padrão branco, universitário e de classe média.[10] Segundo Angela Davis:

> Mas essas mulheres eram burguesas demais para mim. Elas eram brancas e lutavam pelo direito ao trabalho e ao aborto. Mas as negras já tinham uma profissão. Elas eram domésticas. Minha concepção do feminismo é a de uma emancipação que vai além das fronteiras estabelecidas. As questões de sexualidade, de raça, de classe e de gênero estão intimamente ligadas.[11]

Neoliberalismo e a individualização do político

Como vimos, a história do feminismo está ligada, pelo menos em parte, à luta anticapitalista e ao entendimento de que muitas das questões que nós mulheres vivenciamos como indivíduos estão ligadas a uma estrutura de poder que nos oprime e que, por isso, devem ser encaradas de um ponto de vista político e coletivista. Acontece que a segunda onda do feminismo acabou por coincidir temporalmente com um momento

[9] Fraser, 2009, pp. 21-22.

[10] Chaves, 2014.

[11] Davis *apud* MdeMulher, 2014.

de reestruturação do sistema capitalista, que, mais do que uma mera opção política e econômica, viria a se tornar uma nova forma de encarar a realidade.[12]

Essa nova corrente capitalista é o neoliberalismo, que tem como base a defesa de uma interferência mínima do Estado nas esferas econômicas e sociais. Surgido nos anos 1970, o neoliberalismo defende pontos como a privatização, a desregulamentação de mercados e um Estado competitivo. Embora tenha sido patrocinado publicamente nos anos 1970 por Margareth Thatcher, na Inglaterra, e Ronald Reagan, nos Estados Unidos, o neoliberalismo foi testado principalmente na América Latina, onde a dívida externa foi usada como ameaça para impor a abertura de mercados e o corte de gastos sociais.[13]

Sabe essa ideia muito difundida hoje de que, independentemente da posição de uma pessoa na hierarquia social, ou seja, das dificuldades impostas àqueles de classes mais baixas ou a grupos historicamente oprimidos, bastaria que ela se esforçasse o suficiente para obter sucesso? E que, caso não o alcance, isso só reflete sua própria incompetência? Então, essa ideia nem sempre existiu. Foi no contexto neoliberal que ganhou força a noção de que cada indivíduo é o único responsável por sua própria vida, devendo buscar incessantemente o máximo desempenho em tudo o que faz. Analisando o pensamento do sociólogo Alain Ehrenberg,[14] a doutoranda em Comunicação e Cultura Tatiane Leal aponta que o sucesso, então, passa a ser a capacidade de fazer-se a si mesmo, *construindo* a narrativa de um passado que se produziu sozinho, ou seja, que estaria livre de heranças econômicas e sociais, de tradições e de filiações. Em resumo, ela nos diz que "a ambição da massa contemporânea é tornar-se um *indivíduo puro*, um sujeito que não tem outra referência e outra origem que não a si mesmo, que é *apenas* filho das próprias obras".[15]

---

[12] Foucault, 2008 *apud* Leal, 2015.

[13] Fraser, 2009.

[14] Ehrenberg, 2010 *apud* Leal, 2015.

[15] Ibidem, p. 67.

Se o sucesso de um indivíduo só depende do próprio esforço, pouco importando a influência de fatores externos como condição social, gênero, raça, ou até mesmo relações interpessoais, pode-se entender que é dentro de nós mesmos que devemos buscar as ferramentas para alcançar vitórias. Como nos ensinam os manuais de autoajuda, cuja explosão acontece justamente no âmbito do neoliberalismo, é preciso ser positivo, manter a autoestima alta, acreditar em si mesmo. Essa ideia de que a chave para o sucesso está "escondida" em nosso interior, esperando para ser acessada, também nem sempre existiu. A ela o filósofo canadense Charles Taylor dá o nome de "individualismo de autorrealização". Marca da sociedade contemporânea, coloca o *self*, ou seja, o *eu*, no centro, levando "muitas pessoas a perder de vista as preocupações que as transcendem".[16] Segundo Tatiane Leal:

> Freire Filho ressalta que esses discursos tiram o foco sobre o sofrimento causado por pressões externas — sejam outros indivíduos ou a própria sociedade —, valorizando os benefícios decorrentes da construção de uma autoimagem positiva. Esse trabalho individual seria capaz de provocar emoções capazes de suplantar quaisquer efeitos causados por outrem. A promoção de subjetividades conformadas segundo esse ideal é perfeitamente harmônica com a racionalidade política neoliberal e com as expressões culturais do individualismo contemporâneo. Não o contexto social e o Estado, mas o próprio indivíduo é responsabilizado por seu sucesso ou por seu fracasso em *ser alguém na vida*.[17]

A apropriação do feminismo pelo discurso neoliberal

O feminismo não se manteve imune à emergência dessa reestruturação do sistema e do crescente individualismo que dela resultou.

[16] Taylor, 2010, p. 25.
[17] Ibidem, p. 47.

Em seu artigo "O feminismo, o capitalismo e a astúcia da história", Nancy Fraser explora a forma como o capitalismo neoliberal se apropriou das ideias feministas, ressignificando-as. Segundo ela, houve uma grande pressão para transformar a segunda onda feminista em uma variante da política de identidade — ou seja, para fazer com que o movimento focasse unicamente nas questões culturais, distanciando-se da crítica da economia política. Isso teria se encaixado perfeitamente no contexto neoliberal de individualismo e apagamento da memória de igualitarismo social. Se, como vimos, a pretensão das feministas da segunda onda era transformar as estruturas capitalistas, e não apenas se inserir como assalariadas no sistema, o distanciamento da crítica da economia política acabou por dissipar essa intenção inicial.

O que acontece, segundo Luc Boltanski e Ève Chiapello,[18] é que o capitalismo costuma se apropriar de algumas das críticas dirigidas a ele sempre que se reestrutura, porque, assim, motiva as novas gerações a arcarem com o trabalho exigido pelo sistema de acumulação de capital. O novo regime dependia — e ainda depende — fortemente do trabalho assalariado das mulheres. Sendo assim, absorveu as críticas culturais do feminismo em vez de confrontar as reivindicações antissistêmicas, dotando o trabalho assalariado feminino de um novo significado ético: para as mulheres de classe média, o trabalho significava a oportunidade de romper com as barreiras que as impediam de chegar aos postos de maior poder; para as mulheres de classe mais baixa, significava a obtenção de dignidade e a libertação da autoridade tradicional. Afastado da luta anticapitalista, o feminismo se torna um fenômeno de massa, atraindo mulheres de todas as classes e ideologias, à medida que subordina o sonho de emancipação à máquina capitalista.[19]

Nos anos 1990, o individualismo neoliberal começou a marcar presença nas obras de grandes pensadoras feministas como Gloria Steinem,

[18] Boltanski e Chiapello, 2005 *apud* Fraser, 2009.

[19] Fraser, 2009.

Naomi Wolf e Natasha Walter, que passaram a defender o empoderamento das mulheres como chave para sua emancipação, em lugar de um suposto status de vítimas que teria se difundido na segunda onda. Segundo Tatiane Leal, para elas, as mulheres nunca estiveram tão livres, e a ideia de que eram oprimidas e silenciadas pertencia ao passado. Não apenas isso, mas a insistência em *apontar* a opressão sofrida pelas mulheres seria a verdadeira responsável pelas desigualdades que ainda perduravam, porque impediria as mulheres de descobrirem o verdadeiro poder que possuem dentro de si. Para Wolf, o principal obstáculo das mulheres, portanto, não está em uma opressão estrutural ou no machismo, mas sim no medo feminino do poder.

Somente ao se sentirem poderosas as mulheres poderiam vencer as barreiras remanescentes, que, aos olhos das autoras, parecem se restringir a questões materiais pertinentes às mulheres de classe média, como o fato de o aumento da escolaridade feminina e seu ingresso no mercado de trabalho não ter garantido a presença de mulheres em cargos de poder. Há uma pressão para retomar o foco nas desigualdades materiais, sem, no entanto, questionar o sistema. Enxergando o feminismo como um caminho individual, e não uma luta coletiva, Wolf defende uma feminilidade que encare o poder como algo sexy e um feminismo que se traduza no máximo empenho individual para a superação de barreiras. Seria preciso promover uma revolução interior, que teria como base a autoestima, para mudar a si mesma e, assim, mudar o mundo — embora essa não seja mais uma prioridade. A emancipação feminina se reduziria, por fim, à liberdade de consumo.[20] Nas palavras de Tatiane Leal:

> [O feminismo] deixa de ser um movimento coletivo, com foco nas desigualdades estruturais e objetivos primordialmente políticos, para tornar-se um chamado a uma revolução destinada à esfera interior de cada mulher. O primeiro passo seria o *empoderamento*

[20] Ibidem.

> individual, para só então — e não necessariamente — buscar mudanças sociais.[21]

Leal nos mostra ainda um exemplo bastante atual da incorporação dos valores neoliberais no discurso feminista na utilização da expressão *girl power* [poder das meninas]. Originalmente, o termo está ligado ao Riot Grrrl, movimento norte-americano de bandas formadas por mulheres — muitas das quais também eram escritoras, ativistas e recém-graduadas de cursos de *women's studies* — que questionava o machismo no ambiente musical.[22] A difusão da expressão pela mídia, porém, acabou por dissipar seu sentido de resistência e suas intenções políticas originais, tornando a expressão sinônimo de garotas bonitas e poderosas e associando-a fortemente a produtos de massa, como séries de TV e bandas *pop* como as Spice Girls.

Leal argumenta, então, que o conceito de *girl power* tem um inegável potencial mercadológico, apresentando-se como uma "alternativa hiperssexualizada, estilizada e apolítica do feminismo".[23] Amplamente aceito pela mídia e pela sociedade em geral, o discurso do *girl power* não promove a união de garotas em prol de transformações sociais — pelo contrário: convida-as a se tornarem poderosas por meio do consumo de músicas e produtos e a se conformarem diante das normas das indústrias da moda e da beleza.[24] Assim, deixa de representar uma ameaça ao *status quo* e à ideologia da classe média branca,[25] promovendo as imagens femininas demandadas pelo novo capitalismo.

Esse fenômeno ocorre com frequência em outras ocasiões. A própria Frida Kahlo, pintora mexicana com cujo nome batizamos nosso coletivo, tornou-se um ícone pop. Sua imagem é estampada nos mais

[21] Ibidem, p. 44.

[22] Meltzer, 2010 *apud* Leal, 2015.

[23] Leal, 2015, p. 53.

[24] Meltzer, 2010 *apud* Leal, 2015.

[25] Gonick, 2006 *apud* Leal, 2015.

diversos produtos e vendida com um apelo à sua estética. Nesse processo, perdem-se de vista — ou se escondem propositadamente— os ideais de Frida, que era, entre outras coisas, comunista. Assim, sua imagem apolítica é mais facilmente digerida pelo grande público que consome esses produtos.

O apelo à imagem é essencial para fisgar as consumidoras. Afinal, compramos aquilo com o que nos identificamos. O que se vende não é um produto, mas uma ideia: aquilo que a marca provoca em nós. Não nos vendem *shampoo*, mas cabelos lindos e sedosos como os da modelo, capaz de fisgar o olhar de todos os homens enquanto passamos por uma rua com um vestido esvoaçante e as madeixas ao vento. Não nos vendem roupas, maquiagens, mas a possibilidade — quase nunca alcançada — de sermos aquilo que não somos agora (por não usarmos aquele produto, claro). Assim, a ideia da mulher moderna, forte, dona de si, enfim, empoderada, é estampada na publicidade.

A mulher poderosa pode tudo?

De acordo com o discurso neoliberal, sim. Ela não só pode, como deve ter uma linda e harmônica família, uma casa arrumada e bem decorada, uma carreira de sucesso e um corpinho de quem mora na academia. A imagem da supermulher que equilibra todas essas exigências é constantemente difundida pela mídia, mostrando que, sim, é possível ter tudo — e, se você não tem, é porque não se esforça o suficiente.

O primeiro problema que podemos apontar nesse discurso é a normatização da dupla jornada de trabalho. Segundo uma pesquisa realizada em 2012 pelo Ipea, as mulheres brasileiras dedicam semanalmente, em média, 16,1 horas a mais do que os homens às tarefas domésticas. No total, são 26,6 horas por semana. Isso é, obviamente, um reflexo do machismo que ainda permeia os papéis tradicionalmente atribuídos às mulheres.[26] O discurso neoliberal, contudo, não problematiza essa

[26] Para entender melhor o assunto, leia o capítulo "Construção da feminilidade" na página 17.

questão, fazendo com que se considere normal e aceitável que as mulheres tenham que se desdobrar para dar conta das dezenas de tarefas que recaem unicamente sobre seus ombros. Mais do que isso: dar conta de todas essas tarefas seria uma forma de empoderamento, uma prova de nossa capacidade de brilhar.

É inegável o apelo que esse tipo de discurso tem para o mercado de consumo. Um exemplo recente da ideia de que a dupla jornada é um sinal de poder e de uma suposta superioridade feminina é um comercial da Bombril, "Diva Devagar", veiculado em 2015. Atrás de uma bancada com diversos produtos de limpeza, as estrelas Ivete Sangalo, Monica Iozzi e Dani Calabresa falam sobre o poder feminino:

> Amor, a gente arrasa. Arrasa no trabalho, faz sucesso o dia todo e ainda deixa a casa brilhando. É por isso que toda brasileira *é* uma diva. Enquanto isso, os homens... Ixi! Esses daí nem com todos os produtos da Bombril pra ajudar na casa. Não, não, nem dá pra comparar. Não, pra comparar dá. Toda mulher é uma diva. E todo homem é devagar. Isso! Divou! Bombril: os produtos que brilham como toda mulher.[27]

Ser poderosa, então, não é lutar pelo fim das desigualdades que resultam na dupla jornada, mas sim enfrentá-la sem perder o brilho — com o auxílio dos produtos da marca *x* ou *y*, é claro. Afinal, apontar o machismo nada mais seria do que fazer-se de vítima. Transformando o social em individual, o discurso neoliberal nos ensina que a mulher é poderosa justamente por passar pelas dificuldades que passa — não vamos dizer machismo, né? E, é claro, se você não vence as barreiras que surgem em sua vida, é devido à própria incompetência.

Também não cabem nesse discurso as consequências de "se ter tudo". Como aponta Leal,[28] as matérias jornalísticas que se propõem a difundir

[27] Comerciais de TV, 2015.

[28] Leal, 2015, p. 72.

as narrativas de sucesso das mulheres poderosas não apresentam como problemática, por exemplo, a privação de sono de que muitas dessas mulheres sofrem. Segundo Crary,[29] o sono é a última barreira para a realização do capitalismo 24/7,[30] e, como não pode ser eliminado, é frequentemente abreviado e considerado uma atividade para os fracos.

Também, podemos criticar a falsa ideia de que, como grupo, as mulheres de fato "chegaram lá". Se observarmos a real quantidade de mulheres em cargos de poder, vamos ver que a mídia tradicional, ao difundir o discurso neoliberal, acaba por fazer com que as pessoas transformem exceção em regra. Das 36 pessoas que já ocuparam o mais alto cargo do Executivo nacional, Dilma Rousseff é a única representante feminina. Das 513 cadeiras da Câmara dos Deputados, somente 51, ou seja, 9,9%, são ocupadas por mulheres. No Senado, são setenta homens e onze mulheres (13,6%).[31] E o que dizer da Diretoria Executiva das empresas? Uma pesquisa recente realizada pela KRC Research com executivos ao redor do mundo revelou o quanto eles superestimam o número de mulheres líderes de grandes empresas: no geral, acreditam que a proporção seja de 23% — as empresárias, em especial, se mostraram ainda mais iludidas, estimando 25%. A verdade? Apenas 4,6% das quinhentas maiores empresas do mundo[32] são lideradas por mulheres. Em um artigo para o *Huffington Post*, Emily Peck compara a existência de mulheres no cargo de diretoras executivas de empresas a ataques de tubarão: são extremamente raros, mas tão cobertos pela mídia que acabamos pensando que são bastante comuns.[33]

Conforme uma Pesquisa Nacional por Amostra de Domicílios do Instituto Brasileiro de Geografia e Estatística (IBGE) de 2011, 64% das

---

[29] Crary *apud* Leal, 2015.

[30] Vinte e quatro horas por dia, sete dias por semana.

[31] Dado apresentado pelo UOL Eleições 2014. Disponível em: <http://eleicoes.uol.com.br/2014/noticias/2014/10/06/cresce-numero-de-mulheres-eleitas-no-congresso-mas-fatia-ainda-e-de- so-10.html>.

[32] A pesquisa tomou como base as empresas que figuram nos rankings da *S&P 500* e da *Fortune 500*.

[33] Peck, 2015.

brasileiras são economicamente ativas, mas 37% das mulheres economicamente ativas encontram-se em situação precária; independentemente do nível de escolaridade, as mulheres ganham menos. Em novembro de 2015, o Índice Global de Desigualdade de Gênero, calculado pelo Fórum Econômico Mundial, revelou que o Brasil é o segundo pior país no quesito igualdade salarial entre homens em mulheres, à frente apenas de Angola. Por aqui, mulheres ganham 30% menos que os homens. A situação é ainda pior para as mulheres negras: segundo a mesma pesquisa do IBGE, a hora de trabalho de homens brancos com doze anos de estudo vale, em média, 27,20 reais, enquanto a das mulheres negras de mesma escolaridade vale 15 reais — ou seja, quase a metade.

Em tempos de recessão, as mulheres são também as que mais sofrem. De acordo com dados do IBGE, de janeiro a novembro de 2015, a taxa de desemprego feminino chegou a 7,9%, enquanto a média geral foi de 6,8%. Para as mulheres negras, foi de 9%. As mulheres entre 18 e 49 anos, em sua maioria compreendidas no que se determinou como faixa reprodutiva (15-44 anos), são as mais afetadas. 26%, em comparação com 19,7% dos homens dessa faixa, estão desempregadas.[34] Nas empresas, somos as maiores vítimas de assédio. Uma pesquisa feita em 2015 pelo site Vagas.com mostrou que o assédio moral é um pouco maior entre as mulheres (52%) do que entre os homens (48%), mas 80% das vítimas de assédio sexual são mulheres.[35]

Em resumo: não, as mulheres não estão dominando o mundo dos negócios. É inegável que houve algum progresso, mas — como sempre acontece quando questões estruturais estão envolvidas — ele se dá de forma lenta e gradual. Difundir a ideia de que, como grupo, as mulheres "chegaram lá" é simplesmente enganador. Da mesma forma, disseminar a noção de que, nesse cenário, os maiores obstáculos entre uma mulher e uma vida de sucesso estão dentro dela mesma chega a ser cômico.

---

[34] Vincentin, 2015.

[35] Queiroz, 2015.

E, ressalte-se aqui, a crítica é à ideia de onipotência da mulher "poderosa" no que diz respeito ao mercado de trabalho, já que a persistência da desigualdade na área profissional parece ser a única reconhecida pelas feministas que aderem ao discurso neoliberal. Poderíamos nos estender em críticas relacionadas a nossa liberdade sexual ou domínio sobre o próprio corpo, à maternidade compulsória, à violência a que somos expostas diariamente e a todos os outros tipos de problemas abordados nos demais capítulos deste livro.

Empoderamento para quem?

As narrativas de sucesso e de superação feminina vendidas pela mídia não transformam exceção em regra apenas ao tentar nos fazer crer que os obstáculos externos às mulheres já foram superados. Elas também provocam confusão ao apresentar ao público indivíduos de um mesmo perfil como representantes determinantes da vasta categoria "mulheres". A protagonista dessas narrativas é branca, cisgênero,[36] de classe média ou alta e moradora dos centros urbanos. Seu sucesso, porém, é apontado como uma prova da conquista da liberdade por todas as mulheres.[37]

As poucas mulheres que "chegam lá" estão entre as que têm privilégio de classe e raça, ou seja, as que menos sofrem com as agruras do sistema no qual todos estamos inseridos. Se apenas 4,6% das empresas listadas na *Fortune 500* são comandadas por mulheres, somente 0,2%, ou seja, uma, é comandada por uma mulher negra — a primeira na história.[38] Vale aqui retomar a crítica das feministas negras, mencionada no início

---

[36] "Cisgênero" é o termo utilizado para se referir às pessoas que se reconhecem pertencentes ao gênero que lhes foi designado ao nascer. Ou seja, se, ao nascer, lhe atribuíram o gênero "mulher" e você se identifica como tal, você é uma mulher cisgênera.

[37] Leal, 2015.

[38] Dado apresentado pelo site Black Entrepreneur Profiles. Disponível em: <https://www.blackentrepreneurprofile.com/fortune-500- ceos/>;.

deste texto: elas criticavam o discurso da "opressão comum", que apaga a vivência de mulheres que não se encaixem no perfil branco, universitário e de classe média.

O discurso do "empoderamento individual" alcançado por meio do aumento da autoestima e do consumo de produtos pode ter um apelo sobre todas as mulheres. Ora, quem não quer acreditar que basta confiar em si para superar todos os obstáculos que a vida apresenta? Embora não sirva de verdade a nenhuma de nós — ele não vai nos livrar do assédio na rua, da discriminação no trabalho nem de nenhuma outra manifestação de misoginia —, é necessário perceber que esse discurso é especialmente prejudicial para quem está fora do perfil dominante. Para quem não carrega os privilégios desse padrão e, portanto, enfrenta muito mais obstáculos o "buraco é bem mais embaixo".

Em discurso proferido em 2015, Li Yong, diretor-geral da ONU para o Desenvolvimento Industrial, revelou que mulheres e meninas representam 70% das pessoas que vivem em extrema pobreza no mundo.[39] E, segundo um estudo de 2014, nos países mais pobres as mulheres têm menos da metade do tempo que os homens para descansar[40]. No Brasil, 52% dos que viviam na extrema pobreza até 2009 eram mulheres, segundo o *Dossiê Mulheres Negras*. A diferença mais expressiva de renda, no entanto, não se manifesta de acordo com o gênero, mas sim com a raça: até 2009, 47,5% das mulheres e 47,2% dos homens brancos viviam com até um salário mínimo. Enquanto isso, 73,7% das mulheres e 72,1% dos homens negros viviam nessas condições.

A pobreza, portanto, atinge principalmente as mulheres negras, apresentando a elas obstáculos que jamais terão de ser superados pelas mulheres brancas de classes mais altas. Vamos atribuir o inegável abismo entre os gêneros e entre as mulheres de diferentes raças a uma diferença de esforço e de autoestima dos indivíduos de cada um desses grupos?

[39] UN Media, 2015.

[40] Ibidem.

Vamos concluir, então, que as mulheres — coincidentemente — são menos competentes que os homens e as negras menos competentes que as brancas? Ou vamos nos dar conta de que o discurso neoliberal estimula um apagamento das influências das origens de cada indivíduo e das diferentes dificuldades que se impõem a pessoas de diferentes camadas sociais?

Segundo Crary, a rotina 24/7 almejada pelo capitalismo promove "uma ideia de tempo a-histórico, autossuficiente e sem ligação com as raízes do passado".[41] Mas essas raízes existem e fazem com que indivíduos diferentes tenham que enfrentar dificuldades diferentes para atingir o que é considerado sucesso. A narrativa do sucesso alcançado unicamente por mérito só funciona quando há esse conveniente apagamento da história, das raízes e das condições de vida de cada indivíduo.

Em uma sociedade na qual os indivíduos possuem condições tão díspares, não pode haver competição de igual para igual. Em termos intelectuais, somos todos igualmente capazes. Socialmente, entretanto, a ausência de privilégios de uns e o acúmulo de privilégios por outros torna as jornadas dramaticamente diferentes. Isso não quer dizer, é claro, que apenas os mais privilegiados possam "chegar lá". Quer dizer que eles encontrarão muito menos dificuldades no caminho. E esse "chegar lá" mudará continuamente de lugar para que os mais abastados possam manter uma posição de superioridade e prestígio social em relação aos menos favorecidos.

Vejamos um exemplo prático: em 2015, a mídia divulgou que o alojamento estudantil da Universidade Federal do Rio de Janeiro, maior e mais antiga universidade do país, sofria não apenas com a superlotação, mas com uma infestação de ratos, baratas e outras pestes. Segundo uma matéria do site UOL, a precariedade dos quartos chegava a lembrar as construções insalubres do clássico *O cortiço*. Muitos dos que moram no

[41] Leal, 2015, p. 68.

alojamento vivem, na verdade, em barracas de camping espalhadas pelos corredores. Eles dividem as salas de aula com jovens de classe média, sustentados pelos pais, que moram no conforto de suas casas e nem sequer conseguem imaginar as dificuldades pelas quais o colega na carteira do lado passa.

Se o segundo jovem tiver rendimentos melhores, será realmente por ter se esforçado mais do que o primeiro, que vive em meio aos ratos para poder frequentar uma universidade? As condições de vida não interferem? Ignorar o contexto social — e até mesmo os efeitos psicológicos resultantes dele ou de outros fatores biográficos — em que cada um desses alunos está inserido é, para dizer o mínimo, injusto. Mais injusto, talvez, seja usar os jovens que, nessas situações precárias, conseguem ser bem-sucedidos como prova de que todos os outros em condições similares podem "chegar lá" também — e que, se não chegam, é por culpa deles mesmos.

É evidente que os jovens que estão dispostos a fazer tamanho sacrifício simplesmente para terem o direito de estudar merecem nossa admiração. Romantizar a trajetória desses jovens, impondo a outras pessoas sacrifícios pelos quais os mais privilegiados provavelmente nunca terão de passar, porém, é naturalizar essa condição. Lembra quando falamos da normatização da dupla jornada? É por aí: o jovem bem-sucedido é o que, apesar das desigualdades, enfrenta sem reclamar todos os obstáculos — por mais desumanos que sejam — para chegar ao topo. O discurso meritocrático jamais vai mencionar o fato de que essas desigualdades precisam ser combatidas, porque nem sequer deveriam existir.

Da mesma forma, uma mulher que, enfrentando todas as dificuldades, consegue construir uma vida melhor para si, definitivamente merece nossa admiração. Podemos sim admirá-la por seu esforço e por sua trajetória, mas sua história é simplesmente isto: *sua* história, não uma norma universal — em especial se ela for cisgênero, branca, heterossexual e de classe média ou alta. Não devemos desmerecer seu sucesso, muito menos tomá-lo como regra ou como sinal do fim das desigualdades de gênero.

A pobreza feminina, assim como todas as outras manifestações da opressão de gênero, classe e raça, é sistemática. Um indivíduo por si só nunca poderá derrubar todo o sistema — o máximo que poderá fazer é vencer as barreiras da própria vida para inserir-se nele.

Ideologias em conflito

As feministas que aderiram ao discurso neoliberal argumentam que a crítica antissistêmica seria prejudicial às mulheres, pois as impediria de utilizar o capitalismo a seu favor.[42] A questão é que, para a maioria das mulheres, essa utilização jamais será possível. O capitalismo é e sempre foi um sistema de acumulação. A lógica com base na qual ele opera é a da maximização dos lucros por meio do corte de custos e do aumento da produção — e o aumento da produção só se dá quando há aumento da demanda, ou seja, aumento do consumo.

A incorporação das mulheres no sistema capitalista é interessante para essa cadeia, porque permite aumentar o público consumidor — segundo um estudo do americano Michael Silverstein, as mulheres controlam ou influenciam ao menos 70% dos gastos com consumo nos Estados Unidos.[43] Essa necessidade de aumento do público consumidor deve ser equilibrada, entretanto, com a necessidade de manter os custos — como o pagamento de salários — baixos. E, historicamente, as desigualdades de gênero e de raça serviram a esse propósito. Nas palavras de Mirla Cisne, professora e autora de *Feminismo e consciência de classe:*

> Essas dimensões de desigualdade, então, são funcionais para a lógica de produção e reprodução do capitalismo, na medida em que você tem uma força de trabalho mais desvalorizada, no caso das mulheres, dos negros e negras e, especialmente, das mulheres

[42] Leal, 2015.

[43] Silverstein, 2012.

> negras. Isso é absolutamente funcional à lógica de lucro do capitalismo. Então, a própria história do capitalismo foi fundida com a lógica de exploração do patriarcado e do racismo (...) Embora a gente já tenha dito que o patriarcado e o racismo são anteriores ao capitalismo, o germe da existência de uma sociedade de classes está vinculado à divisão hierárquica e sexual entre homens e mulheres, bem como à existência da subordinação entre "raças" — entendidas no sentido sociológico e não biológico, claro (...) não dá para a gente pensar a liberdade e a autonomia das mulheres apenas na sua dimensão subjetiva, sem enfrentar questões que são estruturais para a grande maioria das mulheres que são as trabalhadoras.[44]

Continuando sua crítica à luta antissistêmica, a feminista Naomi Wolf defende que tornar as mulheres ambiciosas seria mais importante para a emancipação feminina do que questões ideológicas ou sociais.[45] Em primeiro lugar, é importante deixar claro que a afirmação de que a ideologia seria menos importante para a emancipação das mulheres é uma falácia. A insinuação de que uma fala é ausente de ideologia serve apenas para naturalizar seu conteúdo. O discurso de Wolf transborda ideologia ao defender uma individualização do poder que, embora possa ser encarada atualmente como natural, nada mais é do que parte da mentalidade neoliberal em voga na sociedade hoje.

Como vimos, a crença no indivíduo todo-poderoso é uma construção neoliberal que se articula perfeitamente bem com as intenções do novo sistema de fazer com que o Estado se desobrigue das questões sociais e deixe o mercado atuar livremente. Assim, a ideia de que uma mulher possa ser a única responsável por suas condições de vida em uma sociedade que ainda impõe a ela desafios inexistentes para os homens tem o objetivo de tirar do Estado a responsabilidade pela promoção da

---

44 Cisne, 2015.

45 Leal, 2015.

igualdade social, que nem sequer é apresentada como uma questão que existe e precisa ser superada.

Fechar os olhos para as questões sociais e para as estruturas de opressão significa, pura e simplesmente, eternizá-las. Transformar o feminismo em uma luta individual é despolitizar o que é, em sua essência, um movimento político; é despi-lo de suas origens e de seus objetivos para transformá-lo em mais um bem de consumo, em mais um mecanismo de integração ao sistema capitalista. É, em resumo, um falso empoderamento, que só se presta às necessidades mais superficiais de um grupo específico de mulheres — as mais privilegiadas. Como disse bell hooks, "tem sido mais fácil para as mulheres brancas que não vivenciam opressão de raça ou classe se concentrarem exclusivamente no gênero".[46]

O feminismo precisa ser entendido de forma coletiva e interseccional, porque não há autoestima nesse mundo capaz de derrubar, por si só, um sistema econômico, político e cultural que coloca as mulheres abaixo dos homens.

Referências

CHAVES, Marjorie. "Sociedade capitalista, racismo e sexismo: a importância da autocrítica feminista". *Blogueiras Negras*, 16 jun. 2014. Disponível em: <http://blogueirasnegras.org/2014/06/16/sociedade-capitalista-racismo-e-sexismo-a-importancia-da-autocritica-feminista/>. Acesso em: 12 fev. 2016.

CISNE, Mirla. "A própria história do capitalismo foi fundida com a lógica de exploração do patriarcado e do racismo": depoimento [4 fev. 2015]. Escola Politécnica de Saúde Joaquim Venâncio-Fiocruz. Entrevista concedida a Cátia Guimarães. Disponível em: <http://www.epsjv.fiocruz.br/index.php?Area=Entrevista&Num=106>. Acesso em: 10 fev. 2016.

COMERCIAIS DE TV. Bombril — Diva, Devagar — Ivete Sangalo — Monica Iozzi — Dani Calabresa — Comercial de TV. Disponível em: <https://www.youtube.com/watch?v=ftSYeutKdZU> Acesso em: 14 fev. 2015.

FRASER, Nancy. *O feminismo, o capitalismo e a astúcia da história*. Mediações. Londrina, v. 14, n. 2, pp. 11-33, jul/dez. 2009.

[46] hooks, 1984 *apud* Chaves, 2014.

LEAL, Tatiane. *A mulher poderosa:* construções da vida bem-sucedida feminina no jornalismo brasileiro. 2015. 139f. Dissertação (Mestrado em Comunicação e Cultura) — Universidade Federal do Rio de Janeiro — UFRJ, Escola de Comunicação - ECO, 2015.

LUXEMBURGO, Rosa. "Direito de voto das mulheres e luta de classes". In: _____. *Textos escolhidos vol. I (1899-1914)*. São Paulo: Editora Unesp, 2011.

MDEMULHER. *Onde foi parar Angela Davis, a pantera negra mais famosa da história?* Disponível em: <http://mdemulher.abril.com.br/trabalho/lola/onde-foi-parar-angela-davis-a-pantera-negra-mais-famosa-da-historia>. Acesso em: 27 fev. 2016.

NADAL, Paula. "Por que 8 de março é o Dia Internacional da Mulher?". Revista *Nova Escola*. Disponível em: < http://revistaescola.abril.com.br/historia/pratica-pedagogica/8-marco-dia-internacional-mulher-genero-feminismo-537057.shtml>. Acesso em: 10 fev. 2016.

PECK, Emily. *Do You Realize How Few Women CEOs Exist? These Executives Don't. Huffington Post.* Disponível em: <http://www.huffingtonpost.com/2015/07/13/weber-shandwick-female-ceo_n_7771608.html> Acesso em: 14 fev. 2016.

PINTO, Célia Regina Jardim. "Feminismo, história e poder". *Revista de Sociologia e Política*. Curitiba, v. 18, n. 36, pp. 15-23, jun. 2010.

QUEIROZ, Nana. "Chega de #assédionotrabalho!" *Revista Azmina*. Disponível em: <http://azmina.com.br/2016/01/chega-de-assedionotrabalho/>. Acesso em: 14 fev. 2016.

SILVERSTEIN, Michael. "As mulheres controlam 70% do consumo", diz Silverstein: depoimento. [18 de abril de 2012]. Revista *Exame*. Entrevista concedida a Luiza Dalmazo. Disponível em: <http://exame.abril.com.br/revista-exame/edicoes/1014/noticias/as-mulheres-controlam-70-do-consumo-afirma-michael-silverstein>. Acesso em: 15 fev. 2016.

TAYLOR, Charles. "A ética da autenticidade". São Paulo: É Realizações Editora, 2010, pp. 11-39

UN MEDIA. PMA: *Mulher no topo*. Disponível em: <http://www.unmultimedia.org/radio/portuguese/2015/03/pma-mulher-no-topo-do-mundo/#.VsEI8nQrJJU>. Acesso em: 14 fev. 2016.

VINCENTIN, Carolina. "Crise está castigando mais mulheres do que homens no Brasil". Revista *Azmina*. Disponível em: <http://azmina.com.br/2016/01/crise-esta-castigando-mais-mulheres-do-que-homens-no-brasil/>. Acesso em: 14 fev. 2016.

Sexualidade: além do binômio "santa" ou "puta"

#MeuAmigoSecreto fala mal de mulher que "dá" no primeiro encontro. Mal sabe ele que o sexo também nos pertence.

Os conflitos envolvendo valores sexuais que vemos nos dias atuais são heranças de disputas religiosas e políticas de séculos anteriores, e tem um imenso peso simbólico — a esfera da sexualidade também tem sua política interna, suas desigualdades e seus modos de opressão. Como em outros aspectos do comportamento humano, as formas institucionais concretas da sexualidade em um determinado tempo e lugar são produto da atividade humana. São imbuídas de conflitos de interesse e manobras políticas, ambas deliberadas e incidentais. Nesse sentido, o sexo é sempre político.[1]

Sexualidade e socialização — Valores morais e seus contrastes

No movimento feminista existe um consenso sobre o entendimento de que a sexualidade é construída socialmente, ou seja, que não é apenas um dado biológico. As teorias socioconstrutivistas foram muito importantes para afirmar que não existe uma essência da sexualidade ou uma natureza sexual.[2] Segundo a psicanalista norte-americana Muriel Dimen, a sexualidade é uma das vozes mais pessoais, engajadas e carregadas de valores e uma das mais exigentes teoricamente, pois o sexo está onde a natureza, a psique e a cultura se cruzam. Em seu livro *Sociologia da*

[1] Rubin, 1984.

[2] Faria, 1998.

sexualidade, o sociólogo brasileiro Michel Bozon defende que a sexualidade humana não é produto da natureza, mas sim da sociedade. Como construção social, é aprendida por meio da cultura,[3] capaz de coordenar a atividade mental e corporal dos indivíduos. A atividade sexual, apesar de ser uma esfera específica da vida humana, não existe isoladamente. Ao contrário, depende de uma teia de significados sociais na qual está inscrita.

Mesmo com certo avanço nas conquistas referentes à sexualidade da mulher, contudo, ainda hoje há uma insistência em considerá-la suja, maldosa, obscena, indecente e irresponsável. A partir do nascimento e ao longo da infância, crianças são separadas por gênero levando em conta apenas o sexo biológico, tendo assim seu comportamento controlado pelos adultos. Dessa forma, as meninas aprendem desde cedo que não podem agir como os meninos, andar e nem brincar com eles, da mesma forma que os meninos são instruídos a se distanciar das meninas. Segundo Trindade e Ferreira,[4] conforme crescem, essas crianças aprendem que a masculinidade está relacionada ao controle das emoções, a racionalidade, força, agressividade, lógica, independência e dominação. Ao passo que o doméstico, emoção, fragilidade, irracionalidade, inocência, submissão, fraqueza e dependência fazem parte do domínio feminino. Sendo assim, graças a uma socialização extremamente sexista, que reforça uma dicotomia na qual o masculino representa o ativo e o feminino, o passivo, tanto meninos quanto meninas encaram a sexualidade como

[3] A forma pela qual a sexualidade é apreendida varia dependendo da cultura. Diferentemente de muitos países ocidentais, "(...) em algumas sociedades da Nova Guiné, por exemplo, atividades homossexuais são obrigatórias para todos os homens. Atos homossexuais são considerados completamente masculinos, os papéis são baseados na idade, e os parceiros são determinados pelo status do parentesco (Herdt, 1981; Kelly, 1976; Rubin, 1974, 1982; Baal, 1966; Williams, 1936). Ao passo que esses homens se engajam em comportamentos extensivamente homossexuais e pedófilos, eles não são nem homossexuais, nem pederastas" (Rubin, 1984, p. 22).

[4] Trindade; Ferreira, 2008.

algo próprio do domínio masculino.[5] Para as meninas, a construção da feminilidade está diretamente vinculada à negação de seu corpo e de sua sexualidade. "Assim as formas de interação apresentam-se pautadas por códigos entre os atores, que por sua vez estão submetidos a expectativas sociais de desempenho segundo o seu sexo e seu gênero".[6]

Ensinamos às meninas que elas não podem agir como seres sexuais, do modo como agem os meninos.

Chimamanda Ngozi Adichie[7]

Sendo assim, essas crianças viram adolescentes em um cenário de atitudes e papéis claramente atribuídos a cada um dos gêneros. Por causa de uma cultura extremamente conservadora, jovens ainda têm dificuldade de encarar outro tabu: o da primeira relação sexual. As mulheres ao longo de sua juventude precisam lidar constantemente com um conceito moral e retrógrado de castidade e devoção ao matrimônio, de acordo com o qual a virgindade muitas vezes é exigida pelos homens como "prova de amor"; o momento de perdê-la sendo algo que deve ser guardado para depois do casamento.

Segundo Heilborn, as dinâmicas do namoro tradicional heterocentrado continuam a estruturar, de certa forma, o desenrolar dessas relações sexuais, sobretudo para os jovens: aos homens cabe pedir, enquanto as mulheres respondem de diversas maneiras quanto a ceder (por vontade própria ou por coerção), recusar ou temporizar, mas não como se isso fosse uma escolha. Na medida em que a socialização de gênero internaliza esses ditames culturais no que se refere às atitudes na esfera sexual,

---

5 Maracci, 2013.

6 Heilborn et al., 2006.

7 Trecho retirado do livro *Sejamos todos feministas*, versão modificada e traduzida de uma palestra proferida por Adichie em dezembro de 2012 no TEDxEuston, conferência anual com foco na África.

torna-se bem mais difícil para as mulheres se preparar para uma primeira relação sexual segura, pois isso implicaria uma forma de prevenção e, portanto, de postura ativa, o que daria a entender que elas têm alguma experiência prévia ou que entendem do assunto, levantando dúvidas em relação à sua hipervalorizada virgindade e, logo, sua moralidade.

É importante enfatizar que todo esse desenvolvimento e essa construção social giram em torno da heteronormatividade, cujo padrão de relações afetivas considera apenas as relações entre homens e mulheres, enquanto as relações homossexuais são contundentemente rejeitadas. Mesmo que hoje isso esteja em processo de desconstrução, não há uma educação sexual apropriada, que aborde as práticas homoafetivas, o que exclui uma multiplicidade de possibilidades de vivência da sexualidade localizadas fora desses padrões heteronormativos.

> Esse cenário é extremamente revelador de como prescrições culturais hegemônicas acerca de gênero modelam a feminilidade em torno da castidade e da maternidade, como se a mulher existisse para satisfazer as necessidades e os desejos do outro, principalmente dos filhos que vier a ter, deixando de lado seus desejos, sua sexualidade e seus projetos profissionais, enquanto a masculinidade é modelada sob o signo da sexualidade e do desbravamento de seus desejos.[8]

A sexualidade é para o feminismo o que o trabalho é para o marxismo; aquilo que é mais nosso e, todavia, o que mais nos tiram.

Catherine MacKinnon[9]

A psicóloga Nalu Faria afirma que a cultura ocidental continua sendo muito ambígua em relação à sexualidade das mulheres, tanto que estabeleceu como pacto tradicional entre elas e os homens um duplo padrão: se

[8] Heilborn et al., 2006.

[9] Mackinnon, 1982 *apud* Rubin, 1989.

as mulheres são assexuadas virtuosas, são dignas da proteção masculina; não podem expressar seus desejos, pois nesse caso serão consideradas profanas, não dignas de respeito. É a lógica que conhecemos vulgarmente como "as santas e as putas", "para casar e para curtir" ou "as boas e as más".

Em seu artigo "A produção da sexualidade feminina e o mercado capitalista", a assistente social Ana Luísa Xavier Barros aborda a visão de Michael Foucault, que afirma ter surgido, entre os séculos XVII e XVIII, uma nova "mecânica de poder" que se apoia no corpo e nos seus atos, a qual se exerce por meio da vigilância. As necessidades geradas pela intensificação da urbanização e pelo crescimento demográfico, como a demanda por organização espacial, as questões sanitárias e de saúde pública deram origem a novas formas de controle populacional, monitorando as pessoas através de seu corpo. Logo, questões como o controle da natalidade passaram a ser um problema político, deixando de ser um problema familiar e individual. Assim, segundo Barros:

> Inicia-se o processo de produção social, político e econômico da sexualidade, tornando-se a conduta sexual da população objeto de análises e intervenções prescritivas, controladoras e alienadoras. Todo um conjunto de saberes e discursos envolvendo o sexo passa a ter status de verdade e de racionalidade.[10]

Segundo Dimen, em *Poder, sexualidade e intimidade*, esse tipo de alienação é a experiência da dominação, a perda do senso e do desejo de autonomia, como resultado de processos que jogam com as dúvidas de uma pessoa sobre a realidade e a validade de seu ser, suas percepções e seus valores:

[10] Barros, 2001.

> O patriarcado é, em seu conjunto, um sistema de dominação. Mas difere de outros sistemas de dominação, como o racismo, a estrutura de classes ou o colonialismo, porque vai direto na jugular das relações sociais e da integração psicológica — o desejo. O patriarca ataca o desejo, o anseio inconsciente que anima toda ação humana, reduzindo-o ao sexo e depois definindo sexo nos termos politizados do gênero. Paradoxalmente, entretanto, a sexualidade, estruturada dessa maneira, torna-se reciprocamente escultora do desejo, com o gênero organizando simultaneamente parte do desejo dentro do ser. Não apenas a sexualidade, mas todas as manifestações do desejo são assim influenciadas pelo gênero e, dessa forma, as raízes do desejo, ele mesmo fonte da experiência pessoal, são escalonadas em hierarquias.[11]

Em seu livro *História da sexualidade I:* A vontade de saber, Foucault identifica quatro conjuntos estratégicos com base nos quais se desenvolveram os mecanismos de saber e poder sobre o sexo: a histerização da mulher, a pedagogização do sexo da criança, a socialização das condutas de procriação e a psiquiatrização do prazer perverso. Segundo a análise de Barros, a mulher histérica, a criança masturbadora, o casal malthusiano[12] e o adulto perverso passam a ser alvos estratégicos dessa produção da sexualidade. Sendo assim, Foucault assevera que esse é um momento no qual a sexualidade se torna um dispositivo de poder, com o surgimento de regras sociais que normalizam, controlam e que determinam o que é permitido ou proibido, levando "todo o corpo social e cada um de seus membros a porem-se de vigilância".[13] Dessa forma, são discursos que vão classificar as práticas da sexualidade como "normais" e "patológicas", "lícitas" ou "ilícitas".[14]

---

[11] Dimen, 1988, p. 46.

[12] Distinguem-se os *casais malthusianos*, oriundos da teoria de Malthus sobre a regulação do número e o espaçamento dos filhos. Relacionado ao planejamento familiar e ao controle demográfico.

[13] Foucault, 1997.

[14] Barros, 2001.

A medicina, contudo, cria um ramo de estudos e intervenção sobre o sexo no qual se origina uma certa preocupação com o corpo da mulher. Por uma questão de responsabilidade biológica para com a espécie, a hereditariedade e a fecundidade somam-se aos problemas da vida e da doença. Sendo assim, Barros descreve o seguinte panorama:

> Estreitando o vínculo mulher e seu sexo os estudos médicos se voltaram para a "fragilidade" e para a capacidade de induzir às doenças do corpo feminino. O corpo da mulher foi então patologizado e feito objeto de ações capazes de controlá-lo e regulá-lo. Seus órgãos reprodutores são então vigiados e controlados para garantir a vida com saúde e nascimentos de indivíduos saudáveis. Sua trajetória reprodutiva é orientada visando o controle da natalidade e dos problemas hereditários. A puericultura ensina e prescreve os cuidados para com os imaturos, negando a importância dos conhecimentos até então acumulados pelas mulheres. Qualificado e desqualificado como "saturado de sexualidade", o corpo da mulher é alvo de discursos e saberes. Ao atribuir à anatomia feminina a responsabilidade pelos seus traços psicológicos, a teoria freudiana justifica a desvalorização e a susceptibilidade das mulheres às neuroses pelo denominado "complexo de castração", ou seja, a ausência do pênis sentida como mutilação seria a causa das frustrações, da autodesvalorização e da consequente passividade e da falta de aspiração à perfeição.[15]

O que podemos perceber é que tudo isso tem o papel de administrar o funcionamento do espaço doméstico ocupado pela mulher, designando-a para a função de cuidadora do lar, regulando sua fecundidade e suas demais funções de socialização como esposa e mãe, ao passo que ao homem é atribuída a função de chefe e provedor da família. Essas são formas de produzir e garantir a sexualidade de homens e de mulheres de

---

[15] Ibidem, p. 51.

forma a torná-los adequados à sua exploração como força de trabalho e torná-los disciplinados e obedientes a um sistema vigente. Com uma atribuição de papéis diferenciados conforme o sexo, a socialização e o controle da sexualidade, da fertilidade e da reprodução funcionam como mecanismos de controle e manutenção do equilíbrio das relações capitalistas e patriarcais.

A relação entre sexualidade e reprodução

Sendo a reprodução o papel-chave designado às mulheres, quando falamos em exercício da sexualidade da mulher, seja ela heterossexual, lésbica, jovem ou velha, dificilmente essa sexualidade não está associada à sua capacidade de procriar. Segundo Muriel Dimen, esse emaranhamento pode ser experimentado de várias maneiras. Isto é, a não ser que queira engravidar, a mulher não deve ter relações sexuais que envolvam o pênis, deve ser esterilizada ou ter passado da menopausa. Quando se pensa em sexualidade de forma consciente e preventiva, pensa-se em controlar a própria fertilidade, na melhor forma de fazê-lo, em quando e como se precaver ao ter relações sexuais e até mesmo como mantê-las espontâneas diante de tantas preocupações.

> Essas decisões, que todo mundo enfrenta, tornam-se muito ambivalentes para as mulheres devido ao interesse permanente do Estado, que usa a experiência das mulheres para controlar a reprodução social, que, por sua vez, se torna a via por excelência para o âmbito doméstico e a intimidade e, finalmente, para a própria subjetividade. O Estado tenta controlar o corpo e, consequentemente, a sexualidade, o desejo, a psique das mulheres, as crianças que elas educam e os homens ou outras mulheres de quem elas cuidam e para quem são símbolos do desejo.
> O Estado tem duas fontes principais de poder sobre as mulheres. Regula o acesso à base material da procriação, isto é, legisla

sobre a contracepção, o aborto e a tecnologia do parto, decidindo quem terá permissão para usufruir deles, como e quando. E tenta controlar as mentes mistificando os fatos a esse respeito. Por exemplo: aparentemente são as mulheres que tomam decisões reprodutivas independentes, pelas quais se sentem individualmente responsáveis, afinal, são adultos "individualizados", mas, por estarem "em relação" com o Estado, suas decisões já foram tomadas por elas, por meio de leis que restringem sua sexualidade, suas escolhas reprodutivas e seu acesso a empregos.[16]

O estudo de Dimen focaliza a construção social da sexualidade alienada e suas consequências para as mulheres no que se refere ao sentido de ser, à experiência do desejo e às atitudes em relação à sexualidade. Mulheres se veem em meio a uma série de decisões conflitivas que definem todo o ato sexual, constituindo uma estranha relação entre sexualidade e reprodução, que se perpetua de forma problemática no consciente das mulheres que cresceram no patriarcado. Em nossa cultura, elas são responsáveis pelos bebês, mais devido ao fato de serem socialmente responsáveis como gênero feminino por essa ligação e pelos relacionamentos que são estabelecidos a partir dela do que propriamente por tê-los colocado no mundo, pois os homens também os concebem. Essa responsabilidade impõe a elas um conflito fundamental, enraizando a identidade de gênero das mulheres na ligação mulher-filhos, ainda que a essência da identidade adulta seja definida pela individualidade. Sendo assim, a mulher é dominada por esse conceito, perdendo seu espaço como mulher e ser individual para assumir seu lugar de responsável por tais relacionamentos, o que não é uma decisão própria, mas sim uma decisão tomada por um conjunto de ditames culturais controlados pelo Estado. Concluindo, essa forma conflitante de dominação torna possível sua alienação diante da sociedade.

16 Dimen, 1997.

Segundo Bozon,[17] "na percepção contemporânea da sexualidade, há uma nova realidade quanto às relações sexuais destinadas à procriação que passaram a ser pensadas de forma totalmente distinta das relações não destinadas à procriação". Ele afirma que as atividades sexuais de forma geral não são mais concebidas em função da reprodução e da fecundidade, utilizando-se proteção contraceptiva, sejam os indivíduos envolvidos um casal ou não. Observa que a chegada dos filhos foi perdendo sua conotação de dádiva divina, tornando-se resultado de um desejo (daí a ligação entre sexo e reprodução tendo seus significados transformados) e de um planejamento. A sexualidade com a finalidade reprodutiva passa a ser fruto de uma decisão negociada entre os parceiros, que determinam não só o início da contracepção, mas também sua interrupção. No entanto, os métodos contraceptivos ainda são considerados responsabilidade da mulher.

Sendo assim, agora, apesar de a mulher poder controlar sua fertilidade, não podemos dizer que ela vivencie uma liberdade sexual completa, nem mesmo uma plena autonomia sobre seu corpo, uma vez que a responsabilidade ainda não é dividida de forma igualitária. A mulher contemporânea se vê em uma dicotomia entre o papel materno e o papel de agente regulador de sua fertilidade, o que torna a reprodução e a sexualidade inerentes uma à outra, ainda que em perspectivas diferentes com o passar dos anos.

A história da sexualidade da mulher e suas conquistas

A sexualidade, a feminina em especial, foi, e ainda o é, apesar de atualmente vivermos sob outros padrões de moral, ética e comportamento, objeto de interdição em vários campos. Isto porque o processo de formação da nossa sociedade recebeu forte influência

[17] Bozon, 2004.

da sociedade ocidental europeia que, pautada na ética e na moral do Cristianismo, concebeu o corpo e o sexo como lugar de interditos. A mulher, pela sua condição desigual em relação ao homem, por muitos anos viveu sob a sua tutela, em primeira instância do pai e em segunda do marido, com sua sexualidade normatizada pelos padrões cristãos, legitimada pela instituição do casamento e pelo cumprimento da função reprodutora.[18]

Ao longo dos séculos ocorreram diversas mudanças em relação à educação sexual das mulheres. Segundo o historiador e medievalista francês Philippe Ariès,[19] houve uma época em que as necessidades sexuais das mulheres eram aceitas e valorizadas, sendo o sexo considerado algo natural e não havendo antagonismo entre o corpo e o mundo social. Os conceitos de sexualidade foram mudando de acordo com as épocas e suas mentalidades. Em seu artigo para o RedePSI, a psicóloga Andiara Loeffler Gezoni, cita que Abdo[20] afirmava existirem registros de comportamento sexual do homem por volta de 22 mil anos atrás. Na pré-história a sexualidade era normal e tolerada, os acasalamentos eram constantes, o ato sexual era voltado exclusivamente para o prazer físico e a procriação era apenas uma consequência.

Passados alguns milhares de anos, consolidou-se um sistema patriarcal no qual teve início uma conjunção de normas relacionadas à sexualidade que transformaram o ato sexual em um tabu. Chegando no período da Inquisição, quando havia uma supremacia da Igreja, o desejo sexual passou a ser considerado algo satânico e pecaminoso. Por serem consideradas sedutoras, as mulheres eram vistas como tentações do demônio, tendo sua sexualidade condenada e interditada. De acordo com Abdo,[21]

---

[18] Trindade; Ferreira, 2008.

[19] Ariès,1981.

[20] Abdo, 2008 *apud* Gezoni, 2011.

[21] Ibidem.

nesse período muitas mulheres foram inclusive queimadas, sob a alegação de realizarem bruxaria, por causa de suas condutas contrárias ao que era pregado pela Igreja. Dessa forma, a atividade sexual passou a ser marcada pelo objetivo de reprodução, principalmente por parte da mulher, e o prazer sexual passou a ser visto como algo profano.

Entre os séculos XVIII e XIX, com a Revolução Industrial, há uma substancial mudança no papel da mulher. À medida que elas começam a se inserir no mercado de trabalho, exercendo uma atividade que lhes proporciona uma renda, começam a deixar de lado o trabalho doméstico exclusivo. Dessa maneira, passam a ter uma certa independência, dando origem a novas mudanças nos papéis sexuais estabelecidos para homens e mulheres. Foi nesse período que a mulher, ainda que aos poucos, começou a buscar outras formas de experimentar e praticar sua sexualidade, procurando descobrir suas formas de satisfação e seus desejos. No entanto, apesar das diversas mudanças no desenvolvimento da sexualidade feminina e da educação sexual das mulheres, percebe-se que o que prevalece são, na verdade, formas implícitas de dependência, uma vez que ainda havia fortes interditos morais a essas práticas, o que dificultou a busca das mulheres pelo pleno desempenho e pleno prazer sexual, de forma que se tornassem concretos.

Até o final do século XIX, o binômio sexualidade-reprodução no que dizia respeito à sexualidade feminina continuava. Todavia, já no século XX, iniciaram-se estudos de uma nova ciência — a sexologia —, com o surgimento de trabalhos como os do neurologista e criador da psicanálise Sigmund Freud, que deram início a uma nova visão, na qual a sexualidade humana se tornou fundamental à vivência dos seres humanos. Conforme a pesquisadora e doutora em pedagogia Constantina Xavier Filha,[22] já no final do século XIX, com os estudos de Kinsey, Masters e Johnson, Ellis e Kaplan, ocorrem reviravoltas nas discussões sobre sexo

[22] Xavier Filha, 2003.

e suas técnicas, anatomia genital e formas de prazer feminino. Sendo assim, na história da sexualidade feminina, depois do surgimento da sexologia e da realização desses importantes estudos e pesquisas científicas, a questão da sexualidade vai além de um determinismo biológico ultrapassado e das antigas definições socioculturais, passando a relacionar o conceito de papel sexual ao modo pelo qual uma pessoa expressa a sua identidade sexual e convive bem com ela.[23]

Apesar desse novo cenário, até os anos 1950 a sexualidade ainda aparecia ligada à reprodução e vinculada ao casamento. Ao exercê-la, a mulher deveria estar no papel de mulher casada, destinada a satisfazer apenas as vontades do marido. Somente anos depois, com o impulso do movimento feminista — que visava à igualdade de direitos políticos, econômicos, legais, mas também à igualdade de conduta sexual — e em seguida, com o advento da pílula anticoncepcional, houve de fato uma maior manifestação de liberdade sexual: as mulheres estavam livres para decidir conscientemente acerca de sua fecundidade e da maternidade. Segundo Xavier Filha, já na metade da década de 1970, a imprensa feminina abordava os temas relacionados à sexualidade da mulher de uma forma bastante diferente das décadas anteriores. As mudanças deram um outro sentido à sexualidade feminina, construindo um novo discurso, bem próximo do que vemos hoje nas revistas e demais veículos de mídia: a mulher deveria deixar sua condição de ser assexuado e ir em busca de orgasmos múltiplos, "segura de si e exigente de seus direitos sexuais" e "preocupada com sua performance no sexo", ou seja, assumir a condição de mulher erotizada, que, desperta de um "profundo sono", reivindica para si o prazer sexual dentro ou fora do casamento.

A virgindade e o conceito de castidade não são mais impostos como norma para todas as mulheres; o ato sexual, até então restrito à esfera matrimonial, ganha novos significados. Surgem discussões como os

23 Gezoni, 2011.

debates sobre possíveis formas de exercício da sexualidade feminina na fase da menopausa; a menstruação passa a ser tratada de maneira mais corriqueira, e o corpo feminino ganha contornos de sensualidade e erotismo. Além disso, o corpo se torna instrumento de prazer para a própria mulher, e não mais exclusivamente para o homem, seja na relação sexual seja na prática da masturbação, que passa a ser encarada como um direito e a ser denominada também de autoerotismo. Aliado à temática das disfunções sexuais, o orgasmo começa a ganhar espaço na imprensa feminina. "O termo, praticamente inexistente antes da segunda metade da década de 70; constitui agora o eixo central da maioria dos textos, tornando-se praticamente obrigatório nos textos do ano de 1980, na revista *Cláudia*".[24]

Trindade e Ferreira,[25] entretanto, afirmam que o movimento de emancipação da mulher foi uma grande conquista, mas também trouxe consequências como a dupla e tripla jornada de trabalho sem uma justa divisão (casa, filhos e emprego), e toda essa carga acabou gerando prejuízos à saúde da mulher, afetando o desempenho da sua sexualidade. Isso reforçou o antigo conceito de *frigidez feminina*, porém sob uma nova perspectiva, assunto do qual falaremos adiante.

A repreensão da sexualidade feminina e seus danos

As crenças religiosas tinham pouco ou nenhum efeito sobre o prazer sexual masculino, mas podiam cortar com a força de uma circuncisão o prazer da mulher, sabotando por meio da culpa e da vergonha qualquer fruição que ela pudesse, de outra forma, experimentar.

Alfred Kinsey[26]

[24] Xavier Filha, 2003, pp. 9-10.

[25] Trindade; Ferreira, 2008.

[26] Kinsey *apud* Wolf, 1992.

Durante muito tempo a visão da sexualidade feminina foi como descreve Xavier Filha:

> A espera pelo príncipe encantado é marcadamente determinada nos enunciados da imprensa, especialmente nos da década de 1950. Nas outras décadas, isso permanece, com linguagens menos explícitas, mas sempre com o mesmo intento. A mulher deveria cultivar atitudes de passividade, ternura, afetividade, mas com uma pitada de sensualidade, para garantir a sedução do homem para levá-lo ao casamento. No leito conjugal, local privilegiado e legitimado para o ato sexual heterossexual, especialmente para a mulher, a sexualidade estava diretamente ligada à reprodução. O prazer é citado sem grandes detalhes e incentivos; contudo, os problemas relativos à vivência da sexualidade, dentre eles a frigidez e o vaginismo, aparecem com bastante frequência.[27]

Podemos afirmar que toda a educação sexual foi e ainda é pautada de uma perspectiva masculina e falocêntrica. Vários adolescentes já tiveram aquele dia na escola quando aprenderam sobre o uso de preservativos (exclusivamente camisinhas masculinas, colocadas em uma fruta ou vegetal de formato fálico para simular a anatomia do pênis). O que se ensina sobre camisinhas femininas e a anatomia da vagina é quase nulo. As questões sexuais femininas continuam a ser um tabu tanto para mulheres quanto para homens, e até mesmo para profissionais e estudiosos da área, como ginecologistas e sexólogos. Devido a todos esses anos de repreensão e silêncio, os conhecimentos sobre a sexualidade feminina são relativamente recentes.

Estudos apontam que o prazer da mulher só veio a ser considerado tema de sexologia a partir do século XIX[28], sendo amplamente discutido apenas a partir do século XX. Só então começaram a ser descobertos

[27] Xavier Filha, 2003, p. 7.

[28] Bozon, 2004.

os mecanismos fisiológicos de determinadas disfunções. Os problemas sexuais femininos têm um leque de causas muito maior do que os masculinos. Às causas biológicas somam-se as barreiras sociopsicológicas, que resultam na falta de desejo, em dores durante a relação sexual ou na dificuldade de atingir um orgasmo. Apesar da revolução dos costumes e das conquistas do movimento feminista, a sexualidade da mulher ainda é fortemente reprimida. Esse cerceamento se deu desde os primórdios do estabelecimento da sociedade patriarcal, que é antiga e vigora até os dias atuais. Ainda que inconscientemente, muitas mulheres continuam a incorporar a ideia de que o sexo é uma coisa suja, pecaminosa, repugnante e que, portanto, não pode ser fonte de prazer. Além disso, a sexualidade é também uma prática extremamente ligada a um determinado erotismo estético, com base em padrões de beleza estabelecidos e reforçados pela mídia e pela indústria pornográfica. Isso afeta diretamente as mulheres, uma vez que há uma forte cobrança em relação ao seu corpo, o que faz com que sua confiança para exercer a sexualidade fique comprometida, devido à baixa autoestima resultante dessa estética sexual.

> Seu próprio silêncio provém do mito. Se nos sentimos feias, a culpa é nossa. Não temos nenhum direito inalienável a nos sentir sexualmente "lindas". Uma mulher não deve admitir sua objeção à pornografia da beleza porque ela atinge a raiz da sua sexualidade ao fazer com que se sinta sexualmente feia. Homens ou mulheres, todos precisamos nos sentir lindos para nos abrirmos para a comunicação sexual. "Lindos" no sentido de bem-vindos, desejados e queridos. Na ausência desse sentimento, cada um se coisifica ou coisifica o outro, em uma atitude de legítima defesa.[29]

Em *O mito da beleza*, Naomi Wolf afirma que a sexualidade da mulher ocidental pode ser tão ameaçada pelos padrões estéticos quanto a

[29] Wolf, 1992.

sexualidade de muitas mulheres orientais, que são reprimidas por práticas menos refinadas.[30] Wolf aponta que um estudo realizado por Alfred Kinsey em 1953 revelou que entre 70% e 77% das mulheres jamais haviam atingido o orgasmo, fosse pela masturbação, fosse em uma relação sexual. A satisfação sexual das mulheres não acompanhou o ostensivo ritmo do progresso da "revolução sexual". Os dados de Shere Hite[31] de 1976 revelaram que somente 30% das mulheres têm orgasmos em relações sexuais sem o estímulo manual do clitóris; outros 19%, apenas com estimulação; 29% não têm orgasmos durante as relações sexuais; 15% não se masturbam; e 11,6% nunca tiveram orgasmos, de forma nenhuma. Veremos adiante que um cenário similar persiste até hoje.

Tudo isso sem considerar que, devido a uma falta de entendimento sobre a anatomia da vulva, tanto homens quanto mulheres acreditam no mito de que a vagina possui mau cheiro, quando na verdade o que há é apenas um odor natural (a vagina possui mucosas e não pode ter o mesmo cheiro que a pele da testa, por exemplo), ou no mito de que o melhor orgasmo é o vaginal e não o clitoridiano, uma vez que o orgasmo vaginal é o mais conveniente para a prática sexual masculina, pois muitos homens dispensam as preliminares do sexo. Até mesmo grande parte das revistas e sites voltados ao público feminino ainda insiste em abordar a sexualidade da mulher como uma forma de agradar o homem e não a si mesma. Uma pesquisa realizada no estado de São Paulo em 2014 pela empresa Sex Wipes[32] (veja bem, é uma empresa que vende lenços de higienização vaginal para antes e depois do sexo!), revelou que quase metade dos homens (43%) não realiza sexo oral na companheira com frequência. As razões são variadas: alegações de que a vagina cheira muito mal, é feia, peluda, úmida demais ou tem gosto ruim, sendo que alguns entrevistados assumiram que não o

30 Ibidem,1992.

31 Hite, 1976.

32 Catraca Livre, 2015.

faziam por puro egoísmo. Outros motivos listados, além de toda essa aversão, foram medo de contrair doenças sexualmente transmissíveis, religião, falta de confiança na parceira e falta de vontade da parceira. Isso afeta diretamente o desempenho sexual da mulher, uma vez que ela precisa lidar com todas essas inseguranças, o que pode levá-la a ter aversão pela própria vagina. Não é à toa que atualmente as mulheres são campeãs em cirurgia plástica íntima,[33] e produtos de empresas como a Sex Wipes vêm ganhando espaço no mercado de forma bastante oportunista, estimulando a higienização inadequada da vagina[34] e ignorando os males que o uso desse tipo de produto pode trazer para a saúde das usuárias.

Passamos por uma revolução sexual ainda muito recentemente, e em tão pouco tempo é impossível mudar uma mentalidade sedimentada ao longo de séculos. Para abordar essa questão em um recorte nacional, podemos analisar, dentre os estudos de Carmita Abdo, psiquiatra e sexóloga brasileira, uma de suas pesquisas, que aponta que quase 50% das brasileiras sofrem de alguma disfunção sexual, mas, por terem vergonha, apenas uma pequena parcela procura ajuda especializada. Ainda há o fato de que a maioria dos ginecologistas brasileiros não investiga espontaneamente a qualidade da vida sexual de suas pacientes. Apesar de o assunto estar ganhando maior importância nos últimos tempos, ainda são poucos os estudos sobre a sexualidade feminina, em comparação com os existentes sobre a sexualidade masculina.

Para enfatizar a importância que o assunto vem ganhando, podemos observar os resultados de algumas pesquisas sobre a vida sexual das

---

[33] De acordo com um relatório de procedimentos realizados em 2014, divulgado em 2015 pela Sociedade Internacional de Cirurgia Plástica Estética (Isaps), das 99.432 cirurgias íntimas (labioplastia), 15.872 foram realizadas no Brasil, líder disparado nesse tipo de cirurgia, à frente dos Estados Unidos, onde foram realizados 8.946 procedimentos, e do Japão, com 2.643. Fonte: <http://www.isaps.org/news/isaps-global-statistics>. Acesso em: 16 fev. 2016.

[34] "A vagina é um órgão autolimpante. Quando a flora (formada por bactérias boas) está em equilíbrio, o ácido lático a mantém livre da proliferação de microrganismos indesejáveis", explica José Bento de Souza, ginecologista de São Paulo, em entrevista ao portal M de Mulher, em 2014. Disponível em: <http://mdemulher.abril.com.br/amor-e-sexo/cosmopolitan-brasil/manual-da-vagina-21-segredos-que-voce-precisa-saber>.

mulheres, que apresentam um grande número de queixas de disfunções vivenciadas na rotina dos consultórios ginecológicos e psicológicos relacionadas a problemas sexuais. Segundo os estudos de Abdo, somente no Brasil, 30% das mulheres confessaram que não têm orgasmo, 35%, que têm alguma dificuldade de sentir desejo e 21%, que sentem dor durante a relação sexual. Abdo afirma que esses não são números isolados, indicando que a mesma mulher pode manifestar os três sintomas simultaneamente, o que contabiliza um percentual de 49%. Segundo estudos de Trindade e Ferreira,[35] um dos motivos para essas indisposições foi relacionado inicialmente às próprias atividades cotidianas, ou seja, ao esforço das mulheres na luta diária para se inserir e se manter no mercado de trabalho e ao mesmo tempo cuidar do lar e da família, o que conhecemos como dupla jornada de trabalho, ou poderíamos dizer até tripla (caso tenha filhos). Tudo isso em uma tentativa de garantir, com seu trabalho, independência, afirmação pessoal e profissional, o que, porém, repercute negativamente nas suas condições de saúde e por consequência afeta o desempenho sexual, que fica em último plano. Daí então, podemos falar de um termo que é bem antigo, porém muito atual no que se refere à sexualidade da mulher: a *frigidez feminina*, tema anterior a toda essa revolução sexual, mas ainda persistente nos dias atuais. Analisada hoje de forma diferente, a frigidez, que era um problema da mulher, passa a ser um problema do casal, ainda que exista uma maior responsabilidade e que exija uma certa reação por parte delas.

> O conceito de frigidez feminina, reforçado em época anterior, passa a ter uma descrição mais ampla no período estudado. "O termo abrange vários distúrbios da sexualidade, que vão desde a falta de orgasmo e de satisfação durante a relação até a ausência do próprio desejo ou inabilidade para a prática do ato sexual."[36] Segundo estimativas de especialistas em sexualidade, descritas

[35] Trindade; Ferreira, 2008.

[36] *Claudia*, nº189, 1977.

> no artigo da revista, aproximadamente 50% das mulheres ocidentais desconheciam o orgasmo, e uma porcentagem ainda maior se mantinha passiva durante o coito. "No entanto, nenhuma mulher, a não ser que tenha uma séria lesão genital (o que é raríssimo!), nasce predestinada a ser 'fria'." O texto ressalta que a frigidez é um sintoma de que há algo de errado no relacionamento do casal. A frigidez, assim, é relativizada e analisada do ponto de vista da relação entre marido e mulher, e não como problema exclusivo da mulher.[37]

Na mulher, todos esses fatores psicológicos mencionados podem gerar não só falta de desejo de iniciar uma relação, mas também falta de lubrificação e de dilatação vaginal, falta de prazer na relação sexual e até mesmo dor durante o ato. O cenário é preocupante, uma vez que algumas mulheres suportam a situação sexual de não se excitar e não sentir nenhum prazer, além de se distrair com outras coisas durante o sexo, tudo isso para satisfazer o parceiro e acabar logo com o ato sexual. Isso ocorre em escala mundial. Em 2015, a revista norte-americana *Cosmopolitan* realizou uma ampla pesquisa[38] sobre o assunto, ouvindo 2.300 mulheres, e revelou que 67% delas já tinham fingido ter prazer, sendo suas motivações divididas em: 28% para não chatear o parceiro, 27% para acabar com a transa mais rápido e 42% por ambos os motivos.

As mulheres o fazem por temer que isso possa interferir em seu relacionamento e por medo de sofrer uma previsível rejeição. Essa situação, contudo, pode lhes causar profunda frustração. É necessário então que se desenvolvam pesquisas sobre a sexualidade feminina que discutam com seriedade todas essas questões históricas e psicossociais — enfocando a identidade, o comportamento sexual, sobretudo quanto aos aspectos culturais, e as crenças contraditórias — e revelem a verdadeira realidade que permeia esse tema, a fim de ajudar as mulheres a ter

37 Xavier Filha, 2003, p. 10.

38 Disponível em: <http://www.cosmopolitan.com/sex-love/news/a37812/cosmo-orgasm-survey/>.

um desempenho sexual satisfatório, melhorando o quadro de distúrbios sexuais femininos. A discussão sobre a existência da prática sexual da mulher proporcionará informações que lhe permitirão refletir sobre a própria identidade sexual, sobre seu corpo e, mais que isso, talvez lhe permita voltar a encarar o ato sexual como algo natural e necessário para o desenvolvimento de uma sexualidade saudável, como já foi no século XVI[39]. Podemos observar, por meio da pesquisa Mosaico Brasil, que no cenário nacional, diferentemente dos homens, o sexo como qualidade de vida não está entre as prioridades das mulheres.

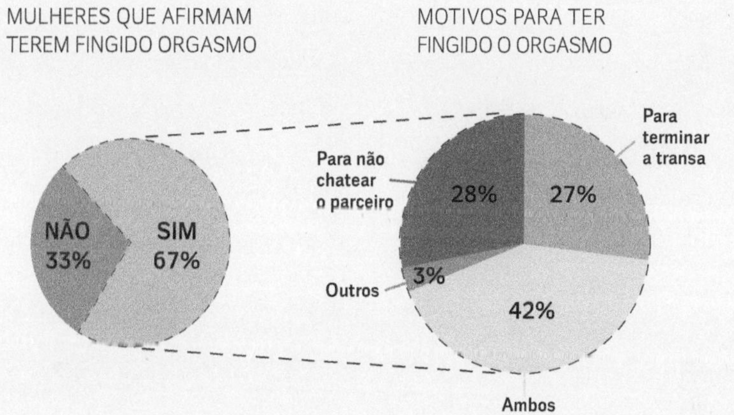

Masturbação e anatomia: um antigo e atual tabu nacional

Apesar de todas as conquistas do gênero feminino ao longo dos séculos, um tabu ainda persiste: a masturbação. Segundo dados apurados em 2008 pela pesquisa Mosaico Brasil, dirigida por Carmita Abdo[40] como

[39] Gezoni, 2011

[40] Disponível em: <http://sites.correioweb.com.br/app/50,114/2014/01/15/noticia_saudeplena,147183/designer-quer-arrecadar-35-mil-dolares-para-desenvolver-game-de-mastur.shtml>.

MOSAICO DA SEXUALIDADE BRASILEIRA

A pesquisa nacional ouviu 8,2 mil pessoas em 10 capitais durante o ano de 2008.

No ranking nacional de qualidade de vida, a atividade sexual satisfatória ficou em 5º lugar no geral.

A atividade sexual entre homens e mulheres está em patamares diferentes.

RANKING NACIONAL FATORES QUE DEFINEM QUALIDADE DE VIDA

HOMENS	MULHERES
1º Manter uma alimentação saudável	1º Manter uma alimentação saudável
2º Tempo de convivência com a família	2º Tempo de convivência com a família
3º SEXO	3º Qualidade do sono
4º Qualidade do sono	4º Cuidar da saúde
5º Trabalhar no que gosta	5º Trabalhar no que gosta
6º Exercício físico	6º Hobby
7º Convivência social	7º Convivência social
8º Cuidar da saúde	8º SEXO
9º Hobby	9º Exercício físico
10º Férias	10º Férias

DESTAQUES IMPORTÂNCIA DO SEXO EM ALGUMAS CIDADES PESQUISADAS

RIO DE JANEIRO: é a segunda prioridade entre os homens.

MANAUS e CUIABÁ: está em 5º lugar para os homens e em 10º para as mulheres.

SÃO PAULO: mulheres colocam o sexo em 3º e os homens em 4º em grau de importância.

Pesquisa Mosaico Brasil.

coordenadora do Programa de Estudos em Sexualidade (Prosex) da Universidade de São Paulo, cerca de 40% das mulheres brasileiras nunca se masturbaram. Abdo afirma que "em qualquer faixa etária ou qualquer que seja o estado civil, a masturbação feminina é significativamente menor se comparada à do homem".[41] Foram ouvidas mais de 8 mil pessoas em dez capitais brasileiras. Dados apontaram que 53% das brasileiras solteiras entre 18 e 25 anos nunca tinham se masturbado, em contraste com 4,2% dos homens solteiros da mesma faixa etária. É uma enorme diferença numérica, como podemos observar graficamente. Além disso, apenas de 10% a 15% das brasileiras mantêm a masturbação como hábito.

"Homens, geralmente, são incitados desde pequenos a se tocarem, apreciarem o sexo oposto (...) Meninas não são educadas assim. Devem ser reservadas, pudicas, não manifestarem desejos sexuais, muito menos se tocarem", afirma Eliane Maio, psicóloga, sexóloga e professora doutora da Universidade Estadual de Maringá em entrevista ao UOL Mulher.[42]

Esse tema é apenas um dos pontos abordados no mapeamento da vida sexual do brasileiro feito pelo estudo. Segundo Abdo, o contato com o próprio corpo é tão interditado para a mulher brasileira, que ela tem uma grande dificuldade até mesmo em se submeter a procedimentos de saúde que envolvam contato com a genitália e demais partes íntimas. O autoexame das mamas, por exemplo, causa certo desconforto, assim como a ida regular a um ginecologista. Sendo assim, mulheres brasileiras acabam por ter pouco conhecimento sobre sua vagina, tanto sobre a anatomia quanto sobre as formas de obter prazer por meio dela, devido ao mínimo contato íntimo com a vulva e as demais zonas erógenas.

Entretanto, também em entrevista para o UOL Mulher Comportamento, Abdo aponta algo que poderia ser considerado uma contradição caso a sociedade não fosse machista: a mulher "não se toca, mas deve dar livre acesso para o seu parceiro". Ressalva que esse resguardo é pouco

---

41 Abdo *apud* Gezoni, 2008.

42 UOL Comportamento, 2014.

ÍNDICE DE MASTURBAÇÃO EM INDIVÍDUOS
BRASILEIROS SOLTEIROS ENTRE 18 E 25 ANOS

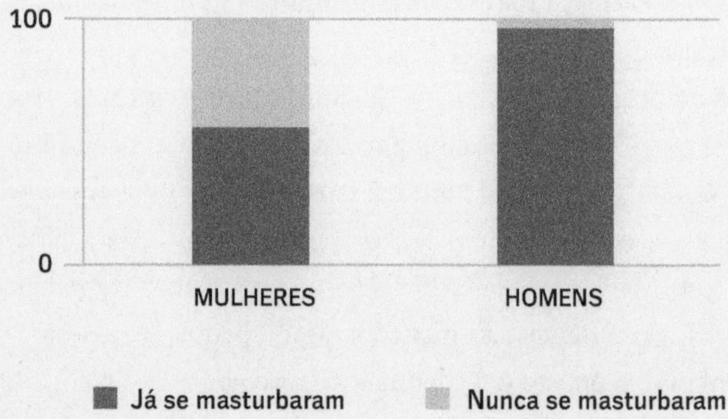

consciente. "Ela não está pensando isso — 'não [me] masturbo porque tenho que [me] guardar' —, essa mensagem é transmitida ativamente de geração para geração." E acentua: "A mulher consegue se libertar um pouco mais na maturidade." Nota-se a partir da imagem a seguir que esses números são menos expressivos entre as divorciadas na faixa etária entre 41 e 50 anos e 51 e 60 anos: 26,6% e 14,7%, respectivamente. Acrescenta que "as mulheres separadas têm uma tendência à masturbação um pouco maior que as casadas e as solteiras. Elas se ressentem mais da necessidade do sexo".

A masturbação era classificada como doentia pela Organização Mundial da Saúde até meados dos anos 1970, segundo Abdo.[43] Hoje há outra interpretação, como vimos anteriormente: a masturbação passou a ser considerada autoerotização, sendo vista como uma forma de busca individual do prazer. Apesar disso, são muitos os que ainda defendem o sexo a dois como única alternativa saudável para a vida sexual.

---

[43] Coluna sobre o Dia do Sexo escrita por Carmita Abdo para o jornal *O Globo* em setembro de 2014. Disponível em: <http://oglobo.globo.com/sociedade/carpe-diem-13850858>.

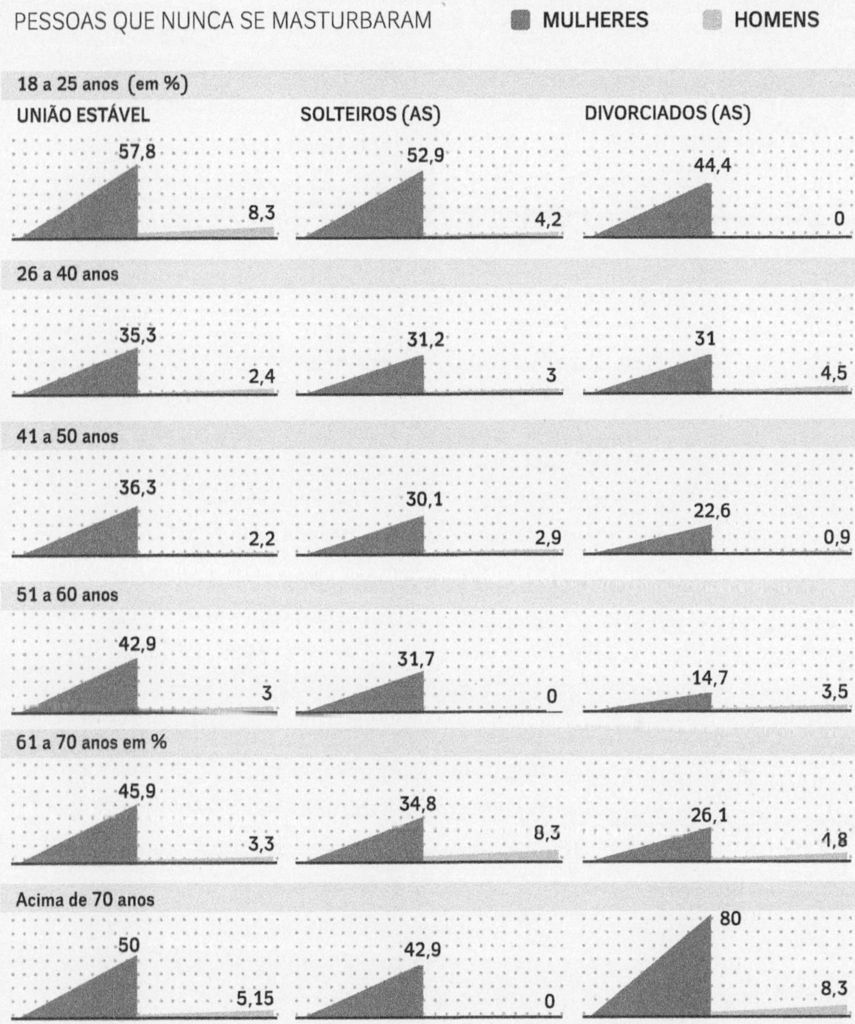

! **0% pode significar tanto ausência de homens que nunca se masturbaram quanto ausência de homens naquela condição, entre entrevistados, em termos de faixa etária e estado civil.**

Pesquisa Mosaico Brasil.

Embora a classificação de comportamento doentio tenha sido abandonada, as atitudes que as produziram persistem. A noção de que o sexo *per se* é prejudicial aos jovens foi inculcada em extensivas estruturas sociais e legais desenvolvidas para isolar os menores do conhecimento e da experiência sexual, principalmente as mulheres, pois o conceito de castidade também girava em torno da sua não experiência sexual prévia, mesmo que essa experiência não implicasse a perda da virgindade.

> Durante o século XIX, era comum pensar que o interesse "prematuro" pelo sexo, pelo excitamento sexual e acima de tudo pelo alívio sexual prejudicaria a saúde da criança e seu desenvolvimento. Teóricos divergiram sobre as consequências da precocidade sexual. Alguns acreditavam que levava à insanidade, ao passo que outros previam um crescimento deficiente. Para proteger os jovens de uma excitação prematura, os pais amarravam as crianças à noite para que não se tocassem e médicos extirpavam o clitóris das meninas que se masturbavam.[44]

Sexualidade, gênero e sexo: desconstrução e leitura contemporânea

Historicamente, é antiga a noção de que haveria uma diferença substancial entre homens e mulheres, pautada pelo seu sexo biológico. Essa percepção, porém, modificou-se ao longo do tempo e nas diferentes culturas. A concepção atual de que há dois sexos surgiu apenas no século XVIII. Até então, o sexo feminino era considerado um subdesenvolvimento do sexo masculino; o órgão genital feminino (vagina) seria um órgão genital masculino (pênis) incompleto, ou seja, entendia-se que mulheres eram essencialmente homens imperfeitos.[45]

[44] Rubin, 1984.

[45] Laqueur, 2001.

Ao longo de muitos séculos mulheres foram prisioneiras de um império biológico. Não podiam ocupar espaços de poder no mundo público pelo simples fato de terem nascido com útero. Afirmava-se que, devido a sua estrutura biológica, considerada frágil e não racional, elas eram capazes de executar apenas tarefas de pouca complexidade. Isso vem se revertendo aos poucos, à medida que as feministas politizam o discurso médico, apontando o caráter ideológico de suas verdades inflexíveis. Movimentos que se organizaram em torno da diversidade sexual, por sua vez, também se articularam contra discursos de heteronormatividade, desvinculando a sexualidade da reprodução.

> A reestruturação legislativa que se realizou no final do século XIX e nas primeiras décadas do século XX foi responsável refratada pela emergência do sistema erótico moderno. Durante esse período, novas comunidades eróticas se formaram. Era possível ser um homem gay ou uma lésbica de uma forma que nunca havia sido concebível antes. Uma produção erótica de massa se tornou acessível e as possibilidades para o comércio sexual se expandiram. As primeiras organizações de direitos dos gays foram formadas e as primeiras análises da opressão sexual foram articuladas.[46]

As teorias de construção social mais atuais têm nos permitido perceber que sexo e gênero são campos separados, ainda que estejam interligados e se misturem em alguns momentos. O feminismo, no início, quando buscou separar maternidade e reprodução da sexualidade, estava justamente separando sexualidade de gênero. Segundo a professora de filosofia Márcia Tiburi, quando, nos anos 1960, começou-se a falar em gênero, o termo era usado para se referir ao "papel" social e cultural que se atribuía ao sexo, como que para explicá-lo, como construções sobre os corpos com sua constituição físico-biológica única e vivenciados por

[46] Lauritsen; Thorstad, 1974 *apud* Rubin, 1984.

meio de uma sexualidade específica. Sendo assim, o sexo ainda era considerado natural no sentido de haver uma destinação que acabaria por fundar o gênero. O sexo era a verdade da natureza, como muitos ainda pensam no âmbito do senso comum. A ideia de gênero veio dar conta do caráter produzido da sexualidade. O sexo biológico foi, e é, segundo Laqueur, uma construção social, e o corpo é concebido como uma entidade natural que contribui para a explicação do gênero. "A anatomia finalmente se transformou em destino"[47] quando o gênero se colou à ideia do sexo. A utilização desse termo tornou possíveis novos questionamentos, em diversas áreas e esferas de conhecimento, sobre os padrões patriarcais que definem o que significa ser "mulher", mas também o que significa ser "homem".

No entanto, como vimos, os estudos feministas recentes têm ido contra a premissa do patriarcado de fundir gênero e sexualidade, fazendo análises nas quais a sexualidade não é mais uma categoria residual do gênero, embora existam ligações entre eles. O sistema patriarcal faz com que mulheres e homens vivam sua sexualidade de acordo com os comportamentos esperados de seu gênero designado no nascimento, definido pela sua genitália. Hoje, porém, não podemos mais nos limitar a esse tipo de visão. Uma vez que o ato sexual tem a ver com desejo e prazer, muitas pessoas vivem sua sexualidade com certa autonomia, independentemente de como foi sua construção de gênero, feminino ou masculino.

> Uma mulher pode ter um comportamento social marcado pela passividade e viver sua sexualidade de forma ativa. Da mesma forma, nem sempre os homens buscam dominar as mulheres nas relações sexuais; muitas vezes desejam apenas o prazer, a satisfação sexual para ambos. Também um homem pode ser

[47] Haag, 2005.

> profundamente masculino e homossexual; e uma mulher com características consideradas masculinas pode ser profundamente hétero etc.[48]

Além disso, as teorias de gênero mais antigas foram se mostrando insuficientes para explicar várias práticas sexuais, como as de travestis e transexuais. Chegamos, assim, a um ponto importante nas discussões sobre sexualidade, gênero e sexo, no qual desconstruímos a categorização de gênero, compreendendo que pessoas transexuais possuem sexualidade independente da identidade de gênero, indo na contramão de todo determinismo biológico que relaciona gênero a genitália e permitindo uma visão da sexualidade mais ampla e honesta.

> O feminismo luta também por mudanças materiais que permitam tanto às mulheres como aos homens experimentar uma sexualidade menos vinculada e menos moldada pelo gênero. Essas mudanças incluem a igualdade social e econômica, o fim da heterossexualidade obrigatória, o acesso a métodos anticoncepcionais, o direito ao aborto e à educação sexual.[49]

Concluindo, embora a sexualidade seja um dos temas de grande interesse na atualidade, sabemos também que abordá-la em público ainda não é uma questão fácil. Pois devido ao fato de os debates levantados aqui serem muito recentes, faltam espaços de discussões mais amplos sobre isso. Sendo assim, a nossa tarefa como feministas é criar um campo de construção de políticas mais efetivas quanto ao estabelecimento desses debates e o exercer de nossa sexualidade de forma que nos fortaleça como mulheres e que também permita que recuperemos nossa autoestima, minada em tantas esferas nessa sociedade patriarcal em que vivemos. Assim, contribuindo para que possamos de fato ter uma postura

---

[48] Faria, 1998.

[49] Ibidem, p. 97.

consciente e ativa de experimentação e exploração de nossos desejos, deixando para trás toda uma cultura de desvalorização e repreensão, permitindo que não só mulheres, mas que qualquer indivíduo possa escolher que postura assumir quanto a sua sexualidade, seja ela heterossexual, gay, lésbica, bissexual, pansexual e até mesmo assexual. O objetivo principal sempre será ampliar as noções de respeito e convivência com a diversidade.

Referências

"43% dos homens se sentem incomodados em fazer sexo oral em mulheres". Catraca Livre, 20 jul. 2015. Disponível em: <https://catracalivre.com.br/geral/saude-bem-estar/indicacao/43-doshomens-se-sentem-incomodados-em-fazer-sexo-oral-em- mulheres/>. Acesso em: 16 fev. 2016.

ABDO, Carmita H. N. "História da sexologia". Revista *Psique* especial: ciência & vida, São Paulo, n. 9, ano III, 2008.

ARIÈS, Philippe. *História Social da criança e da família*. 2. ed. Rio de Janeiro: Guanabara, 1981.

BARROS, Ana Luísa Xavier. "A produção da sexualidade feminina e o mercado capitalista". *Sociedade em Debate*, Pelotas, v. 7, n. 1, pp. 47-54, abr. 2001. Disponível em: <http://www.rle.ucpel.tche.br/index.php/rsd/article/view/577/517>. Acesso em: 18 dez. 2015.

BORDO, Susan R.; JAGGAR, Alison M. *Gênero, corpo, conhecimento*. Rio de Janeiro: Rosa dos Tempos, 1997.

BOZON, Michel. *Sociologia da sexualidade*. Rio de Janeiro: Editora FGV, 2004.

BRETAS, José Roberto da Silva et al. "Aspectos da sexualidade na adolescência". *Ciência & Saúde Coletiva*, Rio de Janeiro, v. 16, n. 7, pp. 3221-3228, jul. 2011. Disponível em: <http://www.scielo.br/scielo.php?script=sci_arttext&pid=S1413-81232011000800021&lng=pt&nrm=iso>. Acesso em: 4 fev. 2016.

CAVALVANTE, Ricardo; CAVALVANTE, M. *Tratamento clínico das inadequações sexuais*. São Paulo: Roca, 1992.

DIMEN, Muriel. "Poder, sexualidade e intimidade". In: BORDO, Susan R.; JAGGAR, Alison M. *Gênero, corpo, conhecimento*. Rio de Janeiro: Rosa dos Tempos, 1997.

FARIA, Nalu. *Sexualidade e gênero:* uma abordagem feminista. São Paulo: Sempreviva Organização Feminista, 1998.

FOUCAULT, Michel. *História da sexualidade:* A vontade de saber. 12. ed. Rio de Janeiro: Graal, 1997.

GEZONI, Andiara Loeffler. "Sexualidade feminina: aspectos culturais da repressão sexual e suas consequências". RedePSI, 26 mar. 2011. Disponível em: <http://www.

redepsi.com.br/2011/03/26/sexualidade-feminina-aspectos-culturais-da-repress-o-sexual-e-suas-consequencias/>. Acesso em: 16 dez. 2015.

HAAG, Carlos. "A mulher num mundo de homens". Disponível em: <http://revista pesquisa.fapesp.br/2005/11/01/a-mulher-num-mundo-de-homens/?cat= humanidades>.

HEILBORN, Maria Luiza; AQUINO, Estela; BOZON, Michel; KNAUTH, Daniela (Orgs.) *Aprendizado da sexualidade:* reprodução e trajetórias sociais de jovens brasileiros. Rio de Janeiro: Garamond/Fiocruz, 2006.

LAQUEUR, Thomas. *Inventando o sexo:* corpo e gênero dos gregos a Freud. Rio de Janeiro: Relume Dumará, 2001.

MACKINNON, Catharine A. "Feminism, Marxism, Method and the State". In: KEOHANNE, Nannerl; ROSALDO, Michelle; GELPI, Barbara (Orgs.). *Feminist Theory: A Critique of Ideology.* Chicago: University of Chicago Press, 1981.

MARACCI, Inara Linn. *Socialização, papéis de gêneros e desenvolvimento psicológico:* tecendo narrativas femininas. Brasília: UnB, 2013. 309 pp. Dissertação (Mestrado em Processos de Desenvolvimento Humano e Saúde). Disponível em: <http://repositorio.unb.br/bitstream/10482/15060/1/2013_InaraLinnMaracci.pdf>. Acesso em: 16 dez. 2015.

RUBIN, Gayle. "Reflexionando sobre el sexo: notas para una teoria radical de la sexualidad." In: VANCE, Carol (Org.). *Placer y peligro: explorando la sexualidad feminina.* Madri: Editorial Revolución, 1989.

TIBURI, Marcia. Judith Butler: "Feminismo como provocação: Gênero não é um problema do campo da sexualidade". jan. 2014. Disponível em: <http://revistacult.uol.com.br/home/2014/01/judith-butler-feminismo-como-provocacao/>.

TRINDADE, Wânia Ribeiro; FERREIRA, Márcia de Assunção. Sexualidade feminina: questões do cotidiano das mulheres. Texto Contexto Enferm, Florianópolis, 2008, v. 17, n. 3, pp. 417-426. Disponível em: <http://www.scielo.br/scielo.php?pid=S010407072008000300002&script=sci_arttext >. Acesso em: 18 dez. 2016.

UOL Comportamento. Thais Carvalho Diniz, "Masturbação feminina ainda é tabu; supere isso". 1 ago. 2014. Disponível em: <http://mulher.uol.com.br/comportamento/noticias/redacao/2014/08/01/masturbacaofeminina-ainda-e-tabu-supere-isso.htm>. Acesso em: 14 jan. 2016.

VANCE, Carol, (Org.). *Placer y peligro: explorando la sexualidad feminina.* Madri, Editorial Revolución.

WOLF, Naomi. *O mito da beleza.* Rio de Janeiro: Rocco, 1992.

XAVIER FILHA, Constantina. "A sexualidade feminina entre práticas divisoras: da mulher "bela adormecida" sexualmente à multiorgástica" — Imprensa feminina e discursos de professoras. 2007. Disponível em: <http://30reuniao.anped.org.br/trabalhos/GT23-3297--Int.pdf>. Acesso em: 18 dez. 2016.

Desmitificação da maternidade: o verdadeiro desafio de ser mãe

#MeuAmigoSecreto diz que toda mulher nasce para ser mãe

Coloca a boneca no carrinho, sai para passear. Troca as roupinhas e penteia o cabelo. Dá banho, hora da comidinha, depois a chupeta. Algumas bonecas até fazem "xixi", e lá vão as meninas trocar a fraldinha. Dão nomes às bonecas, que brincam com as "filhas" das amiguinhas. Algumas meninas precisam deixar as bonecas de lado para a cuidar dos irmãos pequenos.[1] Quando disse "não se nasce mulher, torna-se", Simone de Beauvoir não poderia ter sido mais literal. Da mesma forma que ela busca responder "o que é ser mulher?", perguntamos: o que é ser mãe?

A resposta costuma ser positiva: ser mãe é uma bênção, um presente de Deus, é padecer no paraíso. No máximo, algumas dizem que é cansativo ter que acordar de madrugada para amamentar, lembram do aspecto financeiro, que pesa na hora de ter um filho, mas logo depois voltam a reforçar que todas essas dificuldades compensam. Mas se, de fato, a maternidade pode ser uma experiência muito positiva, também é certo que pode não ser. E falar dessas dificuldades ainda é um tabu.

Em fevereiro deste ano vimos viralizar na internet, ao estilo das correntes virtuais que sempre fizeram sucesso, o "desafio da maternidade". Mães foram incentivadas a postar fotos de momentos felizes que passam com os filhos e a convidar cinco amigas para fazer o mesmo. Algumas mães, no entanto, aproveitaram o momento para fazer uma crítica a essa romantização da maternidade. Foi o caso da Juliana Reis, dona de casa de 25 anos, que resolveu contar sua história, real e dolorosa, de mãe. Ela disse: "Quero deixar bem claro que amo meu filho, mas odeio ser

---

[1] A pesquisa "Por ser menina no Brasil: Crescendo entre direitos e violências" ouviu 1.771 meninas com idades entre 6 e 14 anos: 34,6% relataram que cuidam dos irmãos.

mãe."[2] Foi um choque para a comunidade virtual: como pode uma mulher odiar essa bênção que é a maternidade? Juliana foi hostilizada e teve até mesmo sua conta excluída do Facebook por, ironicamente, ter tido coragem de falar do *desafio* que é ser mãe e por ter ousado se colocar contra a corrente do papel naturalizado que nos é imposto.

Toda mulher nasce para ser mãe?

Ainda hoje persistem diversas concepções essencialistas em relação ao que significa "ser mulher"; com relação a "ser mãe" não é diferente. Apesar de considerarem que todas as mulheres têm (ou ao menos deveriam ter) o "dom" para a maternidade ou um *instinto materno*, "diversas revisões históricas acerca da instituição familiar[3] sugerem que a exaltação ao amor materno é algo relativamente recente.[4] O vínculo maternal "tradicionalmente descrito como 'instintivo' e 'natural', [é] um mito construído pelos discursos filosóficos, médico e político a partir do século XVII".[5]

Antes, o que predominava era um sentimento que beirava o desinteresse dos pais em relação aos filhos. Apesar de soar chocante dizer isso, foi exatamente o que Elisabeth Badinter, autora da icônica obra *Um amor conquistado:* o mito do amor materno,[6] fez. Um dos capítulos é inclusive intitulado "persistência do desprezo pela criança", e outro, "a indiferença materna". Badinter busca justamente provar que o "amor materno" — ou a ideia que temos dele — não permanece imutável ao longo do tempo ou, na expressão utilizada pela autora, não é uma "constante trans-histórica".[7]

---

[2] Disponível em: <http://www.pragmatismopolitico.com.br/2016/02/mulher-e-bloqueada-do-facebook-apos-rejeitar-desafio-da-maternidade.html>.

[3] Ariès, 1981; Badinter, 1985; Chodorow, 1990; Donzelot, 1986 *apud* Moura; Araújo, 2004.

[4] Moura; Araújo, 2004.

[5] Ibidem.

[6] Badinter, 1985.

[7] Ibidem, p. 86.

Hoje, a tarefa de cuidar dos filhos recai quase que exclusivamente sobre a mãe. Socialmente, existe um esforço para convencer os pais a "ajudar" a cuidar dos filhos, o que acaba reforçando a ideia de que a obrigação é, de fato, da mãe. Essa obrigação vem alinhada com o pensamento de que as mães têm o dever — quase sagrado — de se devotar aos filhos. No entanto, era comum, por exemplo, no século XVII e sobretudo no século XVIII, que mães deixassem os filhos durante longos períodos com amas de leite ou mesmo deixassem que fossem criados em outras famílias.[8]

Os homens se queixavam da amamentação, "como um atentado à sua sexualidade e uma restrição ao seu prazer"[9], e elas, por sua vez, temiam perder a beleza (a amamentação deformaria os seios, deixando-os flácidos). Mães da nobreza acreditavam que era indigno amamentar um filho: "Essa negligência tornara-se rapidamente uma marca de distinção para as demais. Amamentar o próprio filho equivalia a confessar que não se pertencia à melhor sociedade."[10] Em outras palavras: amamentar era "coisa de pobre". Não era de bom-tom e era desaconselhado pelas parteiras, uma vez que "não ficava bem tirar o seio a cada instante para alimentar o bebê. Além de dar uma imagem animalizada da mulher 'vaca leiteira', é um gesto despudorado".[11]

A "moda" pegou. Em 1780, em Paris, que contava com uma população de 800 mil a 900 mil habitantes, nasciam 21 mil crianças anualmente. Dessas, menos de mil eram amamentadas pelas mães, mil eram amamentadas por uma ama a domicílio e as outras, ou seja, 19 mil, eram enviadas para a casa de amas. De duas a três mil crianças eram enviadas

---

[8] Antes do século XVII era comum que as famílias trocassem "reciprocamente seus filhos, para servirem como criadas ou aprendizes" (Badinter, 1985, p. 131). Badinter critica o fato de as crianças terem que sair de casa para aprender algo que os próprios pais poderiam ensinar. Ela afirma que "esse uso mostra que é mais fácil ser bom patrão do que bom pai. Como se, ao intervirem os laços de sangue, as relações se tornassem mais difíceis..." (Ibidem, p. 132).

[9] Badinter, p. 97.

[10] Ibidem, p. 96.

[11] Ibidem, p. 97.

a amas próximas de Paris, pois os pais dispunham de melhores condições financeiras, as outras passariam a viver distantes dos pais.[12]

As condições econômicas dos pais também determinavam que algumas crianças tivessem "boas amas" e outras fossem entregues a amas "fracas e miseráveis".[13] As famílias mais ricas podiam escolher as amas com cuidado, antes mesmo de a criança nascer. Por outro lado, "nas famílias menos ricas e menos célebres, muitas vezes se contrata uma ama sem que tenha conseguido aquilo que se deseja",[14] e a escolha só se tornava uma preocupação depois do nascimento da criança, quando as famílias percorriam mercados, ruas e casas vizinhas à procura de uma ama. O mais comum era que recorressem às "mensageiras", uma espécie de intermediária entre os pais e a ama. Badinter as descreve da seguinte forma:

> Elas têm uma atividade muito anárquica: "Sem nome, sem domicílio, assistem ao batismo, recebem a lembrança, levam a criança, entregam-na pelo menor preço, ou a confinam ao primeiro que aparecer... Não dizem à ama o nome da criança... Não dão à família o nome de uma ama que ainda não têm, e que esperam encontrar em seguida".
>
> Daí a constatação amarga do chefe de polícia de Lyon em 1778: "Enquanto nossos asilos registram e numeram todas as crianças abandonadas que lhes são entregues — enquanto o caçador marca seu cão com medo de vê-lo trocado; enquanto o açougueiro distingue cuidadosamente os animais destinados a ser abatidos para a nossa alimentação, a criança do povo sai de nossos muros sem certidão de batismo, sem nada escrito, sem que se saiba o que será dela".
>
> Sua vida depende de uma intermediária que não tem registro e não sabe ler. Se desaparece ou morre, todas as crianças a ela entregues se perdem junto.[15]

---

12 Ibidem, p. 68.

13 Ibidem, p. 68.

14 Prost de Royer *apud* Badinter, 1985, p. 121.

15 Badinter, 1985, pp. 121-122.

Logo depois que "podia prescindir dos cuidados da mãe ou da ama, a criança passava a condição semelhante à do adulto, misturando-se a eles em todas as atividades sociais".[16] Seu destino era pontuado por três fases: "a colocação na casa de uma ama, o retorno ao lar e depois a partida para o convento ou o internato".[17] Era um hábito comum na época e não se restringia aos centros urbanos ou à condição econômica dos pais:

> A criança viverá no máximo, em média, cinco ou seis anos sob o teto paterno, o que não significa absolutamente que viverá com os pais. Podemos dizer, desde já, que o filho do comerciante ou do artesão, como o do magistrado ou do aristocrata da corte, conhecerá uma solidão prolongada, por vezes a falta de cuidados e com frequência um verdadeiro abandono moral e afetivo.[18]

Muitas vezes as crianças morriam por maus-tratos nessas casas[19] ou até mesmo antes de chegar a elas, uma vez que não havia preocupação com a segurança ao transportá-las. Somente a viagem matava de 5% a 15% das crianças, dependendo da estação do ano.[20] Morriam de frio, de fome, por acidentes ou por completa negligência:

> Garden conta alguns casos que figuram nos relatórios da polícia de Lyon ou de Paris sobre essas horríveis condições de transporte. Uma intermediária leva seis bebês numa viatura pequena, dorme e não percebe que um bebê cai e morre esmagado por uma roda. Um transportador carregado de sete lactentes perde um deles, sem que se possa saber o que foi feito do bebê. Uma velha encarregada de três recém-nascidos afirma não saber a quem os destina.[21]

---

16 Moura; Araújo, 2004.

17 Badinter, 1985, p. 119.

18 Ibidem.

19 Badinter cita o caso, por exemplo, da ama Marie Bienvenue, que deixou morrerem 31 crianças em cerca de 14 meses.

20 Badinter, 1985, p. 123.

21 Ibidem, p. 122.

As negligências são se restringem às viagens ou às condições de transporte da época e continuam a ser comuns nas casas das amas. As crianças poderiam morrer pela dose excessiva de algum dos medicamentos comuns "para fazer a criança dormir e ficar tranquila".[22] Também sofriam de males como "acidez, cólicas, diarreias verdes, convulsões ou obstruções e febres",[23] causados pela falta de cuidado com sua alimentação, que podiam levar à morte.

> Quando a alimentação não era fatal ao bebê, ele tinha ainda de vencer um mal temível: a sujeira e a falta do mínimo de higiene. O médico Raulin, entre outros, pinta um quadro catastrófico da criança atolada nos próprios excrementos durante horas, por vezes dias inteiros, ou mais. As amas deixavam por vezes transcorrer semanas sem trocar as roupas da criança ou a palha sobre a qual ela se deitava.[24]

O que dizer, então, da mãe que deixava o filho nessas circunstâncias? Era muito comum que as mulheres nem mesmo buscassem se informar sobre como estavam os filhos. Claro, não podemos ignorar que grande parte dessas mães não sabia ler nem escrever cartas, mas o que dizer das que podiam e, mesmo assim, não o faziam? Ou que poderiam ao menos visitar a criança, mas não visitavam? Ou mesmo aquelas que, recebendo notícia da morte de um filho ou vendo o estado em que a criança lhes era entregue, continuavam mandando outros filhos às mesmas amas?[25]

O desinteresse não é apenas percebido pelo fato de os pais deixarem essas crianças serem criadas longe e em péssimas condições, mas também pela pouca importância que se dava à sua morte. Se hoje percebemos a

---

[22] Ibidem, p. 123.

[23] Ibidem, p. 124.

[24] Ibidem.

[25] É necessário, aqui, fazer um recorte de classe. Existiam mulheres muito pobres que não viam outra alternativa além de enviarem seus filhos às amas, uma vez que tinham que trabalhar e um filho impossibilitava ou dificultava que exercessem suas profissões. O que importa salientar, no momento, como afirma Badinter em sua obra, é que nesses casos o "instinto de vida", ou seja, a sobrevivência, foi superior ao "instinto materno" (Badinter, p. 73).

morte de um filho como a maior tragédia que pode acontecer na vida de uma mãe, as coisas nem sempre foram assim.

> Em sua tese, François Lebrun escreve: "No plano humano, a morte da criança é sentida como um acidente quase banal que um nascimento posterior virá reparar." Isso chama a atenção para a menor intensidade do amor que a mãe dedicava a cada um dos filhos. Philippe Ariès justificou essa insensibilidade como algo que "é apenas muito natural nas condições demográficas da época". Natural ou não, a insensibilidade aparece cruamente nos anais domésticos do século XVIII. Nesses diários familiares nos quais o chefe da família registrava e comentava todos os acontecimentos ligados à família, são consignados os falecimentos dos filhos o mais das vezes sem comentários, ou com algumas fórmulas piedosas, que parecem inspiradas mais pelo sentimento religioso do que pelo sofrimento.

A criança só conhecia de fato os pais aos 5 anos de idade, época que voltava da casa da ama. Se a família tinha melhores condições financeiras, logo a criança era entregue a uma governanta ou, no caso dos meninos, a um preceptor. Os irmãos Goncourt, escritores franceses do século XVIII, descrevem as relações entre mãe e filha como nada além de "uma visita fútil de conveniência, iniciada e encerrada geralmente por um beijo no queixo da mãe, para não estragar-lhe o ruge".[26] Chegada a idade adequada, normalmente aos 6 ou 7 anos, as crianças eram enviadas para os internatos[27] ou, no caso das meninas, os conventos.[28]

---

[26] Ibidem, p. 129.

[27] Badinter vê com restrições a ideia de que a colocação das crianças em internatos teria se dado por um novo valor atribuído à educação na época e, assim, seria uma prova da importância que passou a ser conferida à criança. Ela diz que "é fora de dúvida que o desejo de educação e instrução é sinal de interesse pela criança" (Badinter, p. 132) e que seria um meio de promoção social aos que não nasciam nobres, mas "se considerarmos a atitude geral dos pais para com os filhos, e notadamente a indiferença e o egoísmo que pudemos observar, somos tentados a ver no envio para a escola, e sobretudo para o internato, um meio moralmente honroso de livrar-se deles" (Ibidem, p. 133).

[28] Segundo Badinter, "os conventos onde são instaladas as meninas à espera de casamento são a melhor prova dessa indolência dos pais, o meio de que dispõem para se livrarem das filhas". Eram deixadas no local desde os 6 anos, sendo visitadas raramente, à espera de um marido. "Se nenhum

No Brasil a cultura das amas fazia parte do contexto da era escravagista e do pós-abolição. Mas, ao contrário do que era comum na Europa e nos Estados Unidos, onde as crianças eram levadas para a casa de suas cuidadoras, no Brasil elas costumavam ser criadas em suas próprias casas. As mulheres negras, escravizadas e depois libertas com restrições à busca por empregos e às possibilidades de desenvolvimento social, cuidavam das crianças brancas, muitas vezes preterindo forçadamente seus próprios bebês. A contradição era que, se por um lado o imaginário popular acreditava que negras "corpulentas" produziam um leite mais forte e nutritivo do que o das mulheres brancas, muitos médicos higienistas do século XIX passaram a recomendar que bebês brancos fossem amamentados pelas próprias mães para evitar doenças, que os profissionais de saúde acreditavam que pudesse ser transmitidas às crianças pelas amas de leite. Sandra Koutsoukos[29] apresenta a dinâmica da negociação de mulheres negras por seus proprietários, e o que era considerado na valorização do serviço:

> Por sua vez, o aluguel de uma ama de leite cativa rendia uma boa quantia mensal ao senhor que tinha uma ama escrava para alugar. Em alguns anúncios de venda ou aluguel, o proprietário fazia questão de frisar que a ama não tinha "vícios ou moléstias". Uma ama com "bons costumes" (o que era também entendido como "obediente"), que fosse ainda "carinhosa e fiel", podia ser garantia de que o bebê estaria em boas mãos. Por vezes era ressaltado o fato de que ela havia "parido recentemente", ou seja: que o leite era novo. Outras vezes era ressaltado que o leite era de "primeira cria", o que para muitos médicos higienistas significava um leite mais puro, mas também indicava que a candidata a ama talvez fosse inexperiente no trato com bebês.[30]

marido se apresentava para as pobres, não era raro que as moças fossem deixadas no convento para vestir o hábito" (Ibidem p. 134) e, quando voltavam, a ideia era que se casassem rapidamente.

[29] Koutsoukos, 2012.

[30] Ibidem, p. 189.

A atenção da medicina às pautas acerca da maternidade levou a uma reflexão profunda, porém restrita a mulheres de classes mais altas, enquanto as mulheres pobres e negras eram negligenciadas.

Percebemos, por toda essa análise histórica feita por Badinter, que não havia preocupação com a criança como temos hoje, tanto com relação à medicina (a pediatria só surgiu tempos depois) e aos cuidados em geral, quanto em relação aos direitos da criança. Elas eram vistas como um estorvo, de forma que até mesmo "um médico, Moreau de Saint-Elier, afirmava em meados do século XVIII que o cuidado dos filhos 'é um encargo constrangedor na sociedade'".[31] Além disso, vemos também que esse vínculo afetivo entre mãe e cria, tão enaltecido hoje e naturalizado como *instintivo*, simplesmente não existia. Então, se hoje temos a ideia tão sedimentada de que a mãe é responsável pela criação do filho e a maternidade é um presente divino, de onde isso surgiu?

Ser mãe é padecer no paraíso

Já a partir do século XVII "algumas transformações indicam a emergência de um novo sentimento familiar associado à valorização[32] da infância".[33] Essas mudanças foram lentas e também encontraram resistência, de forma que ficam mais evidentes apenas no final do século XVIII.

> Dessa forma, em defesa da criança, dois diferentes discursos confluíram para modificar a atitude da mulher em relação aos filhos:

---

[31] Badinter, 1985, p. 99.

[32] Como, por exemplo, "a modificação dos hábitos educacionais, passando-se da aprendizagem cotidiana exercida no ambiente doméstico à escolarização maciça da infância e a modificação da condição de transmissão de bens, passando-se a reconhecer a igualdade entre os filhos no direito à herança". Moura; Araújo, 2004, p. 46.

[33] Ariés *apud* Moura; Araújo, 2004.

(1) um discurso econômico,[34] apoiado em estudos demográficos, que demonstrava a importância do número da população para um país e alertava quanto aos perigos (e prejuízos) decorrentes de um suposto declínio populacional em toda a Europa; e (2) uma nova filosofia — o liberalismo — que se aliava ao discurso econômico, favorecendo ideais de liberdade, igualdade e felicidade individual.[35]

Essa nova filosofia, preconizada pelo filósofo Jean-Jacques Rousseau, representou uma verdadeira mudança de paradigma, dando um novo significado ao que era "ser mãe", que começou pela alteração do próprio significado de família, conjugado aos novos valores iluministas. Para Rousseau, a "mais antiga das sociedades, e a única natural, é a da família e, ainda assim, os filhos só permanecem ligados ao pai enquanto precisam dele para subsistir. Logo que essa necessidade cessa, o laço natural se dissolve".[36] Assim, após a dissolução desse "laço natural", se a família continua unida, "isso já não ocorre naturalmente, mas voluntariamente, e a família só se mantém por convenção".[37] Dessa forma, o apego, o amor e a liberdade passam a ser os fundamentos da união familiar, e não mais os laços naturais.

Essa é uma grande mudança de perspectiva, principalmente levando em consideração os efeitos disso sobre o casamento. Os novos valores de liberdade, aliados aos também novos ideais de busca da felicidade, fazem nascer o casamento fundado no amor. E, se essa união deve ser voluntária e pautada na liberdade e no amor mútuo, a figura da *esposa* também muda: de Eva, a traiçoeira, para Maria, a doce mãe e esposa. E, ao lado da esposa amorosa, os filhos passam a ser os frutos desse amor.

---

[34] Badinter ressalta que passam a perceber a criança como, "potencialmente, uma riqueza econômica" (p. 153) e que essa valorização teria se dado também por interesse no poderio militar do Estado. Segundo a autora, a nova ideologia da época pode ser verificada em uma citação de Diderot de 1770, na qual ele afirma: "Um Estado só é poderoso na medida em que é povoado (...) em que os braços que manufaturam e os que o defendem são mais numerosos" (p. 154).

[35] Moura; Araújo, 2004, p. 46.

[36] Rousseau *apud* Badinter, p. 164.

[37] Ibidem.

> A procriação é uma das doçuras do casamento: e que seria mais natural do que amar em seguida os seus frutos? Quando os esposos se escolheram livremente, o amor que sentem um pelo outro vai se concretizar naturalmente em sua prole. Os pais amarão mais os filhos, e as mães, dizem, retornarão livre e espontaneamente a eles. Pelo menos, é essa a nova ideologia da qual Rousseau foi um dos melhores representantes.
> Desse ponto de vista, exaltam-se interminavelmente as venturas da maternidade, que deixa de ser um dever imposto para se converter na atividade mais invejável e mais doce que uma mulher possa esperar desempenhar.[38]

É aqui que começa a se formar a noção de família que perdura até hoje. Aos poucos, a amamentação, antes relegada às amas de leite, passa a ser valorizada como um laço entre mãe e filho. Os pais são cada vez mais responsabilizados pelos cuidados com os filhos e, a partir daí, a responsabilidade da mãe passa a ser mais cobrada. Surgem publicações recomendando que elas cuidem pessoalmente dos próprios filhos, um discurso tanto médico quanto filosófico, que impôs essa obrigação e atribuiu ao amor materno "um valor ao mesmo tempo natural e social, favorável à espécie e à sociedade".[39]

"A ampliação das responsabilidades maternas fez-se acompanhar, portanto, de uma crescente valorização da mulher-mãe, a 'rainha do lar', dotada de poder e respeitabilidade, desde que não transcendesse o domínio doméstico."[40] Reforçou-se, assim, uma importância que a mulher até então nunca havia tido. Desse modo, essas mulheres "julgaram conquistar o direito ao respeito dos homens, o reconhecimento de sua utilidade e de sua especificidade. Finalmente, uma tarefa necessária e

---

[38] Ibidem, pp. 177-178.

[39] Ibidem.

[40] Moura; Araújo, 2004, p. 47.

'nobre', que o homem não podia, ou não queria, realizar".[41] Essa tarefa era a de ser responsável, por natureza, por formar o cidadão. Até hoje esse enaltecimento perdura. No entanto, essa "valorização" se transformou em *culpabilização*:

> Graças à psicanálise, a mãe foi promovida a "grande responsável" pela felicidade de seu rebento. Missão terrível, que acaba de definir seu papel. Sem dúvida, esses encargos sucessivos sobre ela lançados fizeram-se acompanhar de uma promoção da imagem da mãe. Essa promoção, porém, dissimulava uma dupla armadilha, que será por vezes vivida como uma alienação. Enclausurada em seu papel de mãe, a mulher não poderá evitá-lo, sob pena de condenação moral.[42]

A partir do momento que a maternidade é considerada parte da essência feminina, não seguir essa predefinição do que é "ser mãe" é ir contra a natureza. Nesses casos, a mulher passa a ser a mãe *desnaturada*. É o que também percebe Carolina Pombo em *A mãe e o tempo: ensaios da maternidade transitória*:

> Todo mundo tem uma palavra para completar a frase *ser mãe é*... E basta engravidar para ser incluída na categoria. É por isso que quando a grávida não corresponde à qualidade materna esperada, ela não perde o rótulo, mas ganha um complemento: passa a ser a *mãe desnaturada*. É interessante o que essa expressão guarda. Se a minha atitude em relação à criança que eu pari não for coerente com o que meu interlocutor considera adequado para uma mãe, imediatamente a natureza é convocada para explicar o fenômeno.[43]

Essa "qualidade materna esperada" está associada a um contexto social e histórico, precisamente o que Badinter argumentou em *Um amor*

[41] Badinter, 1985, p. 147.

[42] Ibidem, p. 238.

[43] Pombo, 2013, p. 15.

conquistado: o mito do amor materno. Nesse sentido, o movimento feminista, que sempre procurou desconstruir os conceitos naturalizados do que é "ser mulher", volta sua atenção também para a maternidade. Isso quer dizer que nós, feministas, pensamos a maternidade como algo relacionado não apenas ao corpo, como a gestação, o parto, a amamentação, mas também às *construções sociais* que envolvem o tema. Ou seja, buscamos nos distanciar do pensamento, comum durante muito tempo, de que a maternidade é uma "função feminina por excelência, concernente à natureza da mulher":[44]

> Isto é, embora a gestação, o parto e a amamentação sejam possibilidades restritas ao corpo feminino, é no âmbito da cultura e de uma determinada configuração histórica que a mulher vai lidar com cada uma dessas fases — as experiências de engravidar, dar à luz e amamentar estão alinhadas com as relações sociais estabelecidas e vigentes.[45]

As relações sociais estabelecidas e vigentes: os desafios da maternidade

Desmistificando a naturalização do amor materno e o essencialismo da maternidade, podemos focar na imagem socialmente construída do que é ser mãe e nos desafios que enfrentamos com a maternidade. É isso que o movimento feminista tenta fazer atualmente: mostrar a realidade das mães hoje a fim de buscar soluções.

Nossas dificuldades, no entanto, não começam com a gestação. Primeiro, somos pressionadas a achar um marido. Se estamos solteiras, sempre surge a pergunta clássica das reuniões familiares: quando você vai arrumar um namorado? Quando namoramos, a pergunta é: quando

---

[44] Moura; Araújo, 2004.

[45] Tomaz, 2015, pp. 155-166.

vão casar? E, com o casamento, a pergunta passa a ser: quando terão filhos? E depois do primeiro filho, ainda perguntam: quando virá o irmãozinho? Assim, se formos contra essa ordem que se determinou que a mulher deve seguir na vida, sofremos duras consequências.

A ideia que perdura até hoje, de que o lar é um espaço ocupado primordialmente pela mulher, responsável pelos afazeres domésticos e pela criação dos filhos, é muito antiga e, por isso mesmo, está fortemente enraizada. Ainda assim, o lar só é o espaço da mulher quando em contraposição ao espaço público, notoriamente ocupado pelo homem. Quando deslocamos essa lente apenas para o espaço privado, no âmbito das relações familiares, a mulher ainda ocupa uma posição subalterna ao homem, o "chefe da família".

A hierarquia familiar é desenhada com o homem, o patriarca da família, na posição superior, abaixo, a mulher e esposa e, por último, os filhos. Na filosofia, quem primeiro justificou a autoridade do marido e do pai foi Aristóteles. Em *A Política*, ele descreve a família seguindo essa hierarquia:

> Quanto ao sexo, a diferença é indelével: qualquer que seja a idade da mulher, o homem deve conservar sua superioridade. A autoridade dos pais sobre os filhos é uma espécie de realeza; todos os títulos ali se encontram: o da geração, o da autoridade afetuosa e o da idade. É até mesmo o protótipo da autoridade real.[46]

A teologia cristã também ajuda a sedimentar essa ideia quando considera, por exemplo, que a mulher veio da costela de Adão ou, como nas referências mencionadas por Elisabeth Badinter,[47] quando São Paulo afirma, sobre as relações de um casal: "Vós, maridos, amai as vossas próprias mulheres, como também Cristo amou a Igreja... assim como

[46] Aristóteles, p. 27.

[47] Badinter, 1985, p. 19.

a Igreja está sujeita a Cristo, assim também as mulheres sejam em tudo sujeitas a seus maridos." Apesar de o Iluminismo ter representado uma mudança de paradigma com relação ao casamento, como vimos, não foi o suficiente para romper com o pensamento patriarcal da época com relação ao papel submisso relegado à mulher.

É esse, então, o molde no qual se constrói a maternidade: como algo indissociável do casamento com um homem. O fato de a maternidade somente receber validação social dentro de um casamento heteroafetivo já nos permite identificar certos problemas que algumas mulheres enfrentam: mulheres que não desejam se casar, mulheres que se casam mas não desejam ter filhos, mulheres que têm filhos mas não se casam, mulheres que desejam se casar e ter filhos mas não com homens.

O primeiro desses problemas está, certamente, em considerar o casamento objetivo de vida de toda mulher. Mulheres que não desejam se casar são julgadas de maneira especialmente cruel. São privadas da manifestação de suas vontades, não se concebendo a hipótese de que realmente não queiram se casar. Partindo dessa premissa, acabam procurando defeitos, que seriam o *verdadeiro* motivo pelo qual essas mulheres não se casam, ou então se aferram na crença de que no futuro elas vão mudar de ideia (quem sabe "quando acharem a pessoa certa"?).

Por outro lado, existem mulheres que querem se casar, mas não desejam ou não podem ser mães. Uma vez que a maternidade ainda é vista como parte indissociável da construção social do que é "ser mulher", como vimos anteriormente, essas mulheres passam a ter que provar incessantemente que, mesmo não tendo filhos, são "mulheres plenas". Por vezes são tachadas de "desesperadas (no caso da infertilidade) ou egoístas (no caso de opção)".[48] Incapaz de compreender o fato de uma mulher se recusar a ser mãe, há quem confunda filho com aposentadoria e questione: "Mas quem vai cuidar de você na velhice?"

[48] Rios; Gomes, 2009.

Os casais que não desejam ter filhos estão se voltando contra uma ideia muito antiga, mas ainda presente na sociedade: a de que a função do casamento é a procriação. De fato, tanto homens quanto mulheres são julgados socialmente por optarem por uma vida conjugal sem filhos. A mulher, no entanto, é mais atingida:

> Em um estudo sobre a percepção social a respeito de casais voluntariamente sem filhos, involuntariamente sem filhos e com filhos, Calhoun e Selby (1980) concluíram que estudantes universitários tinham as seguintes percepções: maridos eram classificados como psicologicamente mais saudáveis se tivessem filhos do que se não os tivessem, independentemente da ausência de filhos ser involuntária ou não; e esposas eram menos apreciadas e percebidas de uma maneira mais negativa quando descritas como sem filhos por opção em relação àquelas que não podiam tê-los.[49]

Contudo, não é difícil se voltar apenas contra o casamento. Ao se casar, a heteronormatividade[50] impõe que mulheres devam se unir a homens, invisibilizando o relacionamento entre duas mulheres. Às lésbicas que querem ter filhos, restam a tarefa de provar para sociedade que *podem* ser mães e a luta pelo reconhecimento de sua família como uma família, além de seu relacionamento servir reiteradamente de fetiche masculino.

Se existem mulheres que se casam e não querem ser mães, também existem mulheres que são mães, mas não se casam. Por um lado, isso pode ser parte de um fenômeno relacionado à modernidade, associado ao fato de a mulher ter mais independência e, portanto, ter poder de escolha.[51] Mulheres recorrem, por exemplo, a técnicas de reprodução

---

[49] Ibidem.

[50] Heteronormatividade é o termo utilizado para designar que a heterossexualidade é o parâmetro da sexualidade humana considerado normal (hetero + normatividade) As pessoas com orientações sexuais que fogem às regras impostas da heterossexualidade (lésbicas, gays, bissexuais, assexuais), portanto, são marginalizadas.

[51] Scavone, 2001.

assistida ou à adoção. É a "produção independente". De outro lado, estão os casos que precedem em muito a modernidade: mulheres que simplesmente têm uma gravidez não planejada. Não sendo casadas, isso era (e de certa forma ainda é) visto como uma desonra.

Linda Pollock, no artigo "Childbearing and female bonding in early modern England",[52] faz uma análise detalhada sobre como mulheres se uniam a outras mulheres — e em certa medida isso se deve ou não a uma suposta solidariedade — no período da gestação e durante o parto. Ela reconhece, no entanto, que "uma futura mãe solteira nos primórdios da Inglaterra moderna sabia que havia pouca esperança de contar com a solidariedade feminina para apoiá-la naquele momento difícil".[53] Pollock conta diversas histórias de mulheres que acabavam na miséria por engravidarem de seus patrões, sendo rejeitadas pela comunidade em que viviam — literalmente, tinham que deixar o local. Uma dessas histórias é a de Agnes Burrow, uma mulher que engravidou em 1600 e que exemplifica o que passavam as mulheres da época:

> O suposto pai da criança, William Skarfe, persuadiu outro homem, William Freborne, a se casar com ela. Depois do casamento, eles se mudaram de Colchester para Feering, um povoado próximo, onde William Freborne a abandonou. Agnes seguiu sozinha para Witham e passou várias noites em casas particulares. Os administradores de Witham, preocupados com a perspectiva de ter de sustentar uma mulher abandonada e seu filho, ordenaram que Freborne levasse Agnes embora. Ele a levou para outra cidadezinha e mais uma vez deu no pé. Agnes partiu novamente para Witham. No caminho para lá, enquanto estava hospedada na casa do chefe da polícia do povoado, entrou em trabalho de parto e deu à luz gêmeos. John Clear, o chefe da polícia, se recusou a

[52] Em tradução livre, "Maternidade e companheirismo feminino na Inglaterra moderna".

[53] Pollock, 1997, pp. 286-306.

permitir que Agnes ficasse em sua casa até recuperar as forças. A mãe e os bebês eram vistos como uma responsabilidade financeira em potencial e tinham que ser removidos da localidade assim que possível. Cerca de trinta e seis horas depois do parto, ela foi colocada em uma carroça e levada para outro povoado. Os gêmeos sobreviveram, mas Agnes morreu. [54]

E, é claro, o verdadeiro escândalo que era uma mulher engravidar sem estar casada não era algo restrito à Inglaterra. Essa mulher estava fadada à exclusão, e a família inteira passava a ser malvista. Nesse contexto, o Código Penal brasileiro de 1940, por exemplo, bem como os anteriores, dava a opção de extinção da punição ao estuprador que se casasse com a vítima. A preocupação era com a honra da família, em vez de com a dignidade da mulher. Era socialmente mais condenável uma mulher engravidar sem ter se casado do que uma mulher se casar com o próprio estuprador.

Felizmente, os tempos mudaram para melhor nesse aspecto, apesar de o Estatuto do Nascituro[55] estar sempre à espreita para o retrocesso. Ainda que o casamento não seja mandatório para a mulher que engravidou sem querer, vimos surgir uma nova modalidade de estado civil: a "mãe solteira". A mãe que é também solteira sempre existiu, mas o rótulo é recente. Não são necessariamente mães que apenas decidiram não se casar, como as mulheres contemporâneas, e resolveram fazer uma "produção independente"; são muitas vezes mulheres abandonas pelos pais dos seus filhos tendo que encarar os desafios da maternidade sozinhas. Essa classificação e a forma como essas mulheres são tratadas é uma crueldade social: criminalizam o aborto ao mesmo tempo que marginalizam essas

[54] Pollock *apud* Ingram, 1990, p. 286.

[55] Estatuto do Nascituro corresponde ao Projeto de Lei nº 478/2007, em tramitação no Congresso Nacional, que, entre outras disposições, pretende proibir o aborto em caso de estupro e obrigar a mulher a conviver com seu estuprador, uma vez que ele teria direito à paternidade.

mães. Os obstáculos vão desde a dificuldade de inserção no mercado de trabalho e do julgamento moral de sua vida sexual até a falta do amparo do Estado, que, quando acontece por meio de políticas como, o Bolsa Família, é alvo de críticas e acusações de fomentar a "vagabundagem".

Assim, podemos perceber que são múltiplas as formas de sermos mulheres. Todas as nossas escolhas e experiências de vida distintas, mas o caminho que nos designam para percorrer é único. E mesmo seguindo o trajeto que nos é reservado, como é o da maternidade, não encontramos uma trilha menos árdua.

Durante a gestação, sofremos o impacto das expectativas sociais. Justamente por sermos mulheres diferentes, a gestação tem significados diversos para cada uma. No entanto, como também já vimos, ela é encarada pela sociedade como uma "bênção", e as pessoas logo começam a comentar como a grávida está radiante. Ocorre que para algumas mulheres a maternidade significa uma prisão. E essa prisão começa com o próprio corpo e as limitações de uma gestação.

A sociedade é cruel com as mulheres, mas particularmente cruel com as mães. Existe uma pressão social intensa contra o aborto, ou melhor, contra a possibilidade de escolha da mulher. Apontamos essa contradição anteriormente com relação às mães solteiras, mas a maternidade compulsória atinge todas as mulheres, apesar de afetar algumas mais e outras menos. Por isso, vale ressaltar novamente que, a despeito do apelo social para que tenhamos um filho, se a mulher não aborta, essa mesma sociedade não lhe facilita a vida. Pior: dificulta. Ser mãe é desgastante, solitário, penoso. Apenas dizer isso e desconstruir a sacralização do papel de mãe é por si só fatigante, como foi para Juliana no "desafio da maternidade".

Chocados com o desabafo da jovem, diversos internautas afirmaram que os sentimentos dela em relação à maternidade seriam consequência de uma patologia: a depressão pós-parto. O transtorno é definido pelo National Women's Health Information Center como "um espectro de mudanças físicas e emocionais que muitas mães podem ter depois de dar à luz".[56] Os sintomas físicos podem compreender insônia, falta de energia, mudanças no apetite, dores de cabeça e palpitações; emocionalmente, a mulher pode experimentar desde choro, ansiedade e preocupação excessiva até desesperança, pensamentos suicidas e alucinações.[57]

Embora exista um esforço para atribuir o transtorno a causas neuroquímicas, a verdade é que, assim como acontece com a depressão comum, não existem estudos que comprovem de forma definitiva sua relação com fenômenos físicos. Essa é apenas uma das hipóteses formuladas pela comunidade científica, que considera também a possibilidade de a depressão pós-parto ser resultado de uma prescrição cultural que impede as mulheres de expressarem sentimentos negativos em relação à maternidade. Para muitos autores, o transtorno poderia ter como causa o fato de a maternidade idealizada muitas vezes contrastar com a experiência real da maternidade.[58] Seja como for, a questão é que, como aponta Pam Regus,[59] o conhecimento médico e popular caracteriza os sintomas e o tratamento dessa doença de forma similar, quando, na verdade, não existe um entendimento claro sobre as causas da depressão pós-parto.

É preciso ainda levar em consideração que os limites entre o que é considerado normal e o que é tido como patológico são traçados de acordo com o contexto cultural de cada época. Vale lembrar, por exemplo, que até 1973 a homossexualidade estava listada como doença no *Manual Diagnóstico e Estatístico de Transtornos Mentais*. Os profissionais que definem o que deve ser considerado uma maternidade "normal" não estão imunes ao contexto social em que vivem. Segundo Pam, esses profissionais propagam uma versão idealizada da maternidade, julgando como mães "normais" aquelas que se adequam ao estereótipo atual da boa mãe.

---

[56] National Women's Health Information Center, 2002 *apud* Regus, 2007, p. 17.

[57] Regus, 2007.

[58] Kaur, 2004; Mauthner, 2002; McCullen; Stoppard, 2003; Meltza, 2003; Smith, 2004 *apud* Regus, 2007.

[59] Regus, 2007.

Sendo assim, mulheres saudáveis como Juliana, que simplesmente não compactuam com a romantização da maternidade imposta atualmente, podem ser erroneamente diagnosticadas com depressão pós-parto. Ou seja: uma discussão que deveria pertencer ao campo social acaba sendo transferida para o campo médico, na medida em que tratamos como doença comportamentos maternos desviantes do padrão romantizado. Como diz Pam:

> O movimento em direção ao modelo médico diminui a pressão para remediar a tremenda e desproporcional responsabilidade que as mães carregam pelo desenvolvimento físico, emocional e cognitivo de seus filhos. Ele leva ao diagnóstico e ao tratamento de mulheres individuais, em vez de a uma mudança nas expectativas sociais que determinam que as mulheres sejam mãe perfeitas. O foco não mais está nas dificuldades de ser mãe e na dissonância entre as representações ideológicas da maternidade e a realidade, mas na representação científica da depressão pós-parto como doença. As mulheres que falham em alcançar os padrões da maternidade simplesmente se tornam pacientes, e os profissionais médicos oferecem a esperança da recuperação.[60]

Sejamos claras: em nenhum momento negamos que existam mulheres que sofrem de depressão e que podem se beneficiar enormemente do tratamento médico que lhes é prescrito. O que estamos apontando é que muitas mulheres que expressam seu descontentamento com a maternidade podem ser diagnosticadas de forma apressada e irresponsável.

Uma mulher que afirma não gostar de ser mãe será rapidamente diagnosticada com depressão pós-parto, porque, assim, seu sofrimento será aceitável. Ela estará doente e, portanto, não terá "culpa" pelo que sente. Se, por outro lado, essa mulher for saudável, não haverá "desculpa" para o que ela diz. Será considerada uma mãe horrível, uma mulher sem coração, porque a discussão que ela está propondo não é aceita no meio em

[60] Ibidem, p. 58.

que vive. Dessa forma, de acordo com Pam, a medicina acaba se tornando uma espécie de redentora, salvando a mulher do sentimento de culpa por sua (suposta) inaptidão para a maternidade.[61]

Podemos traçar, então, um paralelo entre Camille Claudel, a escultora do século XIX internada por histeria,[62] e Juliana Reis, a mãe insatisfeita rotulada com o diagnóstico de depressão pós-parto. Na modernidade, era inaceitável pensar que Camille fosse uma mulher normal que não se conformava com o papel imposto às mulheres de sua época. Ela estava doente: era histérica e precisava ser internada. Hoje, é inaceitável que Juliana esteja insatisfeita com seu papel de mãe e que discorde de uma visão idealizada da maternidade. Ela deve estar doente: deve ter depressão pós-parto e precisa ser medicada, porque mulheres "normais" encaram a maternidade como uma bênção.

O desafio, então, começa quando não podemos traçar nossos próprios destinos e continua com o descaso que muitas mulheres enfrentam durante a gestação, quando lhes é negado o acesso ao atendimento pré-natal na saúde pública ou é agendada uma cesárea para atender a conveniência do médico. O Brasil é campeão nessa infeliz categoria, com mais de metade dos partos realizados por cesárea, procedimento que chega a representar 84,6% dos partos na rede particular. A recomendação da Organização Mundial da Saúde é de um índice entre 10% e 15%.[63] Mesmo na hora de parir, um momento já naturalmente carregado de ansiedade e expectativas, as mulheres têm suas escolhas desrespeitadas e são sistematicamente violentadas:

> Adelir, 29 anos, (...), casada, em abril de 2014 estava no final da gestação e desejava parto normal. Fez o pré-natal no centro da cidade, mas abandonou o seguimento com 39 semanas por medo

---

[61] Ibidem, p. 56.

[62] Ver o capítulo "Construção da feminilidade" na página 17.

[63] Dados disponíveis em: <http://www.bbc.com/portuguese/noticias/2015/07/150719_cesarianas_mundo_rb>.

> de ser induzida a uma cesariana. Com 41 semanas de gestação, foi ao hospital para uma avaliação de vitalidade fetal, iniciando o trabalho de parto. Foi realizado um ultrassom que mostrou perfeitas condições de vitalidade fetal e feto pélvico. A médica do hospital indicou cesariana, por duas cirurgias anteriores e feto pélvico. Adelir recusou, assinou termo de responsabilidade e voltou para casa, [para] aguardar o avanço de seu trabalho de parto. Foi surpreendida à 1h30 por policiais que a obrigaram a ir ao hospital realizar a cesariana, enviados por um juiz, acionado por um promotor, requisitado pelo hospital onde tinha sido atendida. No hospital, o marido é impedido de acompanhar a cesariana. Não houve intercorrências e o bebê nasceu com boa vitalidade.[64]

A história de Adelir ganhou o noticiário internacional, com duras críticas à forma como a gestante foi tratada, mas no Brasil seu caso não recebeu atenção de entidades médicas. E ela não está sozinha. A pesquisa "Mulheres Brasileiras e Gênero nos Espaços Público e Privado: uma década de mudanças na opinião pública",[65] realizada em 2013, revelou que "cerca de 1/4 das mulheres que tinham parido, e também aproximadamente metade das que abortaram, relataram alguma forma de [violência obstétrica]".[66]

As violências sofridas na hora do parto são inúmeras:

> (...) Maus-tratos físicos, psicológicos e verbais, assim como procedimentos desnecessários e danosos — episiotomias, restrição ao leito no pré-parto, clister, tricotomia e ocitocina (quase) de rotina, ausência de acompanhante (...)

Em 1996, na publicação *Assistência ao parto normal: um guia prático*, a OMS classificou diversas intervenções durante o parto que,

---

[64] Tesser; Knobel; Andrezzo; Diniz, 2012, pp. 1-12.

[65] Venturi; Godinho, 2013.

[66] Tesser; Knobel; Andrezzo; Diniz, 2015.

cientificamente, são consideradas práticas prejudiciais ou ineficazes e, portanto, devem ser eliminadas.[67] São elas, por exemplo, o uso indiscriminado de ocitocina, a cateterização venosa profilática de rotina, a amniotomia para acelerar o trabalho de parto, a posição de litotomia, a episiotomia, a manobra de Kristeller, a restrição alimentar e hídrica, a restrição aos movimentos corporais, o impedimento de acompanhante. No entanto,

> a recente pesquisa Nascer no Brasil, contemplando uma amostra representativa dos partos hospitalares de todo o país (266 maternidades públicas e privadas com 500 ou mais partos anuais em 191 municípios) entrevistou mais de 23 mil mulheres e mostrou que as práticas prejudiciais/ineficazes acima mencionadas ainda são rotina no país. Entre as entrevistadas, 70% foram rotineiramente puncionadas, 40% receberam ocitocina e realizou-se amniotomia em 40%. Entre as mulheres que pariram (48% da amostra), 92% estavam em posição de litotomia (deitadas), 56% foram submetidas a episiotomia, 37% receberam a manobra de Kristeller (aplicação de pressão na parte superior do útero durante o período expulsivo). Somente 26% puderam se alimentar, 46% puderam se movimentar durante o trabalho de parto e 18,7% contaram com acompanhante. Apenas 5% tiveram partos sem nenhuma intervenção. Não são necessários comentários adicionais para enfatizar a magnitude da VO [Violência Obstétrica] no país.[68]

Por isso, o crescente movimento de humanização do parto e parte do movimento feminista têm trazido esse debate para a esfera pública no nosso país. Mas é justamente a esfera pública, onde lutamos por direitos e melhores condições de vida, a arena que mais nos rejeita.

---

[67] Ibidem.

[68] Ibidem.

O mercado de trabalho não é nada receptivo às mães. Sabemos bem o que nos espera nas entrevistas de emprego quando nos perguntam se temos filhos: a mais alta probabilidade de sermos desconsideradas para a vaga. Quando já estamos empregadas, o medo é de que a gestação nos custe o emprego. É de 1995 a lei que proíbe empregadores de exigirem atestado de gravidez "para efeitos admissionais ou de permanência da relação jurídica de trabalho".[69] Apesar de a exigência de um teste parecer um exagero hoje, a discriminação ainda ocorre, de forma bem mais sutil.

Houve uma mudança grande ao longo do tempo com relação à inserção da mulher no mercado de trabalho. No entanto, "não houve a promoção de mudanças na organização familiar e no mercado de trabalho que acompanhassem essas novidades".[70] Por isso, acumulamos funções e surgiu um novo modelo de mãe: a supermãe. É aquela com mil braços, um segurando um telefone, outro a pasta de trabalho, outro uma criança, outro uma vassoura, e por aí vai. Se antes a mulher ficava confinada ao espaço doméstico, aos cuidados com a casa, os filhos e o marido, com a sua entrada no mercado de trabalho ela passou a acumular ainda mais funções.

Uma pesquisa da Universidade de Michigan mostrou que "ter um marido cria uma carga extra de sete horas de trabalho doméstico por semana para as mulheres".[71] No Brasil, a pesquisa "Trabalho para o mercado e trabalho para casa: persistentes desigualdades de gênero", divulgada pelo Ipea em 2012, aponta no mesmo sentido: "as mulheres despendem em média 26,6 horas semanais realizando afazeres domésticos, enquanto o público masculino dedica 10,5 horas"[72] às mesmas tarefas. A pesquisa revelou que até mesmo os homens que não estão empregados realizam

[69] Lei nº 9.029/1995.

[70] Pombo, 2013, p. 26.

[71] Disponível em: <http://mdemulher.abril.com.br/familia/claudia/estudo-revela-que-ter-um-marido-cria-sete-horas-adicionais-de-trabalho-domestico-para-uma-mulher>.

[72] Disponível em: <http://www.ipea.gov.br/portal/index.php?option=com_content&view=article&id=14321>.

VIOLÊNCIA OBSTÉTRICA: FORMAS MAIS COMUNS

Na gestação:

- Negar atendimento à mulher ou impor dificuldades ao atendimento em postos de saúde onde é realizado o acompanhamento pré-natal;
- Fazer comentários constrangedores à mulher, por sua cor, raça, etnia, idade, escolaridade, religião ou crença, condição socioeconômica, estado civil ou situação conjugal, orientação sexual, número de filhos etc.;
- Ofender, humilhar ou xingar a mulher ou sua família;
- Negligenciar o atendimento de qualidade;
- Agendar cesárea sem recomendação baseada em evidências científicas, atendendo aos interesses e conveniência do médico.

No parto:

- Recusar a admissão em hospital ou maternidade (peregrinação por leito);
- Impedir a entrada do acompanhante escolhido pela mulher;
- Realizar procedimentos que incidam sobre o corpo da mulher, que interfiram, causem dor ou dano físico (de grau leve a intenso). Exemplos: soro com ocitocina para acelerar o trabalho de parto por conveniência médica, exames de toque sucessivos e por diferentes pessoas, privação de alimentos, episiotomia (corte da vagina), imobilização (braços e pernas) etc.;
- Praticar ação verbal ou comportamental que cause na mulher sentimentos de inferioridade, vulnerabilidade, abandono, instabilidade emocional, medo, acusação, insegurança, dissuasão, ludibriamento, alienação, perda de integridade, dignidade e prestígio;
- Realizar cesariana sem indicação clínica e sem consentimento da mulher;
- Impedir ou retardar o contato do bebê com a mulher logo após o parto, impedir o alojamento conjunto de mãe e bebê, levando o recém-nascido para berçários sem nenhuma necessidade médica, apenas por conveniência da instituição;
- Impedir ou dificultar o aleitamento materno (impedindo a amamentação na primeira hora de vida, afastando o recém-nascido de sua mãe, deixando-o em berçários onde são introduzidas mamadeiras e chupetas etc.).

Continua

Em situações de abortamento:

- Negar ou retardar o atendimento à mulher em situação de abortamento;
- Questionar a mulher quanto à causa do abortamento (se intencional ou não);
- Realizar procedimentos predominantemente invasivos, sem explicação, consentimento e, frequentemente, sem anestesia;
- Ameaçar, acusar e culpabilizar a mulher;
- Coagir com a finalidade de confissão e denúncia à polícia da mulher em situação de abortamento.

DENUNCIE A VIOLÊNCIA OBSTÉTRICA: exija cópia do seu prontuário; procure a Defensoria Pública; ligue para o 180 (Violência contra a Mulher) ou para o 136 (Disque Saúde).

Fonte: "Violência Obstétrica: você sabe o que é?"
Disponível em: http://www.defensoria.sp.gov.br/dpesp/repositorio/41/violencia%20obstetrica.pdf.

menos trabalho doméstico que as mulheres com emprego. A situação se torna pior quando essas mulheres são mães: "quanto mais filhos na família, maior o tempo gasto pela mulher com os afazeres domésticos. Já para os homens, quase não há influência".[73]

Devido a esse acúmulo de funções, a fim de nos ajudar na árdua tarefa de sermos "supermães", "a nova retórica da 'conciliação entre vida familiar e trabalho' emerge como uma resposta para essa divisão".[74] E realmente o problema de conciliar filhos e trabalho é posto como a grande dificuldade da mulher moderna:

> Porém, a dicotomia entre esfera pública *versus* esfera privada se atualiza com essa retórica. Segundo ela, é como se, de fato,

[73] Ibidem.

[74] Pombo, 2013, p. 28.

> houvesse uma cisão entre essas duas dimensões, e como se ela fosse o grande problema feminino. O esforço que se faz é o de empurrar as mulheres para a tal "esfera pública", como se a atuação no cuidado com os filhos e com os membros dependentes das famílias fosse apolítica, a-econômica e alienada. Como se a falta de convivência dos homens com seus filhos fosse um problema das mães — que teriam que suportar sozinhas o *fardo* dessa tarefa. Pouco se fala do inverso, da possibilidade dos próprios homens desejarem ter mais tempo para participar do trabalho do cuidado. Afinal, conforme o velho provérbio brasileiro, *Quem pariu Mateus, que o cuide!* E eu suponho, nesse exercício intelectual, que isso está ancorado na antiga desvalorização das atividades de maternagem.[75]

Curiosamente, a desvalorização das atividades de maternagem é evidente tanto quando se pensa em um modelo que prioriza a vida privada como quando se pensa no que prioriza a esfera pública. De um lado, a redistribuição das tarefas domésticas deve ser feita dentro da família, com a divisão igualitária dos afazeres entre homens e mulheres. Percebemos que o trabalho é desvalorizado justamente por ser relegado às mulheres (mães, avós, professoras, babás etc.), ou seja, às pessoas cuja força de trabalho é menos valorizada e mais barata.

Do outro lado, soluções que requerem a socialização desse trabalho, por meio do Estado. Notadamente de origem socialista, essas medidas transferem a carga de trabalho da mulher para a coletividade, por exemplo: "a cozinha particular seria substituída pelo refeitório público. A costura, a limpeza e a lavagem, assim como a metalurgia e a produção de maquinário, se transformariam em ramos da economia do povo".[76] A criação das crianças, mesmo pequenas, seria relegada a servidores públicos em internatos. Mesmo fugindo de uma solução individualista, a

[75] Ibidem, p. 28.

[76] Goldman, 2014, p. 24.

valorização da maternidade não ocorre — essa função é socializada justamente por ser considerada entediante e um atraso político.

No entanto, se antes havia a expectativa de vermos a sociedade envolvida em retirar essa carga de trabalho penosa para as mulheres, o capitalismo hoje lança ainda mais ônus em nossas costas. As mulheres passam a ter um trabalho não remunerado, que consiste em liberar o homem dos encargos das tarefas domésticas, deixando-o pronto e disposto para seu dia de trabalho. Ao mesmo tempo, se a mulher está no mercado de trabalho, relegam-se a ela os piores salários e impõem-se entraves a sua ascensão profissional.

Mesmo a licença-maternidade não é suficiente para cobrir o tempo de que precisamos com nossos filhos. Passado esse período, outro problema: onde deixar a criança para voltar ao trabalho? O tempo irrisório da licença-paternidade apenas demonstra o imperativo social de que a mulher é a principal encarregada de enfrentar essa labuta. Quando precisamos deixar nosso filho com alguém para trabalhar, muito provavelmente essa pessoa será outra mulher: a babá, uma avó, a professora da creche. Professores, cuidadores e pedagogos são majoritariamente mulheres. Essa lógica se inverte apenas quando o trabalho tem mais prestígio social, e assim vemos homens ocupando os principais cargos como professores universitários. É ainda mais cruel perceber que para uma mulher trabalhar ela precisa explorar o trabalho de outra mulher, em geral uma mulher negra, a babá ou empregada doméstica, colaborando com a mesma lógica patriarcal da qual tenta se desvencilhar.

Se não há com quem deixar os nossos filhos, levá-los conosco também não é uma opção. Os problemas vão desde os transtornos de amamentar em público, até a intolerância em relação a crianças em determinados ambientes, porque nem todos os locais são adaptados para recebê-las como deveriam. Assim que as crianças começam a fazer em local público o que toda criança faz — correm, brincam, fazem barulho, choram — sentimos os olhares de julgamento. Por isso, enquanto esses ambientes não forem acolhedores para as crianças, também não serão para as mães. E, assim, nós as estamos colocando de volta no local que o patriarcado reserva a todas as mulheres: a casa. Ao negar-lhes acesso ao espaço público, também estamos impedindo seu acesso à arena política, imprescindível a qualquer grupo social.

Somos todas mães medíocres

Elisabeth Badinter, em entrevista recente a Betty Milan, disse: "Creio que a mãe ideal é tão rara quanto um Mozart."[77] Segundo ela, poucas mulheres conseguem milagrosamente atender a todas as cobranças que a sociedade lhes impõe. Quanto ao resto, ela se inclui ao dizer que "somos todas mães medianas, para não dizer medíocres".[78]

E sabemos que somos, pois nos culpamos por isso. No entanto, não podemos dizê-lo, porque deus nos livre de mexer na redoma sacrossanta na qual foi colocada a maternidade. E, mesmo quando falamos, temos que medir bem as palavras para não soarmos como mães degeneradas e, no fim, é claro, não podemos deixar de mencionar o quanto amamos nossos filhos (se não deixarmos isso claro, certamente seremos acusadas de não gostarmos deles).

Além da naturalização do mito do amor materno e da maternidade compulsória, há o fato de a sociedade reservar um lugar sacralizado às mães. Mesmo homens que continuadamente desrespeitam mulheres à sua volta, quando se trata da própria mãe, dizem: *ah, minha mãe não é assim!* Isso porque não vemos as mães como mulheres em toda a sua complexidade, com anseios, defeitos, medos, traumas, desejos; elas são outra coisa. Desfazer os mitos que envolvem a maternidade, mais do que extinguir todas as correntes que prendem mulheres a lugares predefinidos, significa nos ver como pessoas.

[77] Disponível: <http://veja.abril.com.br/multimidia/video/o-culto-da-mae-perfeita-e-diabolico-com-as-mulheres-afirma-elisabeth-badinter>.

[78] Ibidem.

Evidentemente, o feminismo cumpre um papel essencial na desconstrução de toda forma de opressão contra as mulheres. No entanto, por muito tempo, as feministas quiseram se desvencilhar de todas as expectativas sociais em relação às mulheres, e a maternidade é uma delas. Por isso, para o movimento é mais fácil abraçar a ideia de que nem todas querem ser mães do que abraçar as que são mães. Não por menos, muitas feministas — e mães — têm reivindicado espaços que também as incluam. Se existem inúmeros desafios relacionados à maternidade, o desafio do feminismo é se apropriar dessa luta.

Referências

ARIÈS, Philippe. *História social da criança e da família*. 2. ed. Rio de Janeiro: Guanabara, 1981.

ARISTÓTELES. *A Política*. Disponível em: <http://www.dhnet.org.br/direitos/anthist/marcos/hdh_aristoteles_>.

BADINTER, Elisabeth. *Um amor conquistado:* o mito do amor materno. Rio de Janeiro: Nova Fronteira, 1985.

FARIAS, Juliana Barreto; GOMES, Flavio; XAVIER, Giovana (Orgs.). *Mulheres negras no Brasil escravista e do pós-emancipação*. São Paulo: Selo Negro, 2012.

GOLDMAN, Wendy. *Mulher, Estado e revolução:* política familiar e vida social soviéticas. São Paulo: Boitempo, 2014.

KOUTSOUKOS, Sandra Sofia Machado. "À vovó Vitorina, com afeto. Rio de Janeiro, cerca de 1970". In: FARIAS, Juliana Barreto; GOMES, Flavio; XAVIER, Giovana (Orgs.). *Mulheres negras no Brasil escravista e do pós-emancipação*. São Paulo: Selo Negro, 2012.

MOURA, Solange Maria S. R. de; ARAÚJO, Maria de Fátima. "Maternidade na história e a história dos cuidados maternos". *Psicologia Ciência & Profissão*, Brasília, v. 24, n. 1, pp. 44-55, 2004. Disponível em: <http://www.scielo.br/scielo.php?pid=S1414-98932004000100006&script=sci_arttext>.

POLLOCK, Linda A. "Childbearing and female bonding in early modern England". *Social History*, v. 22, n. 3, pp. 286-306, 1997.

POMBO, Carolina. *A mãe e o tempo: ensaios da maternidade transitória*. Rio de Janeiro: Memória Visual, 2013.

REGUS, Pam. *The emerging medicalization of postpartum depression: tightening the boundaries of motherhood*. Atlanta, GA: Georgia State University, 2007. p. 93. Tese.

RIOS, Maria Galrão; GOMES, Isabel Cristina. "Estigmatização e conjugalidade em casais sem filho por opção". In: Psicologia em Estudo, Maringá, v. 14, n. 2, p. 311-319, abr./jun. 2009.

SCAVONE, Lucila. "Maternidade: transformações na família e nas relações de gênero". *Interface_Comunic, Saúde, Educ*, v. 5, n. 8, pp. 47-60, 2001.

TESSER, Charles D.; KNOBEL, Roxana; ANDREZZO, Helena F.A.; DINIZ, Simone G. "Violência obstétrica e prevenção quaternária: o que é e o que fazer". *Revista Brasileira de Medicina de Família e Comunidade*, Rio de Janeiro, v. 10, n. 35, pp.1-12, 2015. Disponível em: <http://dx.doi.org/10.5712/rbmfc10(35)1013>.

______. "Em trabalho de parto, levada por policiais armados e obrigada a fazer uma cesariana que não queria: não é mentira. Aconteceu em Torres, RS." *Cientista que virou mãe*, 2 abr. 2012. Disponível em: <http://www.cientistaqueviroumae.com.br/2014/04/entrevista-com-adelir-carmen-lemos-de.html>. Acesso em: 17 jun. 2015.

TOMAZ, Renata. "Feminismo, maternidade e mídia: relações historicamente estreitas em revisão". *Galaxia*, São Paulo, n. 29, p. 155-166, 2015.

VENTURI, Gustavo; GODINHO, Tatau (Orgs.). *Mulheres brasileiras e gênero nos espaços público e privado:* uma década de mudanças na opinião pública. São Paulo: Editora Fundação Perseu Abramo/SESC-SP, 2013.

Meu corpo, regras alheias

#MeuAmigoSecreto diz que aborto é assassinato, mas pediu pra namorada abortar quando ela engravidou.

Foi em 1973 que a Suprema Corte norte-americana, no caso *Roe vs. Wade*, declarou a inconstitucionalidade da norma do Estado do Texas que criminalizava o aborto. Na França, em 1975, o Legislativo aprovou a Lei Veil, que descriminalizava a prática. Do mesmo modo, há mais de quarenta anos a Suécia reconheceu o direito das mulheres de interromper uma gestação. Na antiga União Soviética, esse direito foi reconhecido pelo Estado na década 1920! Em outros países, como Portugal e Uruguai, o aborto foi descriminalizado mais recentemente (em 2007 e 2008, respectivamente). Fica claro, portanto, que a descriminalização do aborto já foi objeto de discussão em inúmeros Estados, tendo um sólido embasamento jurídico na jurisprudência de diversos países e contando com uma produção acadêmica extensa sobre o tema.

Levando isso em consideração, é lamentável que, no Brasil, a discussão que permeia a sociedade em rodas de conversa e, principalmente, em ambientes virtuais seja tão rasa. Por vezes, é reduzida a argumentos esdrúxulos como "só defende aborto quem não foi abortado" e "na hora de fazer gostou"; por outras, é diluída em tentativas fajutas de comoção sentimental de "proteção à vida". Existem ainda os que insistem em utilizar argumentos facilmente refutados pela análise de dados de países onde o aborto é legalizado, como, por exemplo, a alegação de que, caso o aborto fosse legalizado, mulheres realizariam o procedimento com a mesma frequência e trivialidade com que vão à manicure. Por fim, há os que vão além e anunciam que a legalização do aborto representará o "fim da família".

Dadas as extensas análises do tema já feitas, nossa contribuição ao debate não será extensa ou demasiado original. O que procuramos é desmistificar alguns pontos do senso comum sobre o assunto e convidá-los a uma reflexão necessária e honesta sobre a questão.

Pró-vida de quem?

O termo pró-vida surgiu do movimento norte-americano *pro-life*, que desde 1960 se organiza para mobilizar a opinião pública contra o aborto. O termo passa a ser utilizado a partir da judicialização da discussão sobre o aborto, que foi se distanciando dos argumentos religiosos. Assim, a defesa de que o feto teria "alma" foi aos poucos sendo substituída pela ideia de que teria direito — por vezes, ainda ancorado em uma perspectiva metafísica — à vida. A utilização dessa terminologia não é ingênua: ao se autodeclarar pró-vida, uma pessoa está imediatamente afirmando que quem não compartilha da mesma visão é "antivida". Para escapar dessa classificação, o movimento em prol da legalização do aborto cunhou o termo *pro-choice* ou "pró-escolha". No Brasil, os diversos segmentos sociais que militam pela criminalização ou legalização do aborto acabaram importando esses termos e, assim, acolheram as nomenclaturas. Mas, afinal, ser "pró-vida" é ser a favor da vida de quem?

Em seus Objetivos de Desenvolvimento do Milênio (ODM), a Organização das Nações Unidas (ONU) estabeleceu como meta para o fim de 2015 a redução da taxa de mortalidade materna para 35 mortes a cada 1.000 nascimentos. Estava evidente desde o princípio que, infelizmente, o Brasil não atingiria essa meta. Aqui, ainda ocorrem cerca de 62 mortes a cada 1.000 nascimentos — quase o dobro da meta.[1] Entre os motivos, está a proibição do aborto. Segundo a OMS, a cada dois dias uma brasileira morre devido a um aborto inseguro.[2] Em 2005, o "Painel

[1] Disponível em: <http://www.bbc.com/portuguese/noticias/2015/03/150306_mortalidade_materna_jc_ru>.

[2] Disponível em: <http://brasil.elpais.com/brasil/2014/09/28/politica/1411937015_378864.html>.

Temático: Saúde da Mulher",[3] organizado pelo Ministério da Saúde, concluiu que os abortos são responsáveis por 15% da mortalidade materna.[4] Dados do SUS mostram que em 2014 houve cerca de 190 mil internações em hospitais públicos para curetagens pós-aborto, necessárias devido a abortamentos inseguros.[5]

NÚMEROS DE ABORTOS PROVOCADOS POR REGIÃO DO PAÍS

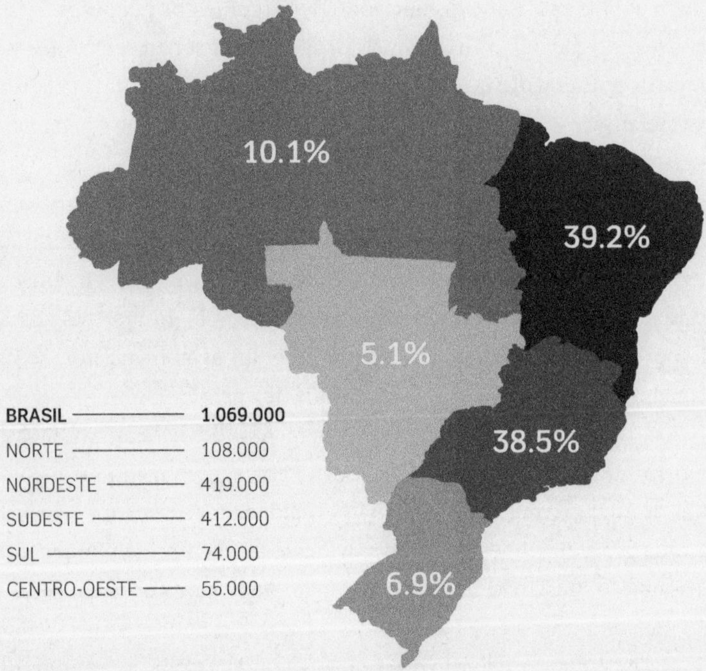

Brasil Post.

[3] Disponível em: <http://www.fiocruz.br/redeblh/media/painelmulher.pdf>.

[4] Disponível em: <http://www.redeblh.fiocruz.br/media/painelmulher.pdf>.

[5] Disponível em: <http://www.sof.org.br/2015/08/04/congresso-realiza-audiencia-sobre-regulamentacao-do-aborto-pelo-sus/>.

O Instituto Brasileiro de Geografia e Estatística (IBGE), por sua vez, revelou que, entre os anos de 2004 e 2013, "8,7 milhões de brasileiras com idade entre 18 e 49 anos já fizeram ao menos um aborto na vida. Destes, 1,1 milhão de abortos foi provocado".[6] A pesquisa também revelou que a maior parte dos abortos ocorreu no Nordeste, e as mulheres com menor nível de escolaridade foram a maioria das que se submeteram ao procedimento:

TOTAL DE MULHERES QUE PROVOCARAM ABORTO NO BRASIL, POR NÍVEL DE ESCOLARIDADE

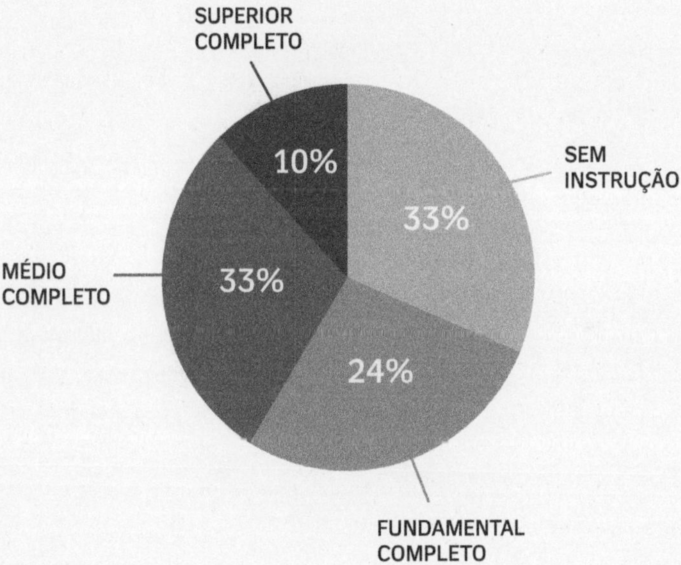

Brasil Post.

[6] Disponível em: <http://www.brasilpost.com.br/2015/08/21/estados-aborto-no-brasil-_n_8022824.html>.

A pesquisa já mencionada do Ministério da Saúde aponta o mesmo: "a prática do aborto inseguro evidencia diferenças socioeconômicas, culturais, étnico-raciais e regionais: mulheres com mais recursos econômicos realizam aborto com mais segurança, em melhores condições de higiene".[7] Existe diferença, portanto, entre um aborto clandestino e um aborto inseguro, conforme explica o ginecologista e obstetra Jefferson Drezett:

> O aborto clandestino não é necessariamente inseguro. Ele pode ser feito em clínicas clandestinas porém com todas as condições de higiene, por médicos treinados, quando a mulher tem dinheiro para pagar. A diferença entre as chances de morrer em um aborto inseguro e apenas clandestino é de 1.000 vezes. Então acaba se criando uma desigualdade social, uma perversidade, porque uma mulher que tem um nível socioeconômico bom, as mulheres dos melhores bairros da cidade de SP, têm acesso a clínicas clandestinas, que não são legalizadas mas são seguras. Esse aborto pode custar mais de 2 mil dólares. Enquanto um aborto inseguro pode custar 50 reais.[8]

Essa diferença, evidencia que a criminalização do aborto afeta de forma diferente mulheres ricas e pobres. É o que também podemos perceber ao observar o caso de Marta[9], que em 2013 realizou um aborto e mais tarde foi levada para o hospital. Lá, a médica que a atendeu, além de ministrar os cuidados médicos necessários diante da situação de abortamento, também fez um telefonema para a polícia. E, assim, Marta tornou-se ré em um processo penal:

> A primeira folha do processo diz que Marta "provocou aborto em si mesma" e isso basta para condená-la, já que a prática é crime

[7] Disponível em: http://www.redeblh.fiocruz.br/media/painelmulher.pdf

[8] Entrevista com Jefferson Drezett, publicada em Pública — Agência de Reportagem e Jornalismo Investigativo: <http://apublica.org/2013/09/um-milhao-de-mulheres/>.

[9] Nome fictício.

previsto pelo artigo 124 do Código Penal. Mas quem seguir lendo os autos saberá que Marta tinha 37 anos, era mãe solteira de 3 filhos pequenos (com idades entre um e seis anos de idade), vinha de um histórico de abandono por parte dos pais das crianças (inclusive o da gravidez que interrompeu) e estava desempregada quando, em 2010, em um ato de desespero, comprou um remédio abortivo de uma prostituta por 250 reais, tirados de sua única fonte de sobrevivência — a pensão da filha. Descobrirá também que Marta é pobre, só completou o primeiro grau, e que morava com os filhos em um bairro afastado de São Paulo quando, três dias após introduzir o remédio na vagina (de forma incorreta, já que não tinha a quem pedir orientação), ainda não havia parado de sangrar e de sentir fortes dores, e por isso procurou o pronto atendimento de um hospital público de seu bairro.[10]

Marta realizou um aborto; pela legislação brasileira, um crime com pena cominada de até três anos de detenção. Para outras muitas mulheres, no entanto, a pena é de morte. Segundo a Federação Internacional de Planejamento Familiar,[11] 70 mil mulheres morrem anualmente em decorrência de abortos inseguros e 96% dessas mortes acontecem em países em desenvolvimento.[12] Nos Estados Unidos, por exemplo, onde o aborto é legalizado, a prática quase nunca leva a óbito. Em 2011, a taxa de mortalidade era de 0,27 a cada 100 mil mulheres que abortavam.[13] Só para se ter uma ideia, a taxa de mortalidade no parto é de 17,8 a cada 100 mil parturientes norte-americanas, e há duas vezes mais complicações em procedimentos de remoção do siso do que em abortos.[14]

---

[10] Disponível em: <http://apublica.org/2013/09/um-milhao-de-mulheres/>.

[11] Disponível em: <http://www.bbc.com/portuguese/reporterbbc/story/2007/05/070530_abortodb.shtml>.

[12] Disponível em: <http://www.bbc.com/portuguese/reporterbbc/story/2007/05/070530_abortodb.shtml>.

[13] Disponível em: <http://www.vox.com/a/abortion-statistics-opinions-2016/poll>.

[14] Ibidem.

Se a vida de mulheres é posta em risco com a criminalização do aborto, poderíamos pensar, então, que a "vida" que a lei penal tenta proteger é a do feto. Ocorre que, como vimos, a lei não impede que as mulheres abortem, apenas a força a recorrer à clandestinidade. Mais do que isso, a criminalização parece contribuir para manter as taxas de abortamento elevadas. Na América Latina, apenas quatro países permitem a prática do aborto: Guiana, Porto Rico, Cuba e Uruguai. Segundo um estudo do Instituto Guttmacher e da Organização Mundial da Saúde divulgado em 2012,[15] apesar da proibição na maior parte da região latino-americana, a taxa de abortamento é de 32 a cada 100 mil mulheres. Na América do Norte, onde a prática não é criminalizada, a taxa é de 19 a cada 100 mil. Lá, menos de 0,5% dos abortos são inseguros; na América Latina, essa taxa chega a 95%.[16] O estudo concluiu que a criminalização do procedimento não necessariamente implica a diminuição de sua prática.[17] Jefferson Drezett faz coro com essas conclusões: "não há como negar que temos aí um problema grave de saúde pública e que a lei proibitiva não tem impedido que as mulheres abortem, mas tem se mostrado muito eficaz para matar essas mulheres".[18]

No Uruguai, onde o aborto foi legalizado em outubro de 2012, os índices de mortalidade materna em decorrência de abortos inseguros chegavam a 30% desde a década de 1990.[19] Em 2013, porém, nenhuma morte foi registrada.[20] A mulher que inicia o processo de aborto no Uruguai é acompanhada por uma equipe de profissionais formada por um ginecologista, um assistente social e um psicólogo e tem cinco dias para decidir

---

[15] Disponível em: <http://exame.abril.com.br/mundo/noticias/america-latina-tem-maior-taxa-de-aborto-apesar-de-proibicao>.

[16] Ibidem.

[17] Ibidem.

[18] Disponível em: <http://apublica.org/2013/09/um-milhao-de-mulheres/>.

[19] Disponível em: <http://revistaforum.com.br/digital/especial/uruguai-referencia-esquerda/>.

[20] Ibidem.

se, de fato, deseja realizar o procedimento.[21] No primeiro ano, a taxa de desistência foi de 9%,[22] e entre dezembro de 2013 e novembro de 2014, o número de desistências aumentou 30%.[23] Nesse ano, o país teve a terceira menor taxa de abortamento do mundo, enquanto nós permanecíamos entre os sete países com os maiores índices de prática de aborto.[24]

Já que propomos um debate honesto, é indispensável que perguntemos: se a criminalização não serve para proteger nenhuma vida — seja a da mulher, seja a do feto —, se não serve para impedir que abortos aconteçam, serve para quê?

Pró-regulação do corpo da mulher

É comum acharmos que a legalização ou a proibição do aborto se resume à discussão sobre "onde começa a vida" e, dependendo da resposta a essa pergunta, a pessoa está de um lado ou do outro. A biologia nos oferece um leque de possibilidades para responder a essa indagação, entre elas: com a fecundação, a nidação, o início da atividade neurológica, a viabilidade de sobrevivência fora do útero, o nascimento, o momento da primeira respiração. Então, qual desses — ou outros — marcos temporais devemos eleger como o momento em que começa a vida? Judith Jarvis Thomson, em *A Defense of Abortion*, afirma que qualquer uma dessas escolhas seria arbitrária:

> É requerido de nós que levemos em conta que o desenvolvimento do ser humano da concepção, passando pelo nascimento, até a infância é contínuo; então nos é dito que traçar um limite, que escolher um ponto nesse desenvolvimento e dizer "antes desse

---

[21] Ibidem.

[22] Ibidem.

[23] Disponível em: <http://www.revistaforum.com.br/2015/03/30/apos-legalizacao-desistencia-de-abortos-cresce-30-no-uruguai/>.

[24] Disponível em: <http://www.republica.com.uy/tercero-en-el-mundo/501982/>.

> ponto é uma coisa, não uma pessoa, depois desse ponto é uma pessoa" é uma escolha arbitrária, uma escolha para a qual não se pode achar nenhuma boa razão na natureza das coisas. Conclui-se que o feto é, ou que devemos dizer que é, uma pessoa desde o momento da concepção. Mas essa conclusão não tem cabimento. Coisas semelhantes podem ser ditas sobre a transformação de nozes em carvalhos, mas não faz sentido dizer que nozes são carvalhos, ou que devemos dizer que são. Argumentos desse tipo são chamados às vezes de "argumentos bola de neve" — a expressão talvez seja autoexplicativa — e é alarmante que os opositores do aborto se baseiem neles de maneira tão profunda e acrítica.[25]

Colocado o problema, alguns certamente se sentirão impelidos a considerar que a vida realmente começa na fecundação, por ser a escolha, digamos, menos arriscada. No entanto, devemos levar em consideração que, além do direito à vida do nascituro que se tenta proteger, existe uma pessoa — essa sim, pessoa sem sombra de dúvida — que tem direitos como liberdade, dignidade, autonomia. Por que, entre todos esses marcos temporais, escolher justamente o que impossibilita por completo que os direitos dessa pessoa, a mulher, sejam respeitados? O problema é que não podemos esperar das pessoas que defendem a criminalização do aborto algum tipo de empatia em relação à mulher. Por ora, estão completamente empenhadas na defesa do embrião. "'Meu corpo, minhas regras nada', a vida que está ali não é sua", dizem.

Apesar de se tratar de um ser inteiramente distinto, com um código genético diferente do da mãe, é certo que, até nascer, o feto é completamente dependente do corpo da mulher. Levando isso em consideração, a mulher deveria ser obrigada a levar a cabo uma gestação que não deseja? Thomson propõe, então, uma reflexão na forma de uma situação imaginária:

[25] Thomson, 1971.

> Você acorda de manhã e se vê conectado a um violinista inconsciente. Um violinista famoso inconsciente. Descobriu-se que ele tem uma doença renal fatal, e a Sociedade dos Amantes da Música pesquisou todos os registros médicos disponíveis e descobriu que você é o único com o tipo sanguíneo certo para ajudá-lo. Eles, então, sequestraram você e na noite anterior o sistema circulatório do violinista foi ligado ao seu, para que seus rins possam ser usados para filtrar o sangue dele, além do seu. O diretor do hospital lhe diz: "Olha, sentimos muito que a Sociedade dos Amantes da Música tenha feito isso com você — nós não teríamos permitido, se soubéssemos. Mas eles o fizeram, e o violinista está ligado a você agora. Desconectá-lo significaria matá-lo. Mas não se preocupe, é apenas por nove meses. Até lá ele terá se recuperado de sua doença e poderá ser desconectado de você de forma segura." Você está moralmente obrigado a concordar com essa situação? Sem dúvida seria muito legal se você concordasse, uma grande bondade. Mas você tem que concordar?[26]

Essa narrativa nos leva a refletir ainda mais sobre o assunto, com conjunturas mais próximas da realidade. Digamos, por exemplo, que uma criança de cinco anos precise de uma doação de sangue ou medula e o pai seja o único compatível. A vida do filho depende disso e é certo que a recusa do pai terá como consequência a morte da criança. Nessa situação, o pai é obrigado a realizar o procedimento médico? Sem dúvida a decisão de um pai de não fazer isso por um filho seria moralmente questionável. Mas, juridicamente, ele não é obrigado a fazê-lo. Ou seja, ele não pode ser amarrado em uma cama, anestesiado e submetido a um transplante de medula óssea contra sua vontade, por exemplo. Sua recusa também não servirá de motivação para que sofra persecução penal. Um homem não é sequer obrigado a oferecer seu material genético — ou seja, sua saliva — para que uma criança possa ter o direito de reconhecimento

[26] Ibidem.

de paternidade. Até mesmo morto o homem tem o direito à integridade física respeitada, como lembra Natália Monteiro:

> Imagina se uma criança tem um problema renal e está prestes a morrer. O único compatível para a doação de rim é o seu pai e que, por mais que todos os seus parentes apelem para que ele doe o rim, ele não doa. E ninguém pode obrigá-lo a isso. Inclusive, mesmo se o pai morrer, não podem tirar o rim do seu corpo morto a não ser que ele deixe isso claro antes de falecer.
>
> Estamos falando de uma vida complexa e com consciência de si. Com uma rede de laços afetivos. E mesmo assim, caso o pai se negue, ninguém pode encostar em seu corpo, nem mexer em um fio de seu cabelo, mesmo que isso custe a vida de seu filho. (...)
>
> Um feto, sem consciência de si, sem rede de laços afetivos, sem ser vida humana, não pode ser abortado porque isso seria negar a ele a vida. Mas um pai pode negar a vida a um ser humano completo em suas faculdades. E até um morto tem mais direitos sobre o próprio corpo que uma mulher.[27]

Alguns podem até pensar que a analogia com o violinista não é válida, porque a pessoa que foi conectada não fez nada para se colocar naquela situação. Seria o caso, por exemplo, da mulher que foi estuprada e engravidou do estuprador. Nos outros casos, no entanto, a mulher tem *culpa*, ela foi irresponsável. Mas podemos adaptar a analogia inclusive para os outros casos. Digamos, por exemplo, que por descuido próprio — não tendo sido sequestrada pela Sociedade dos Amantes da Música —, a pessoa tenha sido ligada ao sistema circulatório do violinista. Ainda assim, a pessoa não aceitou voluntariamente ajudar ninguém, então, ao perceber que está com o sistema circulatório conectado ao de outra pessoa, ela seria obrigada a aceitar essa situação? Imaginemos que essa pessoa, sabendo do estado de saúde do violinista, tenha compaixão e

[27] Monteiro, 2016.

aceite se submeter a essa situação. Passadas algumas semanas, porém, ela muda de ideia por causa de uma circunstância qualquer. Essa pessoa seria obrigada a continuar conectada ao violinista até a recuperação dele? Acreditamos que em ambos os casos a resposta é negativa.

Esse argumento que clama pela culpabilização da mulher também ignora o fato de que métodos contraceptivos falham, desconsidera a falta de informação disponível sobre seu uso — principalmente considerando o grande tabu que é para uma mulher conversar sobre sexo —, além de atribuir toda a responsabilidade pela prevenção à mulher. Por exemplo, não é toda família que conversa sobre como prevenir uma gravidez com as filhas, menos ainda as que se dispõem a entregar uma cartela de pílula anticoncepcional a elas. Se falar sobre menstruação já é complicado, imagine sexo. Apesar de a internet facilitar e muito o acesso das jovens à informação sobre métodos contraceptivos, ir ao ginecologista ou a uma farmácia pedir uma cartela de pílula não é algo que meninas adolescentes façam sem uma certa dose de constrangimento. Imagine que, em uma cidade pequena, fazer isso signifique que no outro dia seus pais ou seus colegas da escola estarão sabendo. Se a menina pergunta sobre métodos anticoncepcionais, "é porque está transando", dizem. Os comentários na escola começam, chegam aos pais, e a menina é repreendida. Além disso, temos que levar em consideração também o custo e, portanto, a acessibilidade dos métodos contraceptivos, mesmo no SUS, além das falhas decorrentes do uso incorreto do método contraceptivo — o que nem sempre se deve à mulher, como, por exemplo, no caso das camisinhas masculinas ou do posicionamento incorreto de um DIU colocado por um médico. Prevenir uma gravidez não é tão simples como os defensores da criminalização afirmam ser. Mas como eles saberiam? A maioria desses defensores são homens.[28]

---

[28] A pesquisa de opinião pública "Mulheres Brasileiras e Gênero nos Espaços Público e Privado" revelou que 52% dos homens entrevistados acham que a mulher deva ser punida por ter realizado um aborto. Com relação às mulheres, o índice é de 48%.

Quando falamos em autonomia para decidir sobre o próprio corpo, estamos falando de um direito, visto de uma perspectiva individual e como uma questão de saúde pública, que deve ser assegurada qualquer que seja o caso, inclusive se a gravidez tiver sido resultado de uma relação sexual desprotegida. Por exemplo, o direito à saúde existe para alguém que procure tratamento para um câncer, mesmo que esse câncer tenha sido causado pelo tabagismo, ou para a AIDS, ainda que a contaminação tenha se dado pela negligência no uso de preservativo em uma relação sexual. No entanto, se uma mulher chega a um hospital precisando de cuidados médicos por estar em situação de abortamento, imediatamente os dedos apontam para culpá-la pelo próprio sofrimento. Esses dedos nunca se viram na direção do pai.

Vejamos, portanto, a situação que temos diante de nós a partir das reflexões sobre o caso do violinista: quando a vida do indivíduo depende exclusivamente da mulher, uma vez que somente ela pode carregar uma criança no ventre durante a gestação, a vida é um direito assegurado, e a mulher tem a obrigação de mantê-la mesmo contra a sua vontade; mas, a partir do momento em que o homem também pode se responsabilizar por manter a vida, por ocasião do nascimento da criança, essa obrigação repentinamente deixa de existir. Levando isso em conta, não é exagero dizer que o feto tem mais direito à vida que uma criança já nascida. Certamente podemos concluir também que o embrião tem mais proteção jurídica do que uma mulher.

O Direito, portanto, é moldado para melhor atender à conveniência do homem. A criminalização do aborto não serve para salvar vidas, nem de crianças nem de mulheres, mas tem uma função: controlar nosso corpo. Essa temática foi extensivamente abordada por Foucault nos conceitos de biopoder e biopolítica como mecanismos de controle de massa. O que nos interessa, no momento, é ressaltar que o controle da autonomia reprodutiva feminina é uma extensão do controle da nossa sexualidade:

> Se a sexualidade foi importante, foi por uma porção de razões, mas em especial houve estas: de um lado, a sexualidade, enquanto comportamento exatamente corporal, depende de um controle disciplinar, individualizante, em forma de vigilância permanente; e depois, por seus efeitos procriadores, em processos biológicos amplos que concernem não mais ao corpo do indivíduo mas a esse elemento, a essa unidade múltipla constituída pela população. A sexualidade está exatamente na encruzilhada do corpo e da população. Portanto, ela depende da disciplina, mas depende da regulamentação.[29]

A repressão, o controle e a domesticação dos corpos se faz visível, no que tange especificamente à mulher, "quando se fala em reprodução, contracepção e, principalmente, do aborto e sua criminalização".[30] Consideradas inferiores ao homem, a sexualidade das mulheres sempre foi objeto de controle. "Todo o pensamento ideológico, historicamente construído, nas mais diferentes épocas, sempre serviu aos mecanismos de controle do corpo e da sexualidade da mulher",[31] e o Direito, como produto cultural, não poderia estar alheio a isso. Aliado à maternidade compulsória, o controle do corpo, que retira a autonomia da mulher em diversos níveis, se traduz também em normas que criminalizam o aborto.

Nesse sentido, não podemos deixar de mencionar a enorme influência, no nosso Poder Legislativo, da religião, que se desloca cada vez mais do espaço privado de exercício da fé para o espaço público de tomada de decisões. O maior exemplo disso é a "Bancada Evangélica" no Congresso Nacional. Nas eleições de 2014, o número de pastores candidatos cresceu 40% em relação às eleições de 2010.[32] A linha que separa o Estado laico

[29] Foucault, 2000, p. 300 *apud* Emmerick, 2007, p. 61.

[30] Emmerick, 2007, p. 62.

[31] Ibidem, p. 66.

[32] Disponível em: <http://eleicoes.uol.com.br/2014/noticias/2014/07/29/eleicoes-terao-270-pastores-21-bispos-e-16-padres.htm>.

da religião se torna cada vez mais nebulosa. No ano de 2016, a Frente Parlamentar Evangélica contava com noventa parlamentares — um deles, Eduardo Cunha, presidente da Câmara dos Deputados, expôs publicamente que todos os projetos que visassem à descriminalização do aborto não seriam postos para votação: "Aborto e regulação da mídia só serão votados passando por cima do meu cadáver",[33] disse. Considerado o mais conservador desde 1964, ano do golpe militar, o Congresso tem feito os projetos de lei progressistas, incluindo, claro, as pautas feministas, enfrentarem diversas barreiras. Além dos entraves à conquista de direitos, lidamos também com uma ofensiva contra os direitos já conquistados. É o caso, por exemplo, do Projeto de Lei nº 5.069/2013, que restringe ainda mais o acesso ao aborto legalizado ao mudar o conceito legal de violência sexual, exigindo comprovação da violência sofrida por meio de boletim de ocorrência e exame de corpo de delito, entre outras alterações que dificultam e, podemos dizer, até mesmo desencorajam as mulheres a procurar atendimento médico em casos de abortamento e ter acesso ao aborto nos casos que a legislação permite. Assim, a Bancada Evangélica e todos os setores conservadores do Legislativo brasileiro agem para controlar nossos corpos, fazendo com que o Estado endosse concepções morais religiosas, transformando-as em lei. Longe de serem "pró-vida", são "pró-regulação do corpo feminino".

O que é realmente ser "pró-vida"

Ser a favor do aborto, apesar da propaganda antifeminista, não quer dizer que defendemos que abortos aconteçam, que promovemos eugenia, que odiamos crianças. Também não quer dizer que defendemos o aborto em qualquer hipótese. Além do oportunismo em querer retratar feministas como megeras, a desinformação conta com a dificuldade de

[33] Disponível em: <http://noticias.uol.com.br/politica/ultimas-noticias/2015/10/19/bancada-evangelica-cresce-e-mistura-politica-e-religiao-no-congresso.htm>.

se entender a diferença entre defender o aborto e defender a descriminalização do aborto.

É possível ser contra o aborto e ser a favor da sua descriminalização. Parece contraditório, mas é simples. Se perguntarmos se você faria um aborto, o que você diria? Se nunca faria um aborto, seja por motivos religiosos, seja por pura convicção de que é moralmente errado, você, obviamente, tem todo o direito de não abortar. Além disso, deve ter o direito ao pré-natal, a acompanhamento médico e a um parto humanizado. No entanto, se você acha que, dependendo das circunstâncias, faria um aborto, estamos lutando por esse direito. Trata-se, portanto, de dar à mulher o direito de escolha. Ainda que você tenha sido contra o aborto, mesmo que acredite que nenhuma mulher deva realizar um aborto, você acha que as mulheres que o fazem devem ser presas? Se sua resposta for não,

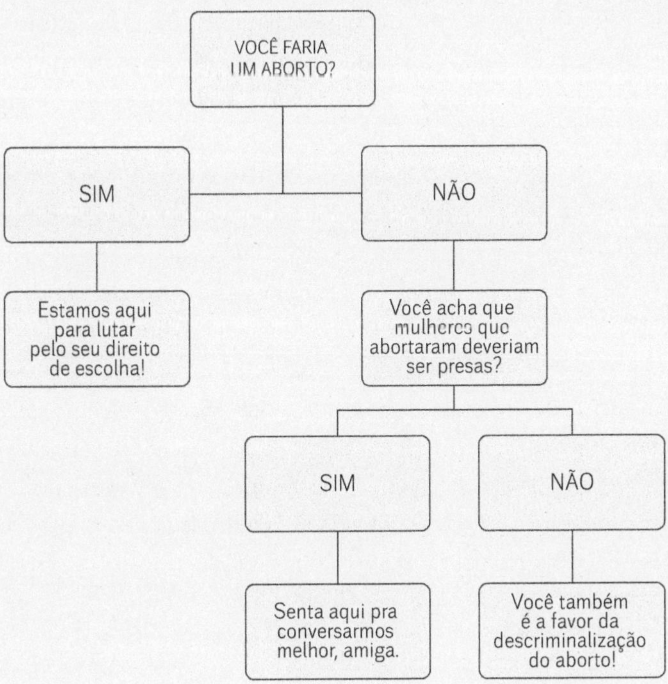

além de ser contra o aborto, você é também contra a criminalização do aborto. Ou seja, você quer que as mulheres que fizeram um aborto tenham acesso a acompanhamento médico e psicológico.

Então, se você acha que essas mulheres não devem ser presas e, assim, o aborto não deve ser criminalizado, por consequência, isso significa que fazer um aborto deveria ser permitido. Se você acha que as mulheres não devam abortar, e agora? Já esclarecemos que a criminalização não impede que abortos aconteçam, então, se a ideia é prevenção, devemos buscar outras alternativas. Mas também não podemos ignorar que mesmo assim existirão mulheres que vão optar por realizar um aborto, e você terá que entender que sua opinião sobre o tema não pode se sobrepor à escolha dela.

Ser a favor da descriminalização do aborto ou da legalização do aborto significa defender que as mulheres têm o direito de fazer essa escolha, e que o Estado só deve interferir para dar suporte a essa decisão, seja disponibilizando clínicas seguras e gratuitas para que a interrupção da gravidez seja realizada, seja dando suporte médico também durante a gestação e depois. A mulher, mais do que ninguém, sabe das suas próprias dificuldades, dos seus limites, enfim, da sua própria vida, portanto, é dela a decisão. À sociedade, cabe dar apoio, e não julgamentos morais.

Mas e as pessoas que acham que as mulheres que fazem um aborto devem ir mesmo para a cadeia? Essas certamente não podem ser ignoradas, afinal, o aborto é criminalizado justamente com o apoio desses indivíduos. Vamos supor que essas pessoas sejam minimamente racionais, e não apenas desejem que as mulheres apodreçam na cadeia. O que elas querem, no fundo, é que os direitos do nascituro sejam assegurados e que a pena seja somente o resultado do descumprimento de uma norma que busca proteger esse direito, o da vida. É "o outro lado da balança", como lembra o constitucionalista Daniel Sarmento:

> Sem embargo, é certo que, do outro lado da balança, existe uma justa e legítima preocupação com a vida do embrião. Embora haja

ampla discordância sobre como qualificar a situação jurídica e moral do nascituro, é indiscutível que não se deve desconsiderar este importantíssimo elemento no equacionamento do tratamento legal a ser dado para o caso. Portanto, se não parece correto ignorar os direitos da mulher na fixação da solução normativa para este grave e delicado problema — como fez o legislador de 1940 —, tampouco o seria negligenciar os valores concernentes à vida do embrião ou feto. Neste ponto, o entendimento que vem prevalecendo nas decisões dos Tribunais Constitucionais de todo o mundo é o de que a vida do nascituro é protegida pela Constituição, embora não com a mesma intensidade com que se tutela o direito à vida das pessoas humanas já nascidas. E, por razões de ordem biológica, social e moral, tem-se considerado também que o grau de proteção constitucional conferido à vida intrauterina vai aumentando na medida em que avança o período de gestação.[34]

"Mas estamos falando de pequenas crianças indefesas, e até mesmo elas têm o direito à vida", dirão. Lembra quando falamos dos apelos sentimentais que permeiam a discussão sobre o aborto? Aqui, porém, vamos nos ater a uma discussão séria sobre o assunto. Daniel Sarmento salientou que a proteção jurídica ao nascituro não pode se dar com a mesma intensidade da proteção jurídica conferida a uma pessoa. Aliás, "ter vida" significa ser uma pessoa?

Diversos seres "têm vida", nem por isso a proteção jurídica à vida nos impede de comê-los no jantar todos os dias. Mas, além de os nascituros serem seres vivos, dirão, a diferença está no fato de serem seres humanos.[35] Ainda segundo Daniel Sarmento:

---

[34] Sarmento, 2005.

[35] Lembra que no começo do texto falamos que o "direito à vida" ainda assume um discurso ancorado numa perspectiva metafísica? Aqui, isso se torna evidente. Se antes a defesa da criminalização do aborto se dava pelo feto ter "alma", aqui isso se dá por existir uma "humanidade intrínseca" àquele ser humano em potencial, que o faz valioso, único.

> O primeiro direito humano é o que cada indivíduo tem de ser tratado e considerado como pessoa, um verdadeiro "direito a ter direitos", se quisermos tomar emprestado a célebre fórmula arendtiana.
>
> Neste ponto, cumpre esclarecer que falar em vida humana e em pessoa humana não é a mesma coisa. Indiscutivelmente, o embrião pertence à espécie *homo sapiens*, sendo, portanto, humano (...). Não obstante, não é o feto ainda pessoa. É pessoa *in fieri*, pessoa potencial, mas ainda não é pessoa (...).[36]

É o que também constata Peter Singer quando diz que "arrancar uma bolota de carvalho em germinação não é o mesmo que derrubar um venerável carvalho. Colocar um frango vivo dentro de uma panela com água fervente seria muito pior do que fazer o mesmo com o ovo. O príncipe Charles é rei da Inglaterra em potencial, mas, no momento, não tem os direitos de um rei".[37]

A própria legislação nacional reconhece a diferenciação entre pessoa e pessoa em potencial. O Código Civil afirma, no art. 2º, que "a personalidade civil da pessoa começa do nascimento com vida; mas a lei põe a salvo, desde a concepção, os direitos do nascituro". Veja bem, não afirma que a personalidade civil começa desde a concepção. A legislação penal também faz essa distinção, que o meu amigo secreto agora pode aprender, por exemplo, quando analisado o crime de aborto e de homicídio:

> A ideia de que a proteção à vida do nascituro não é equivalente àquela proporcionada após o nascimento já está presente, com absoluta clareza, no ordenamento brasileiro. É o que se constata, por exemplo, quando se compara a pena atribuída à gestante pela prática do aborto — de 1 a 3 anos de detenção (art. 124 do Código Penal) —, com a sanção prevista para o crime de homicídio

36 Sarmento, 2005.

37 Singer, 2002, p. 163.

simples, que deve ser fixada entre 6 e 20 anos de reclusão (art. 121 do mesmo Código).[38]

Contudo, meu amigo secreto poderia pensar, apesar de o nascituro não ter "personalidade civil", a lei ainda assim lhe confere direitos, está escrito no Código Civil, e o direito à vida é um direito básico! Ocorre que essa é, primordialmente, uma discussão sobre direitos constitucionais: de um lado, o direito à vida do nascituro (art. 5º, *caput*, da CF) e, do outro, o direito à vida da mulher, o direito à dignidade da pessoa humana (art. 1º, III, da CF), o direito à liberdade (art. 5º, *caput*, da CF), entre outros. A legislação ordinária é que deve ser interpretada segundo esses mandamentos constitucionais, não o contrário. Dessa forma, como bem-posto pelos juristas J.J. Gomes Canotilho e Vital Moreira:

> A Constituição não garante apenas o direito à vida, enquanto direito fundamental das pessoas. Protege igualmente a própria vida humana, independentemente dos seus titulares, como valor ou bem objectivo (...). Enquanto bem ou valor constitucionalmente protegido, o conceito de vida humana parece abranger não apenas a vida das pessoas mas também a vida pré-natal, ainda não investida numa pessoa (...). E seguro, porém, que (a) o regime de protecção da vida humana, enquanto simples bem constitucionalmente protegido, não é o mesmo que o direito à vida, enquanto direito fundamental das pessoas, no que respeita à colisão com outros direitos ou interesses constitucionalmente protegidos (*v.g.*, saúde, dignidade, liberdade da mulher, direitos dos progenitores a uma paternidade e maternidade consciente); (b) a protecção da vida intrauterina não tem que ser idêntica em todas as fases do seu desenvolvimento, desde a formação do zigoto até o nascimento; (c) os meios de protecção do direito à vida — designadamente os instrumentos penais — podem mostrar-se

[38] Sarmento, 2005.

> inadequados ou excessivos quando se trate de protecção da vida intra-uterina.[39]

Sendo assim, apesar de levarmos em consideração os direitos do nascituro, não podemos fechar os olhos aos direitos da mulher. Isso significa que à mulher deve ser assegurado o direito à interrupção da gravidez em local seguro, atendimento social e psicológico até determinado período da gestação e, desse momento em diante, a proteção jurídica ao nascituro é assegurada. É esse entendimento — "que reconhece a tutela constitucional da vida intra-uterina, mas atribui a ela uma proteção mais débil do que a concedida à vida extrauterina"[40] — que tem prevalecido nas decisões de diversas cortes constitucionais do mundo. Ou seja, a solução encontrada foi achar um meio-termo que fizesse valer tanto os direitos da mulher quanto os do nascituro. No Brasil, apesar de termos assegurados direitos constitucionais que serviram de base para a fundamentação da decisão desses tribunais pela legalização do aborto, o Estado ainda nos nega o reconhecimento dos nossos direitos. Queremos, portanto, que o "direito à vida" leve em consideração todas as vidas envolvidas.

Referências

Agência Pública. "Clandestinas: retratos do Brasil de 1 milhão de abortos clandestinos por ano". Disponível em: <http://ultimosegundo.ig.com.br/brasil/2013-09-20/clandestinas-retratos-do-brasil-de-1-milhao-de-abortos-clandestinos-por-ano.html>. Acesso em: 5 dez. 2013.

FOUCAULT, Michel. *Em defesa da sociedade. Curso no Collège de France (1975-1976).* São Paulo: Martins Fontes, 2000.

EMMERICK, Rulian. *Corpo e poder:* um olhar sobre o aborto à luz dos direitos humanos e da democracia. Rio de Janeiro: PUC, 2007. 199 pp. Dissertação (Mestrado em Direito).

[39] Canotilho; Moreira *apud* Sarmento, 2005.

[40] Sarmento, 2005.

MONTEIRO, Natália. "Aborto: proteção da vida?". Disponível em: <https://medium.com/@natalia.mmachado2/imagina-se-uma-crian%C3%A7a-tem-um-problema-renal-e-est%C3%A1-prestes-a-morrer-8f90eb98198c#.hl8qb6dou>. Acesso em: 1º mar. 2016.

Painel Temático: Saúde da Mulher. Disponível em: <http://www.fiocruz.br/redeblh/media/painelmulher.pdf>. Acesso em: 25 nov. 2013.

PEIXOTO, Francisco Davi Fernandes. "A ineficácia jurídica e econômica da criminalização do aborto". Disponível em: <http://www.conpedi.org.br/manaus/arquivos/anais/bh/francisco_davi_fernandes_peixoto2.pdf>. Acesso em: 25 nov. 2013.

SARMENTO, Daniel. "Legalização do aborto e Constituição". 28 jul. 2005. Disponível em: <http://pfdc.pgr.mpf.mp.br/atuacao-e-conteudos-de-apoio/publicacoes/direitos-sexuais-e-reprodutivos/aborto/legalizacao_do_aborto_e_constituicao_daniel_sarmento.pdf>. Acesso em: 4 mar. 2016.

SINGER, Peter. *Ética prática*. 3. ed. São Paulo: Martins Fontes, 2002.

THOMSON, Judith Jarvis. "A Defense of Abortion". *Philosophy & Public Affairs*, v. 1, n. 1, 1971. Disponível em: <http://spot.colorado.edu/~heathwoo/Phil160,Fall02/thomson.htm>. Acesso em: 2 mar. 2016.

Cultura do estupro: uma forma de violência simbólica

#MeuAmigoSecreto diz que mulher feia deveria ficar agradecida por ter sido estuprada e que seu estuprador não merece cadeia, merece um abraço.

"Eu não mereço ser estuprada." Uma mensagem simples, óbvia e direta. Essa frase virou lema de uma campanha em 2014 em resposta à pesquisa "Tolerância social à violência contra a mulher",[1] do Ipea. Primeiramente, havia sido divulgado que 65% das pessoas entrevistadas haviam concordado com a afirmativa: "Mulheres que usam roupa que mostra o corpo merecem ser atacadas." O resultado dessa pesquisa foi amplamente divulgado, dando início a um debate muito necessário sobre a percepção social da violência contra a mulher. Com o debate, houve também muitas críticas. No meio da discussão, o Ipea anunciou um erro no dado divulgado, e o índice foi corrigido para 26%.[2]

A repercussão do erro minimizou o impacto da pesquisa e desviou o foco do debate, descreditando as pessoas que haviam a princípio se revoltado com o percentual divulgado. O assunto não foi: "que terrível que 26% das pessoas acreditem que as mulheres mereçam ser atacadas", mas sim "sabia que não eram 65%!". O problema passou a não ser considerado tão grave, apesar de 26% ainda ser um número significativo. Outro dado relevante (que não estava incorreto e não precisou ser corrigido) foi ofuscado: 58,5% das pessoas entrevistadas concordavam[3] com

---

[1] Disponível em: <http://www.ipea.gov.br/portal/images/stories/PDFs/SIPS/140327_sips_violencia_mulheres_novo.pdf>.

[2] Disponível em: <http://epoca.globo.com/tempo/noticia/2014/04/ipea-divulga-bcorrecaob-para-pesquisa-sobre-estupro.html>.

[3] 35,3% concordam totalmente e 23,2% concordam parcialmente. Ver: <http://www.ipea.gov.br/portal/images/stories/PDFs/SIPS/140327_sips_violencia_mulheres_novo.pdf>.

"MULHERES QUE USAM ROUPAS QUE MOSTRAM O CORPO MERECEM SER ATACADAS"

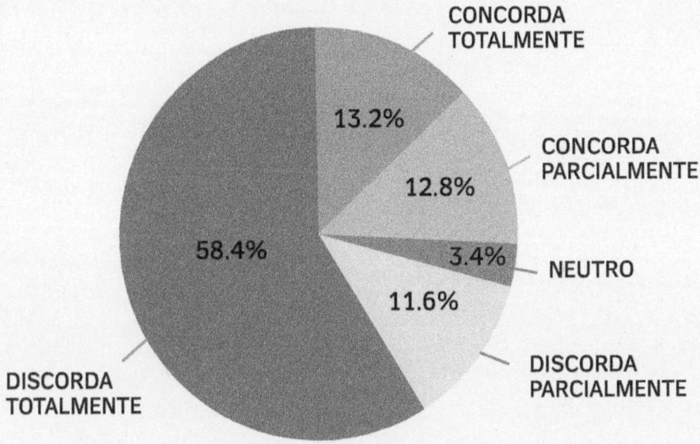

"SE AS MULHERES SOUBESSEM COMO SE COMPORTAR, HAVERIA MENOS ESTUPROS"

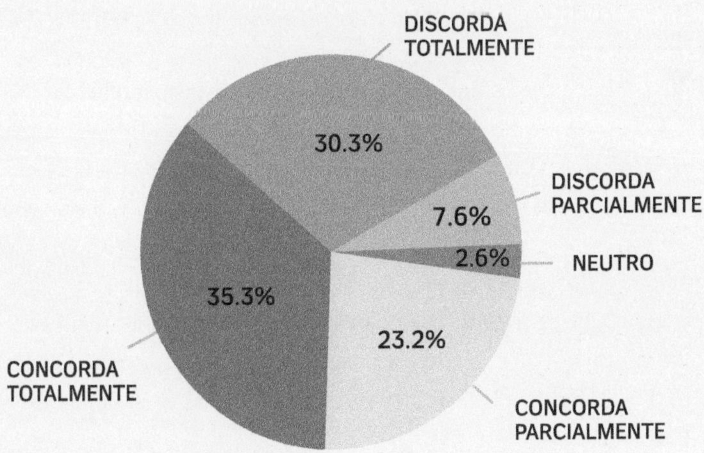

Ipea

a frase: "Se as mulheres soubessem como se comportar haveria menos estupro."

Então, a maioria das pessoas acredita que a mulher é responsável, de alguma forma, pelo próprio estupro. Chamamos isso de *culpabilização da vítima*, comportamento diretamente relacionado à cultura do estupro.

Afinal, o que é cultura do estupro?

Tendo como referência o conceito de violência simbólica de Bourdieu, que é definida como "violência suave, insensível, invisível a suas próprias vítimas, que se exerce essencialmente pelas vias puramente simbólicas da comunicação e do conhecimento",[4] consideramos que *cultura do estupro* pode ser definida como uma forma de violência simbólica que consiste na justificação, na tolerância ou no estímulo do estupro.

Vale ressaltar que, por ser uma forma de violência simbólica, a cultura do estupro não opera de maneira escancarada, mas de modo sutil. Isso não quer dizer, no entanto, que não seja perceptível e não tenha efeitos reais na sociedade. Podemos percebê-la em diversas ocasiões: em um discurso, uma propaganda, uma piada, no senso comum etc. Ou seja, a cultura do estupro se *materializa* de diversas formas e tem um impacto real (não somente simbólico).

Então, todas as vezes que ouvimos alguém dizer que "mulheres feias devem ficar agradecidas por terem sido estupradas", quando vemos uma cena de estupro em uma novela ser romantizada, quando vemos pessoas dizendo sobre uma mulher que foi estuprada que ela "estava pedindo", quando vemos pessoas justificando a ocorrência de um estupro com base nas roupas que a mulher estava usando ou no fato de ela estar bebendo, entendemos que se trata de exemplos da cultura do estupro. Para cada caso de violência brutal, como a que vemos repetidas vezes nos noticiários nacionais, existem milhares de casos de violências físicas menores e

[4] Bourdieu, 2014, p. 12.

mais milhares de violências que não são físicas, como numa pirâmide em cuja base está a violência simbólica e, aí também, a cultura do estupro.

Por não necessariamente se manifestar de forma abrupta e direta, surge o estranhamento diante do termo "cultura do estupro". Como se pode dizer que há uma cultura do estupro em uma sociedade na qual o estupro é criminalizado? Como se pode dizer que toleramos o estupro se ele está classificado como um crime hediondo? De fato, parece uma contradição. Mas isso não é um demonstrativo da inexistência da cultura do estupro, e sim da existência de um aparente paradoxo social.

Nossa análise, portanto, não se restringe a classificar os tipos de ações que são ou não materializações da cultura do estupro, mas também tem o objetivo de mostrar como a cultura do estupro, uma violência simbólica que consiste na justificação, na tolerância ou no estímulo do estupro, (co)existe em uma cultura que repudia criminalmente o estupro. Para desvendar esse paradoxo temos que levar em consideração o contexto social no qual estamos inseridos.

A cultura do estupro é uma cultura de violência contra a mulher

O feminicídio, o estupro e a violência doméstica são os exemplos mais palpáveis das violências que a mulher sofre. Mas são apenas a ponta de um iceberg, cuja parte submersa e que dá sustentação a tudo isso são violências sutis, naturalizadas e reproduzidas no senso comum.

No caso da violência doméstica, por exemplo, a maioria das pessoas ainda acredita que "em briga de marido e mulher não se mete a colher" e que "mulher que é agredida e continua com seu parceiro gosta de apanhar", ao mesmo tempo que, majoritariamente, defende a punição dos agressores.[5] Como pessoas defendem que não devemos "meter a colher" em uma briga de casal e ao mesmo tempo acreditam que devemos "meter

[5] Ipea. Disponível em: <http://www.ipea.gov.br/portal/images/stories/PDFs/SIPS/140327_sips_violencia_mulheres_novo.pd>.

a colher" para punir os agressores? Isso é apenas um paradoxo aparente. O mesmo ocorre com a cultura do estupro. Não é que as pessoas defendam com afinco e publicamente que o estupro deva existir e que estupradores são pessoas legais, mas, quando analisamos as nuances do imaginário social coletivo, vemos as contradições surgirem.

Uma pessoa pode até dizer que "homem que bate em mulher merece ser punido", mas, diante de um caso concreto, vai justificar a agressão dizendo que foi por ciúmes ou que a mulher merecia pois estava traindo o parceiro, vai mostrar o caso na televisão para a esposa e dizer que se ela fizer algo parecido, o mesmo vai acontecer com ela, vai fazer piada que mulher gosta de apanhar etc. Vemos isso se repetindo em outras situações. Por exemplo, quando dizem que "nenhuma mulher merece ser estuprada". Apesar de poucas pessoas de fato admitirem que mulheres devam ser estupradas, quando analisamos algum caso concreto de uma vítima real de estupro, vemos um padrão de pensamento muito difundido que culpabiliza a mulher, insinuando que ela mereceu ser estuprada por ter um comportamento descuidado, ou que não se tratou verdadeiramente de um estupro porque ela não gritou, porque o ato não deixou marcas, ou porque a vítima não resistiu.

Em uma pesquisa realizada nos anos 1980, Mary P. Koss, da Universidade do Arizona, entrevistou diversos universitários americanos e revelou dados relevantes sobre o tema. Ao serem perguntadas se já tinham estuprado alguém, poucas pessoas admitiram tê-lo feito. No entanto, quando a pergunta mudava para se já tinham coagido alguém a manter relações sexuais, prendendo a pessoa para tal, mesmo que o significado fosse o mesmo, o número de pessoas que responderam "sim" aumentou. Da mesma forma, mulheres reportam mais vitimizações quando não se utiliza expressamente a palavra "estupro".

Em 2014, outro estudo semelhante foi feito, analisando as atitudes dos universitários do sexo masculino em relação ao estupro.[6] Quase

---

[6] Disponível em: <http://online.liebertpub.com/doi/abs/10.1089/vio.2014.0022?journalCode=vio>.

um terço dos homens (31,7%) disse que, em uma situação em que não houvesse consequências, *forçariam* uma mulher a ter relações sexuais, enquanto 13,6% disseram que *estuprariam* uma mulher. No Brasil, a pesquisa "Violência contra a mulher no ambiente universitário", feita pelo Instituto Avon e pelo Data Popular, entrevistou 1.823 universitários de todo o país. Dos homens entrevistados, 2% admitiram espontaneamente ter cometido algum ato de violência contra uma mulher na universidade ou em festas acadêmicas, mas 38% reconheceram ter cometido atos de violência apresentados em uma lista fornecida pelos pesquisadores.[7] Essa pesquisa revelou, ainda, que 27% dos homens não consideram violência abusar de uma garota se ela estiver alcoolizada, 35% não consideram violência coagir uma mulher a participar de atividades degradantes como desfiles e leilões, e 31% não consideram violência repassar fotos ou vídeos das colegas sem a autorização delas.

Uma pessoa que diz que nunca estuprou uma mulher, mas "forçou uma a fazer sexo", não sabe o que é estupro. Uma pessoa que não considera violência abusar de uma mulher alcoolizada não sabe o que é estupro. Por vezes vemos homens que não sabem o que é consentimento e, ainda assim, poderiam facilmente afirmar que são a favor da punição de estupradores, sem nunca se reconhecem como tal.

Estupro como crime e como cultura

Então, não é exatamente porque o estupro é crime que a cultura do estupro deixa de existir. O direito, que é também um produto cultural, não é impermeável ao contexto no qual está inserido. A própria definição do que é estupro e a tipificação do crime na legislação brasileira passaram por diversas modificações ao longo do tempo.

No Código Filipino (1603), crime era confundido com pecado e daí nasceu a noção de honra e desonra que por muito tempo impregnou a

[7] Disponível em: <http://ced.ufsc.br/files/2015/12/Pesquisa-Instituto-Avon_.pdf>.

legislação concernente ao estupro. Ainda nessa época, prostitutas (estereótipo social de mulher sem honra) e escravas (que nem mesmo eram consideradas mulheres, mas fêmeas no sentido animalesco do termo) não tinham o direito de não ser estupradas, e as mulheres que tinham precisavam comprovar que foram "verdadeiramente forçadas". Somente em 1830, com o Código Penal do Império do Brasil, passou a haver previsão legal de pena de prisão de um mês a dois anos para quem estuprasse uma prostituta. A pena era de três a doze anos se a vítima fosse uma "mulher honesta".[8] Havia, ainda, a diferenciação entre estupro com cópula carnal ou não e a extinção da pena se o estuprador se casasse com a vítima (o que só foi retirado expressamente da lei brasileira em 2005!). O estupro estava elencado como um crime "contra a segurança da honra", assim como no Código Republicano de 1890, que acrescentou, ainda, o estupro como um crime contra a "honestidade das famílias". O Código Penal de 1940, em vigor atualmente, herdou toda essa lógica patriarcal. Somente em 2009 o estupro passou a ser um crime contra a dignidade sexual, e passou a ser reconhecido, na legislação, como um crime que tem como vítima a mulher, e não a honra do marido ou da família.

O direito não se resume à lei, mas os doutrinadores seguiam o mesmo caminho. Por exemplo, em comentário ao art. 213 do Código Penal, que trata de estupro, Damásio de Jesus, um renomado jurista, afirma:

> Não fica a mulher, com o casamento, sujeita aos caprichos do marido em matéria sexual, obrigada a manter relações com seu corpo, ou seja, o direito de se negar ao ato, desde que tal negativa não se revista de caráter mesquinho. Assim, sempre que a mulher não consentir na conjunção carnal, e o marido a obrigar ao ato, com violência ou grave ameaça, em princípio caracterizar-se-á o crime de estupro, desde que ela tenha justa causa para a negativa.[9]

[8] Havia previsão, ainda, do pagamento de um dote à ofendida.

[9] Jesus, 1993, p. 605 *apud* Streck, 1999, p. 87.

A obra na qual essa citação está incluída é de 1993. Em 1993 os livros jurídicos ensinavam que a mulher tinha que ter uma justificativa relevante para se negar a fazer sexo com o marido. Toda essa concepção de "mulher honesta", que foi "verdadeiramente forçada", da mulher como propriedade do homem — nesse caso, do marido — ainda perdura.

É de 1757 a frase do jurista Pierre-François Muyart de Vouglans: "O estupro pode ser cometido contra todo tipo de pessoa do sexo feminino... é punido com maior ou menor rigor dependendo da qualidade da vítima."[10] Essa frase poderia ter sido dita em 2016. O status da vítima e do agressor é determinante para diferenciar os casos que vão ser esquecidos, justificados e tolerados e os que terão maior repercussão social e despertarão clamor público pela punição do crime.

Dessa forma, somente em alguns casos a vítima será tratada como vítima e o estuprador receberá o rótulo de criminoso. Isso não é uma particularidade do estupro, mas uma característica do sistema penal. Becker, ao estudar a sociologia do desvio, percebe que um ato é ou não desviante dependendo de como outras pessoas reagem a ele.[11] Nem sempre o fato de a pessoa ter infringido uma regra "significa que outros reagirão como se isso tivesse acontecido".[12] E, principalmente, "o grau em que um ato será tratado como desviante depende também de quem o comete e de quem se sente prejudicado por ele. Regras tendem a ser aplicadas mais a algumas pessoas que a outras".[13] No caso do estupro, percebemos isso com bastante nitidez: o que menos importa é, de fato, o estupro. O que está em julgamento são os sujeitos envolvidos.

Em 2015, um caso emblemático ocupou os noticiários nacionais. Quatro meninas, com idades entre 15 e 17 anos, saíram para tirar fotos em um ponto turístico um pouco distante da zona urbana da cidade de Castelo do Piauí. Lá, foram rendidas por um homem adulto e quatro

---

[10] Vigarello, 2001, p. 17.

[11] Becker, 2008, p. 24.

[12] Ibidem, p. 24.

[13] Ibidem, p. 25.

garotos menores de idade, amarradas, brutalmente agredidas com pontapés, pedradas e pauladas e estupradas por todos os cinco, em rodízio. Depois, foram jogadas de um penhasco de cerca de dez metros de altura. Foi um crime bárbaro, que chocou a sociedade. Nesse caso, houve grande revolta e pediu-se punição exemplar dos estupradores.

No entanto, não é esse o *modus operandi* da maioria dos estupros que ocorrem no Brasil e no mundo. Existem particularidades desse caso que explicam a reação social: as vítimas eram menores de idade (uma situação de vulnerabilidade objetiva); foi um crime ocorrido em local público, enquanto as vítimas estavam apenas tirando fotos (seria diferente se, por exemplo, estivessem embriagas ou saindo de um baile funk ou se tivessem convidado amigos para ir até a casa de uma delas e tivessem sido estupradas); os agressores não conheciam a vítima (se encaixam no estereótipo do estuprador, diferente de namorados, amigos, familiares); houve imensa brutalidade e crueldade (o que descarta dois argumentos comumente utilizados para descaracterizar o crime de estupro: o fato de o agressor não ter deixado marcas e o fato de ter havido consentimento da vítima). Enfim, foi um caso que une todas as características necessárias para torná-lo particularmente injustificável.

Em 2012, por exemplo, o Superior Tribunal de Justiça, em decisão criticada inclusive pela ONU,[14] manteve a absolvição de um homem acusado de estuprar três meninas de 12 anos, sob o argumento de que elas já tinham vida sexual ativa antes do abuso. Essas meninas, nesse caso, não se enquadravam mais no estereótipo predefinido da vítima perfeita, aquela que realmente tem o direito de não ser estuprada. Em casos como esse, as mulheres têm sua palavra repetidamente questionada e o estupro é justificado de alguma forma.

Apesar de os termos "mulher honrada" ou "mulher honesta" não estarem mais presentes na legislação brasileira, até hoje a mulher é julgada e classificada, principalmente levando em consideração sua vida sexual.

---

[14] Disponível em: <http://oglobo.globo.com/brasil/onu-condena-decisao-do-stj-que-inocentou-estuprador-4504276>.

Os resquícios são facilmente perceptíveis. Quem nunca ouviu falar da mulher que é "puta" ou "para casar"? Se somente a mulher honrada pode ser vítima de estupro (como era no Código de 1890), desclassificar uma mulher como vítima e, portanto, absolver o acusado, não depende somente de provar que o acusado não cometeu o crime, mas de provar que a vítima não era honrada.[15] Essa era (e ainda é) uma estratégia usada por advogados. Se somente as mulheres que forem "verdadeiramente forçadas" serão consideradas vítimas de estupro, não havendo como negar a ocorrência do crime, a estratégia passa a ser provar que a vítima não foi "verdadeiramente estuprada".

Além da vítima, a qualidade do agressor também é posta em xeque. Georges Vigarello, que fez um estudo sobre a história do estupro na França do século XVI até o século XX,[16] constatou que a punição para o servente que estuprava uma mulher nobre era de morte pela espada. Quando o mestre estuprava uma serva, no entanto, o resultado era diferente. Segundo Vigarello, "o mestre que abusava de sua criada devia ter como sentença o pagamento de uma indenização que lhe servisse de dote. Sua violência raramente era, se é que alguma vez foi, processada criminalmente".[17] Essa análise do status do agressor e do status da vítima também é feita por Vera Regina Pereira de Andrade, que afirma:

> Desta forma, o julgamento de um crime sexual — inclusive e especialmente o estupro — não é uma arena onde se procede o reconhecimento de uma violência e violação contra a liberdade sexual feminina e tampouco onde se julga um homem pelo seu ato. Trata-se de uma arena onde se julgam simultaneamente, confrontados numa fortíssima correlação de forças, a pessoa do autor e da vítima: o seu comportamento, a sua vida pregressa. E onde está em jogo, para a mulher, a sua inteira "reputação sexual", que

[15] Disponível em: <http://periodicos.ufpb.br/ojs/index.php/ged/article/view/18262/10567>.

[16] Vigarello, 2001.

[17] Ibidem, p. 18.

> é — ao lado do *status* familiar, uma variável tão decisiva para o reconhecimento da vitimação sexual feminina quanto a variável *status* social o é para a criminalização masculina.[18]

A revista *Superinteressante*, em 2015, tratou do estupro em sua matéria de capa. O assunto foi abordado de vários pontos de vista, relatando histórias de mulheres que foram estupradas e criticando instituições, empresas e pessoas que varrem denúncias de estupro para debaixo do tapete, com a intenção de preservar sua imagem. O que nos interessa, no momento, é que a matéria relembrou o caso do diretor do Fundo Monetário Internacional, Dominique Strauss-Kahn, como exemplo do "homem bem-sucedido", uma "categoria muito eficiente para abafar casos de estupro".[19] A reportagem, assinada pela jornalista Karin Hueck, explica que ele havia sido "acusado por uma camareira de hotel de ter enfiado o pênis em sua boca, arrancado sua roupa e tentado penetrá-la". Strauss-Kahn negou as acusações. Mesmo com a evidência do sêmen no uniforme da mulher, "o caso contra ele enfraqueceu e a queixa foi retirada por 'falta de credibilidade da acusadora': decidiram que ela havia mudado demais a sua história e que, graças a um passado obscuro em seu país natal, a Guiné, ela não era de confiança".[20] Strauss-Kahn nunca foi condenado.

Outro caso que chamou a atenção nos noticiários, também mencionado pela *Superinteressante*, *en passant*, é o do comediante Bill Cosby. Durante décadas mulheres alegaram ter sido estupradas por ele, denúncias que foram recebidas apenas com desconfiança.[21] Somente agora as 46 mulheres que afirmaram publicamente ter sido vítimas de estupro estão sendo ouvidas. A imagem pública do ator, querido e respeitado, blindava-o contra essas acusações e contra a desmoralização pública.

---

[18] Ibidem, p. 92.

[19] *Superinteressante*, 2015, p. 37.

[20] Ibidem.

[21] Disponível em: <http://www.nymag.com/thecut/2015/07/bill-cosbys-accusers-speak-out.html?mid=facebook_nymag#beverly-johnson2>.

A atuação seletiva do sistema penal não se restringe ao crime de estupro, como já afirmamos, mas ocorre também em outros casos. Se um médico (profissão respeitada e de prestígio), de alta classe social, branco, comete um crime, ele já está a meio caminho de ser inocentado. O crime de estupro, porém, carrega particularidades que merecem ser consideradas. É um crime que ocorre em geral dentro de casa ou em locais ermos, sem testemunhas, e muitas vezes não deixa sequer vestígios. A palavra — na forma de consentimento — é determinante para descaracterizar um estupro e transformá-lo em mero sexo consentido. Quando a palavra e o depoimento carregam tamanha importância probatória, percebemos que o seu valor passa a depender em grande parte do status de seu autor. No caso do médico, no caso de Bill Cosby, de Dominique Strauss-Kahn, entre muitos outros, a palavra dos acusados recebe a mesma validação que sua posição social lhes confere.

Com relação à palavra da vítima, parece consenso entre doutrina e jurisprudência que ela tem alto valor probatório em se tratando de delitos sexuais, justamente pelas especificidades mencionadas. No entanto, o depoimento da vítima deve ser corroborado por outras provas nos autos. O problema é que esses "outros elementos probatórios nada mais são do que a vida pregressa da própria vítima".[22] É nesse ponto que incide, no processo, o julgamento moral da vida sexual da mulher, se ela é "honesta" etc. E toda a credibilidade de suas alegações depende disso: "A vítima que acessa o sistema requerendo o julgamento de uma conduta definida como crime (...) acaba por ver-se ela própria 'julgada' (pela visão masculina da lei, da polícia, da Justiça), incumbindo-lhe provar que é uma vítima real e não simulada."[23]

Dessa forma, mulheres deixam de ser vítimas e passam elas próprias a ser, novamente, julgadas.[24] O julgamento que tem o objetivo de determinar se um crime foi cometido e quem o cometeu e, assim, atribuir a

---

[22] Andrade, 2005, p. 92.

[23] Ibidem, p. 93.

[24] Ibidem, p. 94.

alguém a culpa termina culpabilizando a própria vítima: se estava usando determinada roupa, estava "pedindo"; por não ter corrido é porque "gostou"; se não gritou é porque "consentiu"; está mentindo apenas para acabar com a vida do sujeito (principalmente se ele não corresponde ao estereótipo do estuprador) etc.

Todo o Sistema de Justiça Criminal (lei, polícia, ministério público, judiciário, prisão) opera de acordo com a lógica patriarcal. Segundo Vera Regina Pereira de Andrade, o SJC "é, ele próprio, um sistema de violência institucional, que exerce seu poder e seu impacto também sobre as vítimas".[25] O sistema funciona, então, como uma *continuidade* da violência sofrida pela mulher no espaço privado, vítima de seu marido, pai, companheiro, chefe.[26] A mulher recorre ao Estado buscando refúgio e é novamente violentada.

Estuprar é dominar e punir

Não sabemos exatamente como o estupro surgiu, como foi, por exemplo, o primeiro estupro. Esse exercício de imaginação é feito por Susan Brownmiller na obra que foi um divisor de águas sobre o tema: *Against Our Will: Men, Women and Rape*. A autora diz que consegue imaginar um homem pré-histórico tomando a mulher contra sua vontade, e imagina que ela tenha lutado, gritado, chutado, mordido, mas que não conseguiu se desvencilhar dele. Essa percepção de impotência por parte da mulher era inversa à percepção do homem naquela ocasião: foi então que ele percebeu que forçar a entrada do seu corpo no dela, a despeito de toda relutância por parte da mulher, significava a conquista daquele corpo, uma demonstração de sua superioridade, força, virilidade. Brownmiller diz, então, que a descoberta, pelo homem, de que sua genitália poderia servir como uma arma para provocar medo deve ter sido

[25] Ibidem, p. 75.

[26] Ibidem.

uma das mais importantes da era pré-histórica. Desde então, segundo a autora, a função do estupro tem sido de intimidação, um processo no qual "todos os homens mantêm todas as mulheres em estado de medo".[27]

Vera Regina Pereira de Andrade lembra, ainda, em relação à etiologia do estupro:

> (...) sabe-se, hoje, na esteira da primeira argumentação, que não se trata de conduta voltada, prioritariamente, para a satisfação do prazer sexual (lascívia desenfreada), como também preconizam o discurso criminológico e jurídico-penal oficial e o senso comum. A pesquisa de Kolodny, Masters e Johnson concluiu, neste sentido, que a maioria dos estupros ocorre dentro de um contexto de violência física em vez de paixão sexual ou como meio para a satisfação sexual.[28]

A pesquisa revela que o estupro é muito mais uma forma de dominação do que uma forma de satisfazer um desejo sexual. O sexo, no estupro, é um *meio* pelo qual a violência ocorre. Não por menos o estupro está associado a ameaça e punição.

Em casos de guerra, o estupro não é apenas visto como justificável,[29] considerando o contexto, mas é visto também como inevitável. Susan Brownmiller começa sua análise do estupro em casos de guerra citando uma frase do general George S. Patton Jr., mais conhecido por ter comandado o exército americano na invasão da Normandia: "E então eu disse a ele que, apesar de meus esforços incansáveis, inquestionavelmente haveria estupros, e que eu gostaria de saber dos detalhes o quanto antes, para que os criminosos pudessem ser devidamente condenados."[30]

---

[27] Brownmiller, 1993, pp. 14-15.

[28] Andrade, 2005, p. 96 *apud* Kolodny; Masters; Johson *apud* Andrade, pp. 430-431.

[29] Vigarello, 2001, p. 15.

[30] Brownmiller, 1993, p. 31.

De fato, o estupro acompanha a história das guerras. Na Guerra dos Balcãs (1992-1995), o estupro foi usado como estratégia militar. Mulheres foram aprisionadas em campos de estupro[31] em uma tentativa de promover uma limpeza étnica, conforme relatado por Roy Gutman, jornalista vencedor do Pulitzer pelas denúncias. Estima-se que de 20 a 50 mil mulheres tenham sido estupradas por soldados.[32] Além desse caso, existem relatos de estupro na Primeira Guerra Mundial (1914-1918), na Guerra dos Trinta Anos (1928-1938), na invasão da China pelo Japão (1937), episódio conhecido como "Estupro de Nanking", durante o qual, além de ter havido 300 mil mortes, cerca de 20 mil mulheres e crianças foram estupradas pelas tropas japonesas.[33] Durante a Segunda Guerra Mundial, mesmo com um decreto de Stalin proibindo violência contra civis, estima-se que ao menos 100 mil mulheres tenham sido estupradas pelos exércitos soviético, americano e francês apenas em Berlim, 2 milhões em todo o território alemão.[34] Estupros também eram cometidos por soldados alemães em grande escala. É de se notar que o binômio superioridade (do estuprador)/humilhação, inferioridade (da vítima) envolvido no estupro tenha achado correspondência lógica na ideologia fascista alemã. Mulheres também foram sistematicamente estupradas na Guerra de Independência de Bangladesh (1971), quando pelo menos 200 mil mulheres bengali foram vítimas de estupro,[35] na Guerra do Vietnã (1955-1975), na invasão do Kuwait pelo Iraque (1990), nas guerras civis da República do Congo, Nigéria, Libéria, Timor Leste, enfim, são inúmeros os casos e as atrocidades cometidas contra mulheres em conflitos armados.

---

[31] Disponível em: <http://nacoesunidas.org/ban-defende-aumento-de-punicao-para-o-estupro-como-arma-de-guerra/>.

[32] Disponível em: <http://www.revistaforum.com.br/blog/2014/06/corajosas-e-inocentes-o-estupro-em-zonas-de-guerra/>.

[33] Disponível em: <http://internacional.estadao.com.br/blogs/claudia-trevisan/o-estupro-de-nanquim/>.

[34] Disponível em: <ttp://www.bbc.com/portuguese/noticias/2015/05/150508_estupro_berlim_segunda_guerra_fn>.

[35] Disponível em: <http://www.revistaforum.com.br/blog/2014/06/corajosas-e-inocentes-o-estupro-em-zonas-de-guerra/>.

Mais recentemente, os grupos terroristas Estado Islâmico e Boko Haram têm utilizado o estupro como tática de guerra. De acordo com dados da Anistia Internacional, o Boko Haram sequestrou pelo menos 2 mil mulheres e meninas.[36] Segundo relatório da ONU, ataques sexuais ocorridos no Iraque e na Síria foram atos "totalmente vinculados a objetivos estratégicos, à ideologia e ao financiamento de grupos extremistas".[37] Somente no Iraque, a ONU estima que 1.500 mulheres tenham sido submetidas à escravidão sexual.[38]

> O estupro e outras formas de violência sexual estão sendo usados para implementar o recrutamento, para aterrorizar as populações, deslocar comunidades e gerar renda, através do tráfico sexual, comércio de escravas e pedidos de resgate.[39]

Lembra que o estupro era tratado pela legislação como um crime contra a honra da família? O estupro utilizado como tática de guerra segue a mesma lógica. O objetivo é atingir não só a mulher, mas a sociedade. Em guerras e conflitos armados, o estupro faz parte do ato simbólico de conquista de um território, como uma forma de humilhação dos derrotados em batalha e de manifestação de superioridade, assim como Brownmiller sugere que tenha sido o primeiro estupro.

A ideia de que o estupro é uma forma de punição não se restringe aos campos de batalha. O estupro é uma forma de ameaça comum, dirigida principalmente às mulheres. Se, em uma briga, alguém ameaça outra pessoa dizendo "vou te matar", as mulheres com frequência escutam também "vou te estuprar". Na internet, essa ameaça é bastante comum, dirigida, inclusive, a muitas feministas. Quando a mulher é lésbica ou

[36] Disponível em: <https://anistia.org.br/direitos-humanos/publicacoes/boko-haram-2-mil-mulheres-sequestradas/>.

[37] Disponível em: <http://oglobo.globo.com/mundo/estado-islamico-boko-haram-usam-estupro-como-tatica-de-guerra-diz-onu-15863936>.

[38] Ibidem.

[39] Ibidem.

bissexual, a ameaça e a violência assumem a figura do "estupro corretivo", uma forma de "curá-las". Outro exemplo que vale mencionar ocorre quando um estuprador é preso. Seguindo a expressão "olho por olho, dente por dente", algumas pessoas fazem coro para que ele seja estuprado. Quando sai notícia de um estuprador que foi preso, não raro surge o comentário: "Vai ser feito de mulherzinha." Veja bem, o intuito do estupro, nesse caso, é punir o estuprador, rebaixando-o à condição de mulher.

Peggy Reeves Sanday realizou um estudo formidável ao analisar a incidência de estupro em 95 grupos e sociedades tribais. Ela descobriu que aproximadamente 47% desses grupos são relativamente livres de agressão sexual, enquanto 18% são propensos ao estupro.[40] A diferença se reflete em como a mulher é tratada em geral por esses grupos e em como a masculinidade é construída a partir da submissão feminina.

As sociedades que ela classifica como "livres de estupro", apesar de nelas existirem diferenciações de gênero e trabalho baseado no sexo, são sociedades mais igualitárias, e as mulheres são membros influentes nas comunidades.[41] O aspecto crucial dessas sociedades que as diferencia de sociedades "propensas ao estupro" é que nelas homens e mulheres "têm acesso a esferas de poder equilibradas".[42]

A autora, então, conclui, tal como Kolodny, Masters e Johnson, que o estupro não é explicado for fatores patológicos. Homens não são seres que têm um impulso sexual tão forte a ponto de não conseguirem se controlar e, por isso, estupram. Segundo ela, quando a identidade masculina e quando o "senso de eu se afirma[m] no domínio exercido — e no controle — sobre outros, irão indubitavelmente, algumas vezes, expressar essas características na interação sexual".[43]

---

40 Sanday, 1992.

41 Ibidem, pp. 91-92.

42 Ibidem, p. 99.

43 Ibidem, p. 104

Como tirar o estupro de uma cultura do estupro?

Sem dúvida, temos um longo caminho a trilhar. Já temos várias pistas que nos ajudam a montar o mapa que leva ao nosso objetivo de acabar com a hierarquia entre gêneros. A cultura do estupro só é possível em um contexto mais amplo de dominação masculina, portanto, o fim da cultura do estupro vai ao encontro do fim do patriarcado.

É claro que não é nosso objetivo aqui, até porque nem seria possível, dar o passo a passo de como acabar com a cultura do estupro. O primeiro passo, no entanto, esperamos que possa ser tomado a partir de nossa reflexão.

Referências

ANDRADE, Vera Regina Pereira de. "A soberania patriarcal: o sistema de justiça criminal no tratamento da violência sexual contra a mulher". Disponível em: <https://periodicos.ufsc.br/index.php/sequencia/article/view/15185>.

BARATTA; Alessandro; STRECK; Lênio Luiz; ANDRADE, Vera Regina Pereira de. "Criminologia e feminismo". CAMPOS, Carmen Hein de (Org.). Porto Alegre: Sulina, 1999.

BECKER, Howard S. *Outsiders:* estudos de sociologia do desvio. Rio de Janeiro: Zahar, 2008.

BOURDIEU, Pierre. *A dominação masculina:* a condição feminina e a violência simbólica. Rio de Janeiro: BestBolso, 2014.

BROWNMILLER, Susan. *Against Our Will: Men, Women, and Rape*. Nova York: Ballantine Books, 1993.

"Como silenciamos o estrupo". Superinteressante. STRECK, Lênio Luiz. *Criminologia e feminismo*. Carmem Hein de Campos (Org.). Porto Alegre: Sulina, 1999.

VIGARELLO, Georges. *A History of Rape: sexual violence in France from the 16th to the 20th Century*. Cambridge: Polity Press, 2001.

KOLODNY, Robert. C.; MASTERS, William H.; JOHNSON, Virginia E. *Manual de medicina sexual*. São Paulo: Manole, 1982.

SANDAY, Peggy Reeves. "Estupro como forma de silenciar o feminino". In: TOMASELLI, Sylvana; PORTER, Roy. (Coords.). *Estupro*. Rio de Janeiro: Rio Fundo Editora, 1992.

Violência contra a mulher: até que a morte (dela) os separe

#MeuAmigoSecreto diz que violência contra a mulher é mimimi de feminista chata, porque os homens são as maiores vítimas de homicídio no Brasil.

Sempre que questionado, meu amigo não hesita em apresentar uma incontestável estatística: a cada dez brasileiros assassinados, nove são do sexo masculino.[1] "Os números não mentem, não é?", costuma repetir, certo de ter dado mais um firme passo rumo ao desmascaramento de todo o movimento feminista.

Realmente, os números não mentem. O que eles não conseguem dizer é que, ao contrário do que ocorre com a maior parte dos assassinatos masculinos, cometidos por desconhecidos[2], a maior parte das mulheres vítimas de homicídio é morta pelos homens que fazem parte[3] de sua vida.[4] São parceiros íntimos, familiares e amigos que, tomados por um sentimento de posse, tiram violentamente a vida das mulheres que dizem amar.

---

[1] Dado do Relatório Global sobre Homicídios 2013, da ONU. Disponível em: <http://www.unodc.org/documents/data-and-analysis/statistics/GSH2013/2014_GLOBAL_HOMICIDE_BOOK_web.pdf>.

[2] Segundo o Estudo Global sobre Homicídios 2013, da ONU, a taxa elevada de homicídios masculinos no continente americano — quase sete vezes maior do que na Ásia, na Europa e na Oceania — está relacionada às mortes ligadas ao crime organizado e às gangues locais. No Brasil, é importante ressaltar que, como mostrou o Anuário Brasileiro de Segurança Pública 2015, quase todos os homens vítimas de homicídio são pobres, em sua maioria negros e jovens.

[3] Quase metade (47%) de todas as mulheres vítimas de homicídio no mundo em 2012 foram vítimas de violência doméstica, segundo o Estudo Global sobre Homicídios 2013, da ONU. Enquanto isso, apenas 6% dos homicídios masculinos foram cometidos por parceiros/familiares da vítima. Em números absolutos, foram 43,6 mil mulheres e 20 mil homens mortos no mundo em decorrência de violência doméstica no ano de 2012.

[4] Dado do Mapa da Violência 2015. Disponível em: <http://www.mapadaviolencia.org.br/pdf2015/MapaViolencia_2015_mulheres.pdf>.

O feminicídio, assassinato de mulheres decorrente da violência doméstica e de conflitos de gênero, é a face mais grave de uma série de comportamentos abusivos a que uma mulher pode ser submetida ao longo da vida. Normalmente, as primeiras manifestações de controle são tão sutis que mal são reconhecidas como atos violentos. Dizer o que a mulher pode ou não vestir, controlar os locais aonde ela vai ou fazê-la se sentir mal por sair com as amigas podem parecer atitudes inofensivas, mas expressam um sentimento de propriedade que, abusivo por si só, costuma se agravar, abrindo espaço para outros abusos de ordem emocional, financeira, física e sexual.

Com o objetivo de tomar para si todo o poder em um relacionamento e impulsionado pela crença de que tem direito sobre o corpo e a vida da mulher, o agressor recorre, muitas vezes, a jogos de manipulação. Se é pego em uma mentira, insiste em dizer que a mulher se enganou, que entendeu errado o que ele disse anteriormente, ou mesmo que está louca. Se é criticado, rebate as reclamações com o argumento de que a mulher é exagerada ou histérica. A esse tipo de manipulação, em que o agressor se esforça para fazer com que a vítima questione sua memória, seus sentimentos ou mesmo sua sanidade, damos o nome de *gaslighting*. O termo tem origem no título da peça *Gas Light* [Iluminação a gás], de 1938, em que um homem tenta convencer a esposa de que ela está louca, diminuindo as luzes da casa e, depois, negando ter percebido qualquer mudança na iluminação.

A manipulação pode ser exercida, também, quando o abuso é justificado por uma suposta preocupação do agressor com a vítima, ou pela transferência da culpa dessas ações para ela. Se o homem isola a mulher de amigos e familiares, é porque só ele lhe quer bem de verdade — e, se ela o amar na mesma medida, enxergará que é melhor dedicar todo o seu tempo a ele. Se ele faz críticas sutis ou intensas sobre sua aparência e seu jeito de ser, é porque ela precisa entender que tem que se esforçar para mantê-lo interessado. Se ele a trata das piores formas possíveis, gritando, berrando xingamentos e diminuindo suas qualidades, é porque ela é uma pessoa difícil, que tira até mesmo esse bom homem do sério.

Embora não deixe marcas, esse abuso emocional pode ter consequências psicológicas tão graves para suas vítimas quanto uma agressão física. Com o tempo, é comum que elas comecem a acreditar nas ofensas do agressor, passando a se achar feias, desinteressantes ou até mesmo totalmente desprovidas de valor. À medida que têm sua autoestima afetada por essas atitudes manipuladoras, essas mulheres vão se tornando mais suscetíveis a outros abusos, que podem se tornar cada vez mais frequentes e severos.

Igualmente preocupante, o abuso financeiro se manifesta principalmente através da exploração e do controle dos recursos de uma mulher. Se um homem usa o dinheiro da mulher sem sua permissão, exige bens como provas de amor ou usa os dados da mulher para obter uma linha de crédito, por exemplo, ele está sendo abusivo. Da mesma forma, se ele a impede de trabalhar, de fazer uso do próprio dinheiro ou de ter acesso ao extrato de uma conta conjunta, está passando de todos os limites. Essas atitudes, além de ferirem claramente a liberdade da mulher, podem dificultar que ela termine a relação, por acabarem com sua independência financeira.

Já o abuso sexual, apesar de ser o mais conhecido dos tipos citados até agora, costuma causar algumas confusões. Infelizmente, muitas atitudes que se enquadram nessa classificação são vistas como normais, de tão inseridas que estão no cotidiano das mulheres. Mas, de forma objetiva, podemos sanar qualquer dúvida se tivermos em mente que todo e qualquer ato sexual não consentido é abusivo — até mesmo simples toques ou beijos. A questão é simples: ninguém tem direito ao corpo de uma mulher a não ser ela mesma. Se ela não deseja tomar parte em determinado ato sexual, seja por não ter vontade, seja por não achar que é o lugar ou o momento certo, seja por não se sentir preparada, isso deve ser o suficiente para impedir que o ato ocorra. Se um homem, conhecido ou desconhecido, decide obrigá-la a realizar o tal ato, por meio do uso da força ou de ameaças, é abuso. Se o marido ou namorado a manipula emocionalmente, tentando convencê-la a fazer alguma coisa de natureza sexual com a desculpa de que ela faria se o amasse, é abuso. Se ele se aproveita de um momento em que ela está dormindo ou, por algum outro motivo, incapaz de consentir, é abuso. Se ele a coage de forma que ela faça coisas que não a deixam confortável, é abuso — quando há coação, não há consentimento.

A verdade é que o estereótipo que criamos do agressor sexual como um desconhecido perverso que encurrala mulheres em um beco, abusando delas por meio da força, pode nos levar a considerar normais os abusos que sofremos de nossos parceiros. Está mais do que na hora, entretanto, de abrirmos os olhos para nossos abusadores do cotidiano. Sete em cada dez casos de estupro, por exemplo, são cometidos por parentes, namorados, amigos ou conhecidos da vítima,[5] e quase metade (47%) das jovens das classes C, D e E já foram estupradas por um parceiro.[6]

Nós, mulheres, acostumadas desde pequenas a ver a rua como um lugar de riscos e ameaças, muitas vezes ficamos alheias à mais cruel realidade: na maior parte das vezes, o perigo está dentro de casa. No mundo inteiro, a violência doméstica é a principal causa de lesões em mulheres de 15 a 44 anos.[7] E, no Brasil, o tratamento de lesões decorrentes de violência física representa metade dos atendimentos realizados a mulheres de 15 a 59 anos no SUS.[8]

Nem mesmo no ambiente virtual encontramos uma brecha. Entranhada também no mundo digital, a violência contra a mulher ganha novas formas. Diariamente, ameaças de agressão, morte e estupro são feitas a mulheres que ousam desafiar de alguma forma o *status quo*, sejam elas

---

[5] Dado do Ipea. Disponível em: <http://www.ipea.gov.br/portal/images/stories/PDFs/nota_tecnica/140327_notatecnicadiest11.pdf>.

[6] Dado da pesquisa #MeninaPodeTudo, feita em parceria entre o Institutos Enóis, Patrícia Galvão e Vladimir Herzog. Disponível em: <https://drive.google.com/folderview?id=0B9l95kpb1spwfm00YXdXa20yb1ZHa2d0Qm9aNXpjRkwzN0RyVEJqTmNRQVFTdDB5dkF3Mms&usp=sharing>.

[7] Dado da ONU. Disponível em: <http://www.gazetadopovo.com.br/vida-e-cidadania/o-passo-a-passo-da-agressao-a-mulher-92j8u4y01tm6khvw3xadn1sum>.

[8] Disponível em: <http://oglobo.globo.com/brasil/agressao-fisica-encabeca-violencia-contra-mulher-12866926>.

feministas em luta contra o patriarcado; *gamers* que ganham espaço em um ambiente predominantemente masculino; lésbicas que se atrevem a ter uma vida sexual plena sem o auxílio de um homem; negras que escancaram o racismo nosso de cada dia; ou transexuais que abandonam as imposições do gênero que lhes foi designado no nascimento.

Confortavelmente acolhidos pelos padrões de comunidade de sites como o Facebook, discursos de ódio se espalham rapidamente, dando vazão a comentários de cunho racista, homofóbico, transfóbico e misógino. Porém, mais uma vez, é preciso lembrar que, muitas vezes, o perigo mora ao lado. A possibilidade de ter acesso a dezenas de conversas pessoais da parceira ou de monitorá-la remotamente é o santo graal do controle para um homem abusivo. Basta convencer a parceira a dar a ele suas senhas com algum papinho sobre como ela faria isso se não tivesse nada a esconder, ou — por que não? — simplesmente hackear suas contas. Outra opção para exercer seu domínio constante é enviar mensagens incessantemente para a moça, exigindo atenção ininterrupta e respostas imediatas sobre seu paradeiro, suas companhias e suas atividades. Simples, não é? Ele sabe disso.

Independentemente de ocorrerem no mundo "real" ou no virtual, é importante ter em mente que todas essas formas de abuso, além de serem comuns, costumam se misturar. Por quê? Porque, no fim das contas, todas têm uma base comum: o uso da culpa como forma de manipular e controlar as emoções e ações de uma mulher. Em todo relacionamento abusivo, o agressor transfere a responsabilidade por suas ações para a parceira, fazendo com que ela sinta que o está magoando de forma consciente ao não fazer o que ele deseja. Dessa forma, ela passa a enxergar a si mesma como a culpada pelos maus-tratos que sofre, e não ele. Ela é sempre a errada e ele, sempre a vítima.

A injeção desse sentimento de culpa cria o ambiente perfeito para o exercício de dominação do agressor, que tenta de modo sistemático ganhar poder no relacionamento, limitando as opções da parceira. É comum ainda que o abusador a afaste de amigos e familiares, tornando-se

ABUSO FÍSICO

- Chutar, socar, empurrar, bater ou atacar fisicamente de qualquer outra forma.
- Ameaçar a mulher com violência física.
- Jogar objetos na mulher.
- Segurar com força, empurrar ou impedir a mulher de se mover.
- Segurar o rosto da mulher para fazê-la olhar para ele.

Abuso emocional

- Xingar ou gritar com a mulher.
- Demonstrar ciúme excessivo e irracional.
- Constranger a mulher em público intencionalmente.
- Tentar afastá-la de amigos e familiares.
- Reagir violentamente se a mulher fizer algo que o desagrade, ainda que ele faça a mesma coisa sem sentir nenhum remorso.
- Violar a privacidade da mulher.
- Ameaçar se machucar ou se matar caso a mulher pense em terminar com ele.
- Tentar convencer a mulher a fazer coisas que ela não deseja com a alegação de que ela faria se o amasse ou confiasse nele.

Abuso sexual

- Estuprar ou tentar estuprar a mulher.
- Recusar-se a usar camisinha ou restringir o acesso da mulher a métodos anticoncepcionais.
- Ameaçar, forçar ou coagir a mulher a realizar qualquer tipo de ato sexual que ela não deseja ou para o qual não está pronta.
- Exigir sexo da mulher como prova de que não está tendo relações com outra pessoa.
- Realizar qualquer tipo de ato ou contato sexual quando a mulher está incapacitada de consentir, como quando está dormindo, inconsciente ou sob forte efeito do álcool ou de outras drogas.

Abuso financeiro

- Dar uma mesada à mulher e controlar o que ela compra.
- Sacar um cheque da mulher e impedi-la de ter acesso ao dinheiro.
- Proibir a mulher de trabalhar.

- Usar o dinheiro ou o cartão de crédito da mulher sem sua permissão.
- Gastar dinheiro com ele mesmo mas impedi-la de fazer o mesmo.
- Abuso digital.
- Dizer quem a mulher pode ou não adicionar no Facebook ou em outros sites.
- Mandar mensagens, tweets ou e-mails negativos, insultantes ou ameaçadores.
- Mandar fotos explícitas indesejadas ou exigir que a mulher mande fotos de volta.
- Roubar ou insistir para ter as senhas da mulher.
- Mandar mensagens de texto constantemente e fazê-la sentir que não pode se separar do telefone por medo de sofrer retaliações.

Stalking (perseguição)

- Aparecer constantemente na casa ou no trabalho da mulher sem ser convidado.
- Ficar mandando mensagens e itens indesejados.
- Ligar constantemente para a mulher e desligar o telefone em seguida.
- Usar redes sociais e outras tecnologias para seguir seus passos.
- Ficar esperando nos lugares que ela costuma frequentar.
- Usar outras pessoas como recurso para investigar a vida da mulher.

www.loveisrespect.org

o centro da vida da vítima. Com a autoestima abalada, a sensação de estar sempre errando e os entes queridos afastados, a mulher costuma se tornar dependente do parceiro, a quem não consegue enxergar como agressor. Mesmo quando há a percepção de que o parceiro está agindo mal, é comum que ela pense que ele não percebe que está sendo abusivo ou que é tudo uma fase — e o agressor reforça essa ideia.

Relações abusivas: por que as mulheres ficam?

É importante entendermos que, em geral, um parceiro abusivo não é abusivo o tempo todo. Ele pode ser engraçado, carinhoso e compartilhar bons momentos com sua parceira de tempos em tempos. Então, quando mostra sua faceta abusiva, é comum que recorra a essas boas lembranças, tentando convencer a parceira de que tudo de ruim que está acontecendo é apenas uma fase e de que as coisas voltarão a ser como antes — basta ela lhe dar mais uma chance. Então, ele volta a ser aquele cara interessante e divertido por quem a mulher um dia se apaixonou. Mas apenas por um tempo, porque logo a agressividade volta, e o ciclo recomeça: os dias dignos de lua de mel, os abusos pelos quais a vítima será culpada, e os comportamentos violentos que gerarão uma série de desculpas e promessas, desembocando em mais alguns dias de lua de mel...

Para muitas pessoas, pode parecer ingênuo da parte das vítimas acreditar nas palavras do agressor a tal ponto que passem não apenas a perdoar constantemente seus abusos, como a duvidar de si mesmas. Isso, porém, nada tem a ver com inocência. Todas as atitudes que abordamos até agora representam formas de uma violência psicológica que tem efeitos muito negativos sobre a autoestima da sobrevivente e sua capacidade de agir em defesa de si mesma.

Diversos estudos ligados à *Traumatic Bonding Theory*[9] tentam explicar os mecanismos psicológicos que levam uma mulher abusada a se manter leal ao seu agressor. Segundo Dutton e Painter, essa lealdade não se explica *somente* por fatores internos, como a personalidade da vítima, nem por fatores externos, como suas condições financeiras. O que ocorre, segundo eles, é que relacionamentos abusivos possuem duas características capazes de criar fortes vínculos entre vítimas e agressores: o desequilíbrio de poder entre eles e a intermitência do abuso.[10]

A assimetria de poder, segundo Henderson,[11] pode se tornar patológica quando a mulher abusada sente que não merece seu agressor, e ele, que também tem uma visão negativa sobre si mesmo, tira proveito da ilusão de seu próprio poder no relacionamento. Quanto mais a visão da

[9] Em tradução livre, "Teoria do Vínculo Traumático".

[10] Dutton; Pointer, 1981 *apud* Henderson, 1992.

[11] Henderson, 1992.

vítima sobre si se deteriora, mais provável é que ela acredite que a violência sofrida é justificada, mais dependente ela se torna do agressor e mais difícil fica para ela sair do relacionamento. Já a intermitência do abuso é justamente o ciclo de violência que acabamos de expor, no qual momentos de abuso são intercalados com momentos de contrição, nos quais o parceiro se desculpa e faz declarações de amor. Segundo Henderson:

> Conforme o trauma inicial diminui, o vínculo traumático emerge como um aumento do foco nos "bons momentos" do relacionamento, seguido por uma mudança dramática nas crenças da mulher sobre o relacionamento. Essa mudança altera sua memória dos episódios abusivos passados e distorce sua percepção da probabilidade de ocorrerem abusos futuros.[12]

Ainda segundo Henderson, esse revezamento segue um dos modelos de aprendizado mais eficazes. Baseado na alternância entre reforços positivos e negativos, ele é capaz de "produzir padrões de comportamento persistentes que são difíceis de se extinguir".[13] O reforço positivo, nesse caso, são os momentos de lua de mel, interpretados como uma recompensa por atitudes incentivadas pelo agressor. Já o reforço negativo é o abuso, interpretado como a retirada dessa recompensa, que voltará a ser dada caso a vítima se ajuste às expectativas do parceiro abusivo.

Para além dos fatores psicológicos que ligam à vítima ao agressor, existem fatores externos que tornam o término do relacionamento ainda mais difícil, como a dependência financeira, a falta de apoio de familiares e amigos e a possibilidade de a mulher ter filhos com seu agressor. Mesmo quando consegue se livrar de um parceiro abusivo, é comum que a mulher continue se sentindo extremamente culpada. Dessa vez, culpada por ter "se deixado" abusar por tanto tempo ou por não ter percebido os sinais de abuso mais cedo.

---

[12] Ibidem, pp. 11-12.

[13] Ibidem, p. 11.

A mulher que está em uma relação abusiva precisa repetir para si mesma: a culpa nunca é da vítima. NUNCA. Talvez, racionalmente, ela até saiba disso, mas tenha dificuldade em realmente sentir que o único culpado é o agressor. E, depois de meses ou anos sendo culpada por tudo que acontece em seu relacionamento, não é de surpreender que se sinta dessa forma. Especialmente porque, se pararmos para pensar, não é só o agressor que aponta o dedo para ela. A sociedade faz isso com as mulheres o tempo todo.

Para ela, a culpa; para ele, a desculpa

Quantas vezes já não fomos obrigadas a ouvir, sempre com dor no coração e sangue nos olhos, que existe mulher que "gosta de apanhar" ou que "merece" ser agredida ou ser estuprada por causa das roupas que usa, da cervejinha que bebe de vez em quando ou dos lugares que frequenta? A própria Maria da Penha, maior símbolo brasileiro da luta contra a violência doméstica, revelou em 2015, durante a I Jornada Mulher Viver Sem Violência, que por anos teve que ouvir os repórteres perguntarem: "Vem cá, mas por que o seu marido a agrediu desse jeito?". Para quem não sabe, a farmacêutica, hoje com 71 anos, ficou paraplégica em 1983, após ser baleada pelo marido enquanto dormia. Não satisfeito, ele ainda tentou eletrocutá-la alguns meses depois.

Embora a lei que leva seu nome, sancionada em 2006, represente um avanço importante, as mulheres que tentam fazer uso dela para se proteger de parceiros e familiares violentos ainda enfrentam enormes desafios nas delegacias. Nesses espaços, profundamente impregnados pela cultura de culpabilização da vítima, o ambiente costuma ser hostil. Segundo uma pesquisa realizada pela antropóloga Beatriz Accioly ao longo de 15 meses em duas Delegacias de Defesa da Mulher em São Paulo, os policiais, de forma geral, enxergam as mulheres que procuram seu apoio como "mentirosas e manipuladoras".[14]

[14] Disponível em: <http://www.usp.br/aun/exibir.php?id=6310>.

As vítimas de violência sexual encontram destino semelhante. Segundo um estudo de 2011 do Centro de Pesquisas em Saúde Reprodutiva de Campinas (Cemicamp),[15] 80% das delegacias sofrem com a ausência de pessoal treinado para lidar com esses casos. Nesses locais, o relato da mulher é posto em dúvida, assim como seu caráter: O que você estava fazendo na rua a essa hora? Por que saiu sozinha? O que você estava vestindo? Você estava bebendo? Afinal, parecem estar perguntando: Você foi uma vítima ou uma provocadora?

Nos hospitais, a situação não é muito diferente. Segundo o Ipea, 7% dos casos de estupro resultaram em gravidez em 2011, mas 67,4% das mulheres estupradas não tiveram acesso ao aborto legal,[16] garantido pela legislação brasileira desde 1940. Em 2013, a presidenta Dilma Rousseff sancionou a Lei nº 12.845, considerada um divisor de águas na luta pelos direitos reprodutivos e sexuais. No papel, o atendimento às vítimas de estupro no SUS é garantido, e os hospitais públicos são obrigados a oferecer a pílula do dia seguinte às vítimas, além de informá-las sobre seu direito ao aborto legal, caso a violência resulte em gravidez. Na prática, porém, a realidade é outra. Desrespeitando a legislação, servidores blindam as mulheres das informações sobre seus direitos e as privam do fornecimento da pílula. Ao ouvir relatos de violência sexual, muitos dizem estar de mãos atadas e nem sequer se preocupam em encaminhar a mulher a uma instituição que disponha dos serviços de que ela necessita e a que tem direito.

No futuro próximo, a situação pode ficar ainda pior. Atualmente em tramitação na Câmara dos Deputados, o Projeto de Lei nº 5.069 pretende tornar obrigatória a apresentação de boletim de ocorrência e de exame de corpo de delito para que uma mulher possa interromper uma gravidez decorrente de estupro. Acontece que esse exame extremamente invasivo precisa ser feito o mais rápido possível para apresentar resultados

---

[15] Disponível em: <http://bit.ly/1x4bYsM>.

[16] Disponível em: <http://bit.ly/1x4bYsM>.

precisos. Então, pouco depois de passarem pelo que provavelmente é a experiência mais traumática de suas vidas, as mulheres estupradas seriam *obrigadas* a se arrastar até uma delegacia, para fazer uma denúncia que talvez não desejem fazer. Tudo isso, em um momento em que talvez estejam fragilizadas demais para contar — e, claro, tentar provar — sua história a uma audiência nada receptiva.

Claramente em desacordo com a realidade, o projeto ignora o fato de que, por razões emocionais, financeiras ou até mesmo de segurança, muitas mulheres simplesmente não têm condições de denunciar seus agressores. Vale lembrar que em 70% dos casos de estupro o agressor é um parente próximo ou um conhecido, e que 70% das vítimas são crianças e adolescentes.[17]

Em uma forma de violência institucional particularmente cruel, homens que provavelmente nunca vão conhecer a dor de um estupro e que jamais vão ter a experiência de uma gravidez legislam sobre os corpos das mulheres, atacando direitos conquistados por nós há mais de setenta anos, quando o aborto em casos de estupro foi legalizado. Como se não bastasse, muitos dos homens no comando das nossas instituições ainda naturalizam de forma descarada a violência contra a mulher. "Quem não tem uma briga, um descontrole, quem não exagera numa discussão?",[18] argumentou o deputado Pedro Paulo na coletiva em que assumiu ter agredido fisicamente sua ex-mulher, Alexandra Marcondes. Pré-candidato à prefeitura do Rio de Janeiro pelo PMDB, ele contou com a defesa do governador do estado, Luiz Fernando Pezão, que classificou as denúncias como "fofocas",[19] e do atual prefeito, Eduardo Paes, que se apressou em dizer que Pedro Paulo é "o quadro mais preparado" para

---

17 Dados do Ipea. Disponível em: <http://www.ipea.gov.br/portal/images/stories/PDFs/nota_tecnica/140327_notatecnicadiest11.pdf>.

18 Disponível em: <http://g1.globo.com/rio-de-janeiro/noticia/2015/11/quem-nao-exagera-numa-discussao-diz-pedro-paulo-sobre-briga-com-ex.html>.

19 Disponível em: <http://politica.estadao.com.br/noticias/geral,convencao-do-pmdb-do- rio-vira-desagravo-a-pedro-paulo,10000002708>.

assumir seu cargo e que as agressões a Alexandra são apenas "uma questão de sua vida privada".[20] Não vamos julgar o bom moço por um casinho de violência doméstica, não é? Nem por dois.

A cultura da misoginia e da violência

O sentimento de posse do homem sobre a mulher, o controle, o abuso, a culpabilização da vítima e a naturalização da violência contra a mulher têm um coeficiente em comum: o machismo enraizado na nossa sociedade, fundada em bases culturais extremamente misóginas. Em seu artigo "O imaginário judaico-cristão e a submissão das mulheres",[21] a pós-doutora Rita de Lourdes de Lima explica que, na Grécia antiga, considerada o berço da civilização como a conhecemos, o único papel das mulheres, tidas como inferiores aos homens, era gerar herdeiros. Por isso, se dava aos homens o direito de vigiar — ou seja, controlar — suas esposas, para que elas fossem submissas e fiéis. Aristóteles, grande pensador da época, dizia que o homem era responsável por determinar, regular e dominar o prazer da mulher em uma relação sexual.

A subordinação das mulheres e sua culpabilização está presente também na cultura judaico-cristã, na qual a submissão feminina era considerada vontade de Deus, e o mito do pecado original marcou a mulher como responsável pelo pecado e, portanto, por todo o sofrimento humano. Na Bíblia, passagens que culpam a mulher pela violência sexual que ela mesma sofre aparecem com frequência no Antigo Testamento — "Se uma mulher for estuprada na cidade e não gritar alto o suficiente, ela deve ser apedrejada até a morte" (Deuteronômio 22:23-24).

Vamos deixar claro: ninguém está dizendo que as religiões judaico-cristãs pregam essas passagens hoje ou ignorando o contexto histórico

[20] Disponível em: <http://oglobo.globo.com/brasil/as-brigas-sao-um-problema-do-pedro-paulo-diz-eduardo-paes-18054508>.

[21] Disponível em: <http://bit.ly/1BZjwTh>.

de todos esses quadros. A questão é que a ideologia por trás de tudo isso continua em vigor, ainda que se expresse de formas mais sutis. No caso do versículo, o valor que permanece é a culpabilização da vítima. Ninguém em sã consciência em nosso país acredita que uma vítima de estupro deva ser apedrejada, mas ainda vigora a ideia de que a mulher pode ser sim culpada pela violência sofrida, por causa das roupas que estava usando, por andar sozinha à noite ou por não reagir (não "gritar alto o suficiente").

Essas e outras ideias machistas são, até hoje, passadas de geração a geração. Desde pequenas, somos ensinadas a ser recatadas e doces. Ouvimos que temos que saber "nos valorizar", porque, quanto mais parceiros sexuais tivermos e mais livres formos com relação a nossos corpos, menor será nosso valor. Enquanto isso, nossos amiguinhos são incentivados a "ser homens", ou seja, viris e conquistadores. Mais velhos, aprendem que o "não" de uma mulher é um "sim" de quem não quer ser considerada "fácil". Nesse jogo de sedução, bastaria uma "forcinha" para ela "se soltar" — vale lembrar que, como vimos, muitos homens acham que "forçar sexo" não é cometer um estupro.

A violência contra a mulher na ficção: tudo é um conto de fadas?

Como produto de seu tempo, a mídia, por sua vez, acaba muitas vezes disseminando esses e outros valores nocivos em suas produções. Sucesso de audiência, a novela *Verdades secretas*, veiculada em 2015 pela Rede Globo, retratou o estupro da personagem Arlete, uma menina virgem de 16 anos, com uma carga de romance absurda. No capítulo em questão, a garota se recusa a beijar um menino. Ele, incapaz de entender que "não" é "não", droga a protagonista, para ela "relaxar". Quem droga uma mulher para ter algum tipo de contato sexual com ela nada mais é do que um estuprador.

A ideia de que uma mulher sem experiência sexual pode gostar de ser estuprada está muito presente na ficção. Em janeiro de 2016, a minissérie

Ligações perigosas, também da Rede Globo, exibiu uma cena na qual o personagem Augusto entra no quarto da jovem Cecília e a estupra, imobilizando-a na cama e a impedindo de gritar, enquanto a menina faz cara de dor e desespero. Ao fim da cena, porém, ela começa a demonstrar estar *gostando* de ser estuprada. Muitas pessoas defenderam a cena, argumentando que a reação dela se justificaria pelo fato de a minissérie se basear em um livro do século XVIII. Outras disseram que a cena original não romantiza o estupro. Independentemente da fidelidade ao original, a intenção de naturalizar essa violência fica clara ao observarmos a cobertura dada a ela pela mídia tradicional, que produziu notícias de títulos como "Cecília se entrega para Augusto: a jovem não vai resistir ao charme do playboy"[22] e chegou a ponto de publicar uma série de fotos do estupro com o título "O fim da inocência".[23]

Outro produto de ficção que romantiza os abusos sofridos por sua protagonista — também virgem — é o *best-seller* erótico *Cinquenta tons de cinza*. Atraente, poderoso e controlador, Christian persegue, ameaça, manipula e coage sexualmente Anastasia Steele, uma jovem universitária. Quando ela, bêbada, liga para ele logo após se conhecerem, ele se indigna com seu comportamento e rastreia seu celular para ir até onde ela está. No dia seguinte, diz que se ela fosse dele, "não sentaria por uma semana" depois do comportamento do dia anterior. Quando ela não age de acordo com seus desejos, ele diz que ela o está "desafiando". Quando ela reluta em concordar com os termos de um contrato que regularia a prática de BDSM[24] entre os dois, ele a embebeda para que ela concorde, em um episódio claro de coação sexual.

---

[22] Disponível em: <http://www.ofuxico.com.br/noticias-sobre-famosos/ligacoes-perigosas-cecilia-se-entrega-para-augusto/2016/01/07-255291.html>.

[23] A sequência foi publicada na edição impressa do jornal *Extra* de 9 de janeiro de 2016, na matéria "Alice Wegmann conta que ficou sem dormir após ver suas cenas em 'Ligações perigosas': 'Fiquei impactada.'"

[24] Acrônimo da expressão "Bondage, Disciplina, Dominação, Submissão, Sadismo e Masoquismo", um conjunto de padrões de comportamento sexual.

Em diversos momentos, é possível perceber que, apesar de se sentir atraída por Christian e de estar completamente embasbacada pelo fato de um homem tão bonito se interessar por ela, Anastasia sente medo dele. Em uma determinada cena, ela manda um e-mail de brincadeira para ele, dizendo que não quer mais vê-lo. Ele, levando a brincadeira a sério, aparece na casa dela para uma conversa cara a cara. Sozinha no quarto com ele, Anastasia procura com os olhos por uma rota de fuga, porque não se sente tranquila: "Não neste momento... não com você aqui."[25] Ainda no primeiro volume da trilogia, após (ser coagida a) aceitar as condições de Christian para a prática do BDSM, ela diz a ele com todas as palavras que "durante todo o processo", se sentiu "humilhada, aviltada e abusada". Então, ele continua a manipulá-la emocionalmente, pedindo para ela "abraçar" esses sentimentos incômodos por consideração a ele.[26]

O fato de *Cinquenta tons de cinza* ter se tornado o maior expoente recente da literatura erótica é, no mínimo, sintomático. Vivemos em uma sociedade que reprime e condena a sexualidade da mulher a tal ponto que a divulgação de fotos ou vídeos íntimos é usada como arma de intimidação. Quantos casos de pornografia de vingança já não levaram mulheres a perder o emprego, a ser publicamente humilhadas, a ser rechaçadas por conhecidos e, em casos extremos, a tirar a própria vida? Enquanto isso, os homens que dividiram com elas momentos dessa intimidade cruelmente exposta foram completamente esquecidos, quando não celebrados.

É claro que, nesse contexto social, nenhuma obra que exaltasse verdadeiramente a liberdade sexual feminina conseguiria obter a aceitação massiva alcançada por *Cinquenta tons de cinza*. O único produto capaz de ser assimilado por uma sociedade que recrimina a sexualidade da mulher é um que faz episódios de violência emocional e sexual se passarem por pornografia para o público feminino. É um produto que, inserido em

[25] James, 2012, p. 66.

[26] Ibidem, pp. 254-255.

um gênero literário que poderia ajudar as mulheres a se libertarem das amarras sociais e entrarem em contato com sua sexualidade de forma sadia, faz justamente o contrário, difundindo visões deturpadas do que deve ser um relacionamento sexual.

Deturpadas e, diga-se de passagem, perigosas. A questão é que, apesar de ficcionais, narrativas como as de *Cinquenta tons de cinza*, *Verdades secretas* e *Ligações perigosas* acabam por anuviar conceitos como consentimento sexual e dificultar a detecção de sinais de abuso, pois nos ensinam que comportamentos abusivos são sinais de preocupação e carinho ou meros jogos de sedução e erotismo. Quantas mulheres, depois de ler *Cinquenta tons de cinza*, não desejaram ter um relacionamento como o de Christian e Anastasia — ou seja, um relacionamento abusivo? Quando milhares de mulheres são capazes de ler o relato de uma personagem que se diz abusada e humilhada e ainda achar que o homem responsável por fazê-la sentir-se assim é um príncipe encantado, temos um problema sério.

O apagamento e o reforço da violência na mídia

Fora dos muros da ficção, a naturalização do abuso pode se dar por meio do uso de expressões que mascaram a carga de violência desses casos, como "forçar sexo", em vez de "estuprar"; "crime passional", em vez de "feminicídio"; "cantada", em vez de "assédio". Um exemplo concreto é o caso de Valentina, participante do *reality show Master Chef Junior*, que, aos 12 anos, foi alvo de centenas de comentários de cunho sexual espalhados pela internet. Ciente do caso que levou milhares de mulheres a compartilharem as histórias do seu #primeiroassédio, tudo que a emissora que veicula o programa disse foi lamentar as "desagradáveis manifestações de mau gosto"[27] dirigidas à menina. Ao reduzir a apologia ao

[27] Disponível em: <http://portalimprensa.com.br/noticias/brasil/74898/em+nota+band+repudia+mensagens+pedofilas+sobre+participante+do+masterchef+junior>.

abuso de uma criança a uma questão de mau gosto, o que a Band fez foi apagar completamente a face criminosa e violenta do que estava sendo dito.

É verdade que, à primeira vista, todas essas imprecisões vocabulares e narrativas podem parecer inofensivas, mas certamente não são. Todos os discursos e narrativas que apresentamos estão dotados de um valor cultural muito profundo que, ao ser transmitido pela mídia e repetido constantemente, acaba se entranhando ainda mais em nossas vidas — e produzindo efeitos muito reais.

Em maio de 2015, o ator Alexandre Frota confessou em rede nacional ter estuprado uma mulher, imobilizando a vítima com tamanha força que ela chegou a desmaiar durante o ato. Como o público recebeu o relato? Com risadas e aplausos intensos. Depois de ser alvo de críticas de diversos internautas, Frota se defendeu dizendo que tudo o que tinha sido dito não passava de mera encenação[28] — era só uma piada! Era? Caso seja, onde está a graça?

Como todo discurso, as piadas também carregam e reforçam uma série de valores culturais. No caso de piadas e brincadeiras machistas, o valor é, obviamente, a misoginia — a raiz de todos os tipos de violência contra a mulher. Há quem diga que tudo não passa de exagero ou que as críticas às piadas machistas nada mais são do que um ataque à liberdade de expressão. Talvez esse direito inviolável esteja sob ataque, mesmo. Ainda bem que para salvá-lo contamos com o "admirável" empenho de cidadãos de bem que, em atos de coragem e bravura, se rebelam contra a ditadura do politicamente correto e se expõem a todo tipo de confronto, tudo para defender o nobre direito de rir dos piores traumas e estigmas que uma mulher pode carregar.

[28] Disponível em: <http://extra.globo.com/famosos/apos-declaracao-sobre-estupro-ameaca-alexandre-frota-denuncia-policia-ativista-que-repudiou-17028976.html>.

O enfrentamento da violência

Diante de toda essa naturalização, o combate à violência se torna muito difícil. A aprovação de leis como a Lei Maria da Penha e a Lei do Feminicídio, que tipificou esse crime como qualificador de homicídios e o incluiu no rol de crimes hediondos, são marcos legais importantes para esse enfrentamento. Embora mostre que a LMP não reduziu o número de homicídios femininos desde sua implantação, o Mapa da Violência 2015 revela que ela foi responsável por desacelerar o crescimento desse número. No período anterior à lei analisado pela pesquisa (1980-2006), o crescimento do número de casos era de 7,6% ao ano, e o da taxa (número de mortes a cada 100 mil habitantes) era de 2,5% ao ano. No período após a implementação da lei (2006-2013), essas porcentagens caíram para 2,6% e 1,7% ao ano, respectivamente.[29]

É preciso analisarmos, porém, a quem essas políticas públicas atingem efetivamente. É fato que toda mulher pode ser vítima de violência doméstica, assim como de todos os outros tipos de abuso que abordamos. Mas existem aquelas que, devido a outros fatores sociais, estão mais vulneráveis a situações de violência. É o caso das mulheres negras, cujo número de homicídios subiu 54% de 2003 a 2013, enquanto o das brancas caiu 9,8%.[30] Nas palavras da filósofa política Djamila Ribeiro:

> Isso só mostra que as feministas negras têm razão de ficar cobrando e de falar que é importante ter um olhar interseccional, que é importante [ter] políticas públicas específicas. Acho que isso só mostra que as políticas que foram feitas não estão atingindo as mulheres negras. Não estão pensando nas mulheres negras pra fazer. Quando a gente fala que tem que fazer um recorte, é justamente por isso, porque, muitas vezes, a gente nem nomeia um

---

[29] Disponível em: <http://www.mapadaviolencia.org.br/pdf2015/MapaViolencia_2015_mulheres.pdf>.

[30] Ibidem.

problema. Então, se a gente não nomeia um problema, a gente não vai nem sequer pensar soluções pra ele. Se a gente tratar tudo como violência contra a mulher no geral, sem perceber que a mulher negra, por sofrer racismo, por estar numa situação mais vulnerável, precisa de mais políticas, às vezes de mais apoio, a gente vai continuar tendo números como esses. Então, acho que ter um olhar interseccional é importante, porque a gente faz um diagnóstico muito mais real. A gente sofistica modos de ação política pra pensar as especificidades dessas mulheres. Isso só prova que esse tipo de política universal não funciona.[31]

É também o caso das mulheres de classe baixa — em sua maioria, negras —, a quem o Estado muitas vezes não chega com a mesma facilidade com que chega a mulheres de classes mais altas, e que, devido às dificuldades econômicas, precisam de maior apoio estrutural para deixar situações de violência. Para atingir a essas e outras mulheres em situação de vulnerabilidade, é preciso, como disse Djamila, atentarmos para as suas especificidades e pensarmos em novas formas de atuação.

Além disso, é importante percebermos que o enfrentamento da violência contra a mulher precisa ir muito além da sua judicialização. Mais do que tudo, a violência sistêmica contra as mulheres é um problema que tem raízes em traços culturais milenares que ainda encontram refúgio em nossa sociedade patriarcal. Por isso, somente quando conseguirmos descontruir os preceitos machistas que fazem com que o abuso seja naturalizado, romantizado e, convenhamos, abertamente incentivado, é que poderemos nos ver, enfim, livres de violência.

---

[31] Disponível em: <http://justificando.com/2015/11/28/as-politicas-publicas-nao-estao-atingindo-as-mulheres-negras-afirma-filosofa/>.

Referências

HENDERSON, A. J. Z. *He Loves Me; He Loves Me Not*: attachment and separation resolution of abused women. Burnaby, Canadá: Simon Fraser University, jun. 1994. 68 pp. Dissertação.

JAMES, E. L. *Cinquenta tons de cinza*. Rio de Janeiro: Intrínseca, 2012.

Padrão de beleza: a feminilidade em moldes patriarcais e a gordofobia

#MeuAmigoSecreto diz por aí que odeia padrões de beleza, mas nunca se relacionou com uma mulher que não se encaixasse neles.

Nas últimas décadas, mulheres conquistaram posições importantes na sociedade, em termos tanto legais como profissionais. Paralelamente a essa escalada de poder, porém, aumentaram os distúrbios ligados à alimentação, a obsessão pelas cirurgias plásticas e a necessidade artificialmente provocada de corresponder a um modelo idealizado de mulher, de acordo com o qual a velhice e a obesidade são motivos para a estigmatização. O que veremos aqui é como isso não é algo recente, mas sim um processo que sofreu evoluções e mudanças ao longo dos séculos.

A história e a evolução dos padrões de beleza

Nada disso é verdade. A "beleza" é um sistema monetário semelhante ao padrão-ouro. Como qualquer sistema, ele é determinado pela política e, na era moderna no mundo ocidental, consiste no último e melhor conjunto de crenças a manter intacto o domínio masculino. Ao atribuir valor às mulheres numa hierarquia vertical, de acordo com um padrão físico imposto culturalmente, ele expressa relações de poder segundo as quais as mulheres precisam competir de forma antinatural por recursos dos quais os homens se apropriaram. [1]

(Naomi Wolf, *O mito da beleza*)

[1] Wolf, 1992.

O padrão de beleza nem sempre foi como o que conhecemos atualmente. Ao longo da história, as qualidades que um determinado período considera belas nas mulheres são apenas símbolos do comportamento feminino que aquele período julga ser desejável e aceitável. Assim, em várias sociedades e períodos históricos, há a representação social do que é beleza, que modela o padrão preponderante da época e da cultura. Vamos abordar essas evoluções e entender quais foram esses padrões, por que se definiram de determinada maneira e por quem foram estabelecidos. Essa evolução será abordada de um ponto de vista eurocentrado, já que esse é o padrão dominante de cultura colonizadora.

Vamos começar pela Pré-História, quando encontramos os primeiros símbolos de feminilidade em esculturas paleolíticas. Uma delas, a Mulher de Willendorf (ou Vênus), esculpida há mais de 22 mil anos, retrata uma idealização do corpo feminino totalmente diferente da de hoje: seios, barriga e vulva são extremamente volumosos e representariam fertilidade, saúde, fartura e maternidade, sendo este considerado o maior atributo da mulher em uma época em que a perpetuação da espécie era uma questão de sobrevivência. Essas esculturas eram amuletos de representação do divino.

Já na Antiguidade, foi no período de ascensão de Atenas, no século V a.C., que os gregos passaram a ter uma percepção mais aguçada do belo estético. Ocorria então o desenvolvimento das artes, especialmente da pintura e da escultura, cujas representações retratavam a beleza ideal, a perfeição da natureza. O corpo humano belo era aquele no qual havia harmonia e proporção entre as partes. A beleza passou a ser identificada com a proporção matemática. Mulheres eram retratadas com seios fartos e quadris largos, formas arredondadas e harmônicas, sempre proporcionais e simétricas em relação ao restante do corpo. Vênus de Milo (Afrodite) era a deusa que refletia o padrão feminino da época. Um belo corpo era tão importante quanto uma mente brilhante. E o que era belo? Segundo historiadores, para os gregos antigos, o conceito da beleza não girava em torno do corpo feminino, mas sim do masculino. A beleza era uma qualidade do corpo masculino, em especial do homem rico, másculo e grego. Afinal, naquela sociedade, somente o homem tinha direito à cidadania, isto é, à vida política, e isso fazia parte da atribuição do belo. Já a beleza feminina era tratada como um trunfo perigoso.

Na Idade Média não havia muita preocupação com a estética, uma vez que a vaidade passou a ser condenada pela Igreja. A beleza seria uma consequência da vida devota e denotava uma alma pura e casta, como a da Virgem Maria. Ainda assim, rosto angelical, lábios pequenos e rosados e cabelo cor de ouro eram o trunfo das mulheres medievais. Já para os homens, a beleza estava associada ao poder, e em geral, o rei simbolizava esse ideal, relacionado à divindade.

Os renascentistas trouxeram a mulher representada na pintura: os cabelos alvos, a pele clara, o pescoço longo e os ombros e peitos fortes eram o modelo de beleza do Maneirismo, escola de pintura que exagerava nas formas. Nessa época há um retorno dos ideais de beleza greco-romanos somados à gordura, que era um indicativo de status social e ostentação. Braços roliços, quadris largos e celulites eram sinais de volúpia e nobreza. Esse padrão servia tanto para os homens quanto para as mulheres. No período renascentista, o ideal de beleza da mulher estava estreitamente relacionado à riqueza e à vida ociosa dos ricos. Somente as mais abastadas tinham acesso a uma boa alimentação, e as mulheres gordas eram as mais admiradas. O Renascimento foi também um período em que se tornou mais importante que as mulheres fossem "diferentes" dos homens, tanto na forma de se vestir como na aparência e no comportamento. Foi atribuído um novo valor à beleza, reconhecida como sinal exterior e visível de uma "bondade" interior e invisível. A beleza não era mais considerada um trunfo perigoso, como na Antiguidade, mas antes um atributo necessário do caráter moral e da posição social.

A partir do século XVII, o ideal de beleza feminino sofreu uma grande transformação, passando a exigir formas mais delicadas. A cintura, maior objeto de desejo, ficou cada vez mais fina por meio do uso de espartilhos, de vários modelos e materiais, até mesmo de ferro, o que dava maior flexibilidade à peça a fim de que a cintura fosse mais pressionada. Para esse fim, as mulheres usavam o espartilho por baixo dos vestidos, que eram tão apertados que com frequência causavam desmaios devido à dificuldade de respirar, havendo até relatos de fratura de costelas. As roupas, a maquiagem e os cabelos eram chamativos e mais elaborados. As mulheres manifestavam uma tendência para se vestir de forma mais pudica. Os vestidos compridos e volumosos revelavam uma cintura torneada ainda mais delgada pelo uso do espartilho e, quando os costumes mais liberais o permitiam, podiam até mesmo exibir um peito leitoso e adequadamente empoado e pintado com rouge ou, por vezes, vinho tinto.

No século XIX, as formas mais avantajadas e a face corada ganharam novamente destaque entre a burguesia, pois representavam fartura e saúde diante de uma pobreza de aparência pálida e magra. A Revolução Industrial acentuou as diferenças entre classes sociais e colocou em destaque, no século seguinte, tudo o que provinha da riqueza, recuperando o ideal renascentista de beleza. Apesar disso, o corpo desejado era o que tinha forma de ampulheta. Para adquiri-lo, mulheres de todos os tamanhos utilizavam os famigerados espartilhos cada vez mais apertados. Foi também a partir desse momento que começaram a se disseminar manuais de medicina que indicavam a necessidade da realização de exercícios físicos como forma de se alcançar um corpo considerado ideal, dando início à relação entre saúde e elegância. Já no século seguinte, o corpo volumoso deixou de ser sinônimo de saúde e de boa aparência. A magreza começou a ser um ideal e, para muitos, uma verdadeira obsessão, posteriormente refletida nos filmes hollywoodianos e na mídia.

Nos anos 50 e 60 do século XX, o corpo da mulher começou a ser mais erotizado, ainda mais curvilíneo e exposto. Atrizes como Brigitte Bardot e Marilyn Monroe são não apenas ícones de beleza, mas também símbolos sexuais daquela década, graças aos moldes criados e disseminados pelos filmes de Hollywood. Ironicamente, foi na década de 1960 que surgiu a primeira pílula anticoncepcional, que, apesar de ser símbolo de liberdade sexual, tinha como propósito também tornar as mulheres mais ativas sexualmente, uma vez que poderiam exercer maior controle sobre sua fertilidade; mas, na verdade, tem como efeito colateral a diminuição da libido.

A década de 1970 foi marcada pela antecipação de uma tendência que viria com força nas próximas décadas: a magreza. Um bom exemplo foi a modelo Twiggy, ícone de beleza e elegância da época, que ostentava pernas finíssimas e até mesmo exibia uma certa fragilidade. O corpo da modelo inglesa de 1,70 metro e 45 quilos tornou-se o biótipo imitado pelas jovens daquele tempo. Foi o auge da estética "Lolita",[2] com a sexualização de looks quase infantis. Para manter o ideal de corpo adolescente, as revistas femininas pregavam as dietas e os exercícios. Vale lembrar que nessas décadas, após um longo silêncio, as mulheres ganharam as ruas. Foi um período de atividade radical que se seguiu ao renascimento do feminismo no início dos anos 1970: as mulheres ocidentais conquistaram

[2] *Lolita* é um romance de Vladimir Nabokov, publicado em 1955. Conta a história da obsessão de Humbert Humbert, um cínico intelectual de meia-idade, por Dolores Haze, a Lolita, uma criança de 12 anos.

direitos legais e de controle de reprodução, alcançaram a educação superior, entraram para o mundo dos negócios e das profissões liberais e desafiaram crenças antigas e sedimentadas quanto ao seu papel social. O feminismo eclodiu na Europa e nos Estados Unidos bastante impulsionado pela efervescência política e cultural pela qual essas regiões passavam em uma época em que se colocavam em xeque os valores conservadores da organização da sociedade.

> *Quanto mais numerosos foram os obstáculos legais e materiais vencidos pelas mulheres, mais rígidas, pesadas e cruéis foram as imagens da beleza feminina impostas a nós.*
>
> **(Naomi Wolf)**

Os anos 1980 foram a década do poder e dos exageros visuais. A mulher passou a ocupar muito mais áreas antes reservadas aos homens, ganhando status e dinheiro — tornaram-se engenheiras, arquitetas, gerentes de empresa, entre outras, e até mesmo donas de seu próprio negócio. Com o culto ao corpo começou a corrida para as academias, o consumo de vitaminas, a geração saúde. A maquiagem passou a ficar mais chamativa, com cores diversas e bastante carregada. Nos cabelos, usava-se gel para o look molhado, mousse para dar volume, além de permanentes e topetes altos. No fim da década, surgiram as supermodelos e seus corpos atléticos, magros porém cheios de curvas, pernas torneadas, seios e quadris largos. Linda Evangelista, Naomi Campbell, Cindy Crawford, Claudia Schiffer representavam o padrão de desejo, ocupando o imaginário da mídia e do público, antes reservado às estrelas de Hollywood.

Nos anos 1990, o corpo idealizado da mulher alfa — uma mulher atlética, destemida e inteligente — foi cedendo lugar ao estilo *heroin chic*, caracterizado pela magreza excessiva, palidez, olheiras, cabelo liso e sem volume. A modelo Kate Moss personificou esse estilo, muito reproduzido em editoriais de moda. Durante a década de 1990 e o início dos anos 2000, a ditadura da magreza pareceu se tornar mais hegemônica, talvez como consequência da expansão da comunicação e da imagem como símbolo. Ser magra tornou-se uma verdadeira obsessão, e mulheres altas e delgadas consagram o novo modelo estético. Para alcançar esse padrão, muitas mulheres se esforçam em dietas malucas. Na busca cada vez mais árdua pelo corpo "ideal", casos de bulimia e anorexia passam a ser cada vez mais frequentes, mas demoram a ter a devida atenção dos profissionais e órgãos da área de saúde.

O início dos anos 2000 é marcado pela busca de um corpo mais sarado, que ainda vigora nos dias atuais. Não há apenas algumas mulheres-símbolos famosas, mas sim diversas "musas fitness", com seus blogs e perfis no Instagram, como forma de incentivo e disseminação de seus ideais de beleza. De acordo com esse padrão, os corpos são magros e com músculos definidos. Iniciou-se também uma "ditadura da juventude": nunca se usaram tantos recursos médicos e tecnológicos para eliminar ou suavizar traços de envelhecimento.

Questionando a função do padrão e a desmistificação de seus mecanismos de controle

> *Há uma corrente de teóricos que acreditam que, com tantos avanços femininos, a ditadura do corpo ideal é uma forma de ainda deter a mulher. E faz sentido, já que a maior parte acaba cedendo à pressão.*
>
> **(Marjorie Vicente, psicóloga, em entrevista para o portal UOL)**

Podemos observar que ao longo dos séculos ser bela foi se tornando uma obrigação, já que o conceito de feiura foi associado a uma desobediência social. Se tornou um vício repelir tudo o que ele representa. A aparência tornou-se um reflexo do íntimo, de forma que todos pudessem percebê-lo e julgá-lo como aceitável ou não, segundo os conceitos do belo. Assim, os cânones da beleza feminina e o modelo ideal de mulher sofreram diversas transformações: de esbelta a roliça e de natural a maquiada. A silhueta e o rosto feminino foram correspondendo às diferentes imposições de dieta, juventude, estatuto, poder e riqueza, dando origem a novos padrões de aparência e gosto, a novos ideais de beleza e erotismo.

Com tudo isso podemos concluir que esse padrão de beleza, além de ignorar outras culturas, sempre foi uma forma de subordinar o corpo feminino a uma cultura eurocentrada patriarcal. Segundo Naomi Wolf, o que o mito da beleza está fazendo às mulheres hoje é consequência unicamente da necessidade da cultura, da economia e da estrutura de poder contemporâneo de criar uma contraofensiva contra as mulheres. Pesquisas recentes revelam que em meio à maioria das mulheres que trabalham, têm sucesso, são atraentes e, por consequência, controladas no mundo ocidental, existe uma subvida secreta que envenena nossa liberdade: imerso em conceitos de beleza, há um escuro filão de ódio a nós mesmas, manifestado em obsessões com o físico, pânico de envelhecer e pavor de perder o controle. Não é por acaso que tantas mulheres potencialmente poderosas se sentem dessa forma. Estamos diante de uma violenta reação contra o feminismo que emprega imagens da beleza feminina como arma política contra a evolução da mulher.

Em seus últimos trabalhos, *Vigiar e punir* e *História da sexualidade*, Michel Foucault salienta constantemente a primazia da prática sobre a crença. Não necessariamente por meio de uma "ideologia" em si, mas por meio de uma estrutura organizadora e regulamentadora do tempo, do espaço e dos movimentos da vida cotidiana. Com isso, nosso corpo é disciplinado, moldado e marcado pelo cunho das formas históricas predominantes de individualidade, desejo, masculinidade e feminilidade.

> Essa ênfase lança uma sombra carregada e inquietante sobre o panorama contemporâneo, pois, em comparação com qualquer outro período, nós, mulheres, estamos gastando muito mais tempo com o tratamento e a disciplina de nosso corpo, como demonstram inúmeros estudos. Em uma época marcada pela reabertura

do âmbito público às mulheres, a intensificação desses regimes parece diversionista e desmobilizadora. Por meio da busca de um ideal de feminilidade evanescente, homogeneizante, sempre em mutação — uma busca sem fim e sem descanso, que exige que as mulheres sigam sem cessar mudanças insignificantes e muitas vezes extravagantes da moda —, os corpos femininos tornam-se o que Foucault chama de "corpos dóceis": aqueles cujas forças e energias estão habituadas ao controle externo, à sujeição, à transformação e ao "aperfeiçoamento". Ao nos submetermos disciplinas rigorosas e reguladoras sobre a dieta, a maquiagem e o vestuário — princípios organizadores centrais do tempo e do espaço nos dias de muitas mulheres —, somos convertidas em pessoas menos orientadas para o social e mais centradas na automodificação. Induzidas por essas disciplinas, continuamos a memorizar em nossos corpos o sentimento e a convicção de carência e insuficiência, a achar que nunca somos suficientemente boas. Em casos extremos, as práticas da feminilidade podem nos levar à absoluta desmoralização, à debilitação e até a morte.[3]
Debilitam e levam à morte pois colocam nossa saúde em risco, promovem distúrbios alimentares e estimulam a submissão a procedimentos estéticos arriscados.

Para Susan Bordo,[4] o corpo funciona como uma metáfora da cultura, e essa densa rede discursiva tece as malhas simbólicas e normativas da definição do feminino. Afirma a autora que "Por meio de disciplinas rigorosas e reguladoras de dieta, maquiagem e vestuário — princípios organizadores centrais do tempo e do espaço nos dias de muitas mulheres — somos convertidas em pessoas menos orientadas para o social e mais centradas na automodificação. Podemos considerar isso se tomamos como exemplo a figura do tipo "ampulheta" do século XIX, que realçava

[3] Jaggar; Bordo, 1997, p. 20.

[4] Ibidem, pp. 19-20.

peitos e ancas em contraste com uma cintura de vespa, uma forma simbólica "inteligível" que representava um ideal doméstico, sexualizado da feminidade. O contraste cultural bem definido entre a forma feminina e a masculina, tornado possível pelo uso de espartilhos, crinolinas,[5] entre outros, refletiu, simbolicamente, a divisão claramente definida da vida social e econômica nas esferas masculina e feminina. Ao mesmo tempo, para conseguir a aparência preconizada, exigia-se uma conduta feminina particular: usar espartilhos apertados, comer o mínimo, movimentar-se pouco, andar de salto alto — o que resultava em um corpo feminino incapaz de executar atividades fora de sua esfera designada.

> *Significa muito pouco para mim ter o direito ao voto, a possuir propriedades etc., se eu não puder ter o pleno direito sobre o meu corpo e seus usos.*[6]
>
> **(Lucy Stone, sufragista, em 1855)**

Oitenta anos mais tarde, depois que as mulheres conquistaram o direito ao voto e que a primeira onda do movimento feminino organizado se acalmara, Virgínia Woolf escreveu que ainda se passariam décadas até as mulheres poderem contar a verdade sobre seus corpos.[7]

Padrão x gordofobia: Intolerância e preconceito

Toda a história do que é considerado belo e bonito em determinadas épocas e sociedades se traduz em padrões estéticos impostos aos corpos femininos ao longo do tempo. Hoje esse padrão é dual: modelos magras e altas seguem sendo a referência do belo para o mundo da moda, mas elas coexistem com as "musas fitness", mais musculosas e atléticas, mas,

---

[5] As crinolinas eram armações usadas sob as saias para lhes conferir volume, sem a necessidade do uso de várias anáguas.

[6] Wolf, 1992.

[7] Woolf *apud* Wolf, 1992.

ainda assim, magras. Cobranças do tipo "Já começou uma dieta?", portanto, são parte do cotidiano das mulheres.

Essas cobranças não são apenas uma preocupação com a saúde e o bem-estar. Dificilmente se vê questionamentos desse tipo sendo dirigidos às pessoas magras com hábitos de vida nada saudáveis. No máximo, se ouve o famigerado "Cuidado para não engordar!". Isso demonstra que a preocupação é, na verdade, com o fato de a pessoa ser gorda (ou engordar). É importante frisar que sedentarismo e má alimentação não são inerentes à obesidade, havendo uma infinidade de pessoas gordas que praticam exercícios e têm hábitos alimentares saudáveis, e pessoas magras com problemas de saúde e debilitadas por diversos fatores. Esse repúdio à pessoa gorda é uma forma de discriminação que chamamos de *gordofobia.*

Atividades que a princípio seriam simples, como sair de casa, fazer compras, ir à praia, sair com amigos, ir a um almoço de família, como tantas outras atividades prazerosas do dia a dia, são deixadas de lado por causa do medo, da humilhação e dos constrangimentos causados pela gordofobia. Em um mundo onde a magreza representa saúde e sucesso, sendo este medido por quão próxima uma pessoa está dos moldes ditos perfeitos, as pessoas gordas passam a acreditar que são inferiores, indesejáveis e incapazes.

Ainda hoje a palavra "gordo(a)" é vista como um xingamento ou uma piada. Isso está tão naturalizado que a maioria das pessoas não consegue nem enxergar quão problemático é carregar a palavra "gordo(a)" de um sentido pejorativo, se desesperar porque engordou alguns quilos ou porque a calça 38 ficou apertada e talvez seja preciso migrar para o manequim 40. Não é uma questão de escolher entre emagrecer ou não, mas sim de parar de associar o ato de engordar a alguma espécie de tragédia.

Apesar de a gordofobia atingir ambos os gêneros, a cobrança e o controle sobre o corpo feminino são particularmente mais intensos e mais rígidos, uma vez que estipulados e legitimados por um sistema patriarcal. Nosso potencial como mulher e nosso valor como pessoa estão diretamente atrelados a nossa capacidade de nos enquadrar nos padrões inatingíveis de beleza determinados pela indústria da moda, pela indústria de cosméticos ou pela mídia. É curioso perceber, por exemplo, como o corpo das atrizes é constantemente vigiado e vira notícia se elas saem do limite aceitável de gordura.

Todas as mulheres sofrem com a imposição de padrões estéticos, em maior ou menor grau. Esse sofrimento é inclusive físico: fomos presas em espartilhos, nossos pés doem para nos equilibrarmos em saltos, sem contar o sofrimento psicológico de nunca estarmos satisfeitas com nosso corpo e de não podermos envelhecer. Sofremos por sermos mulheres, por estarmos submetidas ao que chamamos de "pressão estética", que não é, como a gordofobia, uma forma de discriminação, porém é uma forma de controle sobre nosso corpo.

O mundo atual não é feito para pessoas gordas, literalmente. Os espaços (cadeiras, assentos em transporte público e particular, roletas, portas, mobiliário urbano em geral) não são projetados para pessoas gordas. Além disso, ser gorda é ter que ouvir de um empresário que a marca dele não fabrica roupas em tamanhos maiores porque pessoas gordas não são compatíveis com a imagem ideal de sua empresa, o mesmo empresário não contrata pessoas gordas com a desculpa de não querer ter gastos com a sua saúde possivelmente debilitada; é não conseguir comprar uma simples peça de roupa, por mais básica que seja, e ao encontrá-la não ter muitas opções; é não poder fazer a própria refeição em paz, seja ela composta de salada ou pizza, por ter que lidar com olhares e comentários maldosos.

O subversivo empoderamento da mulher: um desafio do feminismo

É muito mais difícil destruir o impalpável do que o real.[8]

(Virgínia Woolf)

É também papel do feminismo combater imposição de padrões estéticos. É nossa pauta nos conscientizarmos de que querer cuidar de si mesma e amar outras pessoas significa respeitá-las em primeiro lugar, jamais excluí-las, envergonhá-las ou constrangê-las. É imprescindível o combate aos discursos de ódio e de má-fé disfarçados de preocupação com a saúde e o bem-estar.

Quando uma mulher que não se enquadra nos padrões se empodera, se aceita, se ama e é feliz com seu corpo, está indo contra tudo o que foi imposto a ela e a outras mulheres a vida inteira. Pessoas não acreditam, por exemplo, que uma mulher possa ser gorda e ser feliz ao mesmo tempo. Não pode estar satisfeita com suas estrias e celulites, com seu cabelo — principalmente se for crespo —, com seus pelos, suas espinhas, suas olheiras, a cor da sua pele, pois, como vimos, o padrão eurocêntrico e racista ignora a existência da beleza em traços, cores e formas que não se enquadrem no fenótipo europeu. A sociedade vai fazer o trabalho de lembrar isso a essas mulheres o tempo todo, em uma vigilância constante aos seus corpos.

Por essa razão, quando falamos do nosso corpo, entendemos que ele é parte da nossa luta. Amar o próprio corpo, principalmente o corpo que subverte o padrão estético vigente, é um ato político.

[8] Woolf *apud* Wolf,1992.

Referências

"A beleza natural da mulher renascentista". *GGPremium*, 5 out. 2014. Disponível em: <http://ggpremium.blogspot.com.br/2014/10/a-beleza-natural-da-mulher-renascentista.html>.

Blog Gordativismo. Disponível em: <http://gordativismo.com.br/>. Acesso em: 25 fev. 2016.

BORDO, Susan R.; JAGGAR, Alison M. *Gênero, corpo, conhecimento*. Rio de Janeiro: Rosa dos Tempos, 1997.

BOURDIEU, Pierre. *A dominação masculina*. Rio de Janeiro: Bertrand Brasil, 1999.

DOMINGUES, Joelza Ester. "A beleza da Grécia Antiga ao século XIX". *Ensinar História*, 4 mar. 2015. Disponível em: <http://www.ensinarhistoriajoelza.com.br/a-beleza-na-grecia-antiga-e-hoje/>.

FERLA, Natasha; Feno, Dani. "Entendendo a diferença entre pressão estética e gordofobia. Sim, ela existe!". *Capitolina*, 7 jun. 2015. Disponível em: <http://www.revistacapitolina.com.br/entendendo-diferenca-entre-pressao-estetica-e-gordofobia-sim-ela-existe/>.

FOUCAULT, Michel. *Vigiar e punir*. Petrópolis: Vozes, 1987.

______. *Histoire de la sexualité*. v. I. Paris: Gallimard, 1976.

MORAES, Luciana; PTRC, Rchl. "Feminismo e a luta antigordofobia: de mãos dadas pela libertação do corpo da mulher". Disponível em: <https://medium.com/falando-sobre-gordofobia/feminismo-e-a-luta-anti-gordofobia-de-m%C3%A3os-dadas-pela-liberta%C3%A7%C3%A3o-do-corpo-da-mulher-d98b995de65a#.qz3nbn31y>.

NORONHA, Heloísa. "Novela humilha personagem gorda e ensina que felicidade depende de marido". Uol Mulher Comportamento, 10 mar. 2013. Disponível em: <http://mulher.uol.com.br/comportamento/noticias/redacao/2013/10/10/novela-humilha-personagem-gorda-e-ensina-que-felicidade-depende-de-marido.htm>.

NUNES, Amanda. "A ditadura do corpo ideal e o preconceito velado". *Blogueiras Feministas*, 13 mar. 2014. Disponível em: <http://blogueirasfeministas.com/2014/03/a-ditadura-do-corpo-ideal-e-o-preconceito-velado/>.

PTRC, Rchl. "Sobre as diferenças entre pressões estéticas e gordofobia". Disponível em: <https://medium.com/falando-sobre-gordofobia/sobre-as-diferen%C3%A7as-entre-press%C3%B5es-est%C3%A9ticas-e-gordofobia-1b596072c02d#.s5sk2bz64>.

SWAIN, Tania N. "Feminismo e recortes do tempo presente: mulheres em revistas 'femininas' ". *São Paulo em Perspectiva*, São Paulo, v.15, n. 3, 2001.

WOLF, Naomi. *O mito da beleza:* Como as imagens de beleza são usadas contra as mulheres. Rio de Janeiro: Rocco, 1992.

Mulheres e comunicação: um cenário que não desce redondo

#MeuAmigoSecreto não acredita que mulheres sejam suficientemente criativas, por isso ele acha normal que elas não tenham uma participação expressiva na comunicação.

As cenas se repetem: a musa de corpo de violão serve para um homem um copo de cerveja bem gelada, com gotículas de suor escorrendo — no copo e no corpo; a mulher seminua em anúncios dos mais diversos produtos; a louca obcecada por usar o cartão de crédito do marido; a moça que atrapalha o futebol na TV do namorado; a mãe que em maio ganha um conjunto de panelas.

Em 1995 foi assinada a Declaração e Plataforma de Ação da IV Conferência Mundial Sobre a Mulher,[1] da qual o Brasil é signatário e cujos objetivos são: "Aumentar o acesso das mulheres aos processos de expressão e de tomada de decisões na mídia e nas novas tecnologias de comunicações, aumentar também sua participação nessas áreas, bem como aumentar a possibilidade para elas de expressar-se pelos meios de comunicação e as novas tecnologias de comunicação" e "promover uma imagem equilibrada e não estereotipada da mulher nos meios de comunicação". Entre as medidas sugeridas para que seja possível atingir essas metas estão: promover a participação de mulheres nas políticas macroeconômicas, em igualdade com os homens, educar a população sobre o teor preconceituoso de estereótipos de gênero, desestimular a apresentação de mulheres na mídia como seres inferiores e objetos de

[1] Encontro realizado pela Organização das Nações Unidas para a promoção da igualdade de gênero e eliminação da discriminação contra meninas e mulheres. Disponível em: <http://www.unfpa.org.br/Arquivos/declaracao_beijing.pdf>.

exploração sexual e promover campanhas sobre os direitos das mulheres. Não é fácil identificar onde esse raciocínio se perdeu na prática. A publicidade brasileira viola sistematicamente a dignidade humana com comerciais veiculados nas mais diversas mídias, como televisão, revistas e rádio, reforçando o lugar-comum, colocando a mulher em posição de inferioridade, ignorando negras e indígenas e desvalorizando a diversidade sexual. Em um primeiro momento, toda essa situação soa como normal, porque a não reflexão sobre a imagem da mulher na publicidade é naturalizada, enquanto, ao mesmo tempo, são repudiadas as tentativas de revisão sobre a forma como essa imagem é passada.

O site do Meio&Mensagem,[2] uma das publicações especializadas em comunicação mais respeitadas do país e grande referência em notícias e artigos sobre publicidade e marketing, publicou, em janeiro de 2016, uma pesquisa feita com as trinta maiores agências brasileiras sobre a atuação das mulheres na área de criação. De quase duzentos profissionais em função de liderança, apenas onze eram mulheres. A primeira curiosidade da matéria é que ela começa apontando que "existem muitas mulheres atuando em agências de publicidade, algumas delas em funções diretivas". Atentemos para a segunda parte da sentença e notemos que ela frisa a ideia de que algumas "até" conseguem trabalhar em cargos decisórios.

Na ocasião da apresentação dos dados, houve um debate na página oficial do Meio&Mensagem no Facebook, que contou com a participação de pessoas que atuam na área e que deram sua opinião sobre o gráfico. A opinião de homens deixou explícito o preconceito de gênero existente, com afirmações infundadas como, por exemplo, a sugestão de que a escolha de candidatos a vagas de emprego se baseia apenas na avaliação do portfólio. Logo, mulheres não seriam contratadas por não terem experiência suficientemente sólida. Esse tipo de argumento é comum quando se fala sobre ascensão profissional e é notadamente influenciado pela

[2] Disponível em: <http://www.meioemensagem.com.br/home/comunicacao/noticias/2016/01/12/Mulheres-sao-20-porcento-da-criacao-das-agencias.html>.

meritocracia, esse discurso negligente em relação à realidade social, que preza pelo individualismo acima de tudo. Assim, se a mulher não chegou aos postos mais altos, isso não se deveria a nenhum outro fator além da sua própria incompetência. Esse assunto é abordado em outro capítulo deste livro, portanto aqui a ideia é apenas ressaltar que esse tipo de argumento leva à conclusão de que as mulheres estariam apenas reclamando demais, desconsiderando que de fato há um problema.

A publicidade brasileira não acompanha as mudanças sociais, e os debates em torno de temas mais profundos são comumente resumidos a polêmica, ou o famoso jargão "mimimi", que significa, em linhas gerais, algo como "reclamação sem motivo" ou simples resmungo. Feminismo, direitos da comunidade LGBT, direitos da população negra, direitos das pessoas com deficiência, entre outros temas que necessitam de profunda reflexão para a assimilação das novas conjunturas da sociedade são negligenciados por não serem considerados pertinentes aos negócios e estratégias de valorização da marca, e a insistência na sua abordagem pode ser enxergada como entediante e desnecessária durante reuniões de *brainstorming*. De um ponto de vista generalista, um comunicador precisa ser criativo, porém sem cair no "politicamente correto".

Para investigar os elos que compõem um plano de comunicação, é preciso analisar as mudanças nas relações trabalhistas. O ambiente em uma agência de publicidade é de uma informalidade bem-vista e apreciada, em especial por profissionais muito jovens: instalações confortáveis e ricas em tecnologia, onde *heavy users*[3] são valorizados e estimulados; ausência de *dresscode*, o que permite que o profissional use as roupas de sua preferência; menor preconceito com relação a *piercings* e tatuagens do que em empresas tradicionais; alinhamento com as novas tendências de moda; áreas de lazer — algumas contam inclusive com salas de videogames e geladeiras com cerveja —; e tecnologia; pouca ou nenhuma restrição ao uso de redes sociais e dispositivos móveis durante o

[3] No mercado de marketing e publicidade, *heavy user* significa uma pessoa que usa determinada tecnologia com muita frequência.

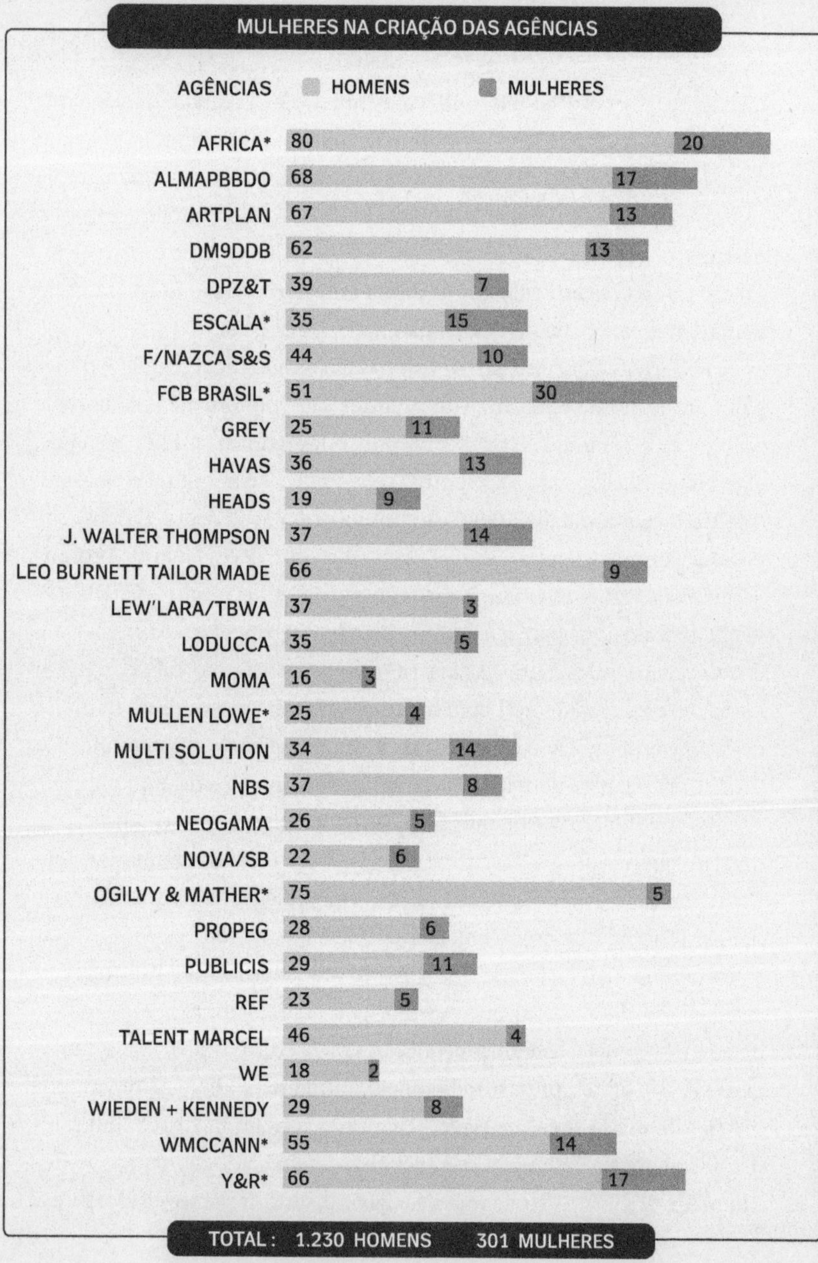

COLETIVO NÃO ME KAHLO

Informações prestadas pelas agências entre os dias 14/12/2015 e 22/12/2015. O entendimento sobre o que est[illegible] incluído na área de criação varia de uma agência para outra. Umas consideram apenas diretores de criação[illegible] redatores e diretores de arte, outras incluem assistentes e profissionais de produção gráfica, digital. finalizaç[illegible] e RTV. (*) Algumas enviaram observações: Africa inclui Africa Zero; Escala não incluiu produção digital; FC[illegible] inclui assistentes, RTV e produção em São Paulo e Rio de Janeiro; Mullen Lowe e WMcCann incluem São Paul[illegible] e Rio de Janeiro; Ogilvy & Mather não inclui áreas de apoio, como RTV e *art buyer*; Y&R inclui São Paulo [illegible] São Caetano.

expediente, e perfis profissionais dinâmicos. A decoração pode ser colorida, com apelos à diversão e à cultura *geek*, ou simplesmente remeter a um espaço de coparticipação, onde todos atuam de maneira igual sobre os projetos. Esse cenário geralmente é criado para ajudar os profissionais a dar vazão à criatividade, fugindo das tradicionais baias brancas e salas geladas comuns em empresas clássicas, e vem sendo aplicado com frequência em muitas áreas, em uma tentativa de oferecer alternativas a diferentes perfis profissionais. É na área da comunicação, porém, que essa cultura ganha força, em especial na publicidade, compreendida como a área que vai levar ao consumidor o que ele precisa e criar novas necessidades a serem preenchidas com novos produtos.

Naturalmente, espera-se desses profissionais um alto grau de qualificação, o que significa, muitas vezes, cursos específicos e fluência em idiomas estrangeiros, além da graduação. Fazendo um recorte de classe social, considerando que toda esta trajetória profissionalizante custa caro ao bolso do candidato à vaga, podemos entender que para pessoas pobres esse caminho se torne mais difícil. Todas essas nuances — gênero, classe e raça — justificam o feminismo interseccional como política de investigação de diferentes realidades sobre a atuação das mulheres no mercado de trabalho. Nesse contexto, esses três itens servem para explorarmos a pouca diversidade dentro das agências, o que resulta em campanhas que não contemplam os indivíduos e não respeitam suas particularidades, e nas quais o machismo e o racismo são naturalizados, ou seja, aceitos como parte da cultura, sem serem questionados.

Para quem as portas se abrem? Uma dica: um bom currículo não basta

O relatório Gênero e Pobreza no Brasil[4] afirma que "nos últimos anos houve uma evolução das concepções de pobreza para além da carência

[4] Melo, 2005.

de renda, na direção de conceitos mais abrangentes tais como: desigualdade, exclusão social e vulnerabilidade. A desigualdade proveniente da estrutura econômica contínua sendo primeira razão da pobreza."

A partir da década de 1990, observou-se uma diminuição na desigualdade de gênero no mercado de trabalho, mas a dificuldade de chegar a cargos de chefia, a menor participação sindical, o maior risco de desemprego e a disparidade de renda permanecem como desafios a serem superados. O relatório mostra ainda que 80% das mulheres em atividade atuam no setor de serviços, como professoras, comerciárias, cabeleireiras, manicures, funcionárias públicas e trabalhadoras domésticas, sendo que 56% das empregadas domésticas são negras e possuem rendimentos abaixo da média. Salienta-se, contudo, que esse quadro está em mutação, graças aos esforços de mulheres na luta por mais igualdade, um caminho que ainda impõe uma série de obstáculos devido ao privilégio de gênero verificado implícita ou explicitamente no mundo dos negócios, o que leva os homens a serem mais respeitados.

Homens e mulheres são afetados de maneiras diferentes pela pobreza. Ainda conforme o documento, a baixa remuneração, as longas jornadas de trabalho, a fragilidade social e a pouca qualificação são um problema vivenciado na maior parte pelas mulheres. Em uma área na qual se preza um nível muito alto de instrução e são requeridas habilidades específicas em tecnologia, esses obstáculos acabam por barrar uma maior participação feminina em locais como agências de publicidade. Enquanto isso, o já existente contingente profissional de mulheres publicitárias, relações públicas, redatoras e gerentes de projeto encontra dificuldade em conseguir estabilidade, muitas vezes impedidas de exercer suas funções por causa do assédio que sofrem em virtude das relações de poder, contexto no qual os privilégios de gênero se juntam a uma hierarquia de diretores e gerentes sobre funcionários subordinados.

As atividades não remuneradas, como o trabalho doméstico, por exemplo, atingem as mulheres de maneira mais violenta, deixando-as dependentes financeiramente dos homens, ou fazendo com que se vejam obrigadas a abraçar jornadas duplas ou triplas de trabalho para garantir o sustento de uma família. O estudo examina a questão da raça na população brasileira, que é multirracial, mas na qual, segundo o documento, não há homogeneidade na distribuição de riqueza, e sim um abismo atribuído à herança escravocrata. O pesquisador Ramatis Jacino, de acordo com reportagem de Valéria Dias para a Agência USP de notícias,[5] se aprofundou no processo de exclusão dos negros no mercado de trabalho para sua tese de doutorado, explicando que vários foram os fatores para o que, suspeita ele, foi feito na tentativa de branquear a população: leis que impediam a atuação de escravos em determinadas profissões e exclusão social de negros libertos, que foram forçados a deixar as terras onde trabalhavam quando eram cativos e se viram obrigados a se mudar para regiões afastadas, porque, por determinação do governo, as terras só poderiam pertencer aos chamados "homens bons", que eram os brancos cristãos.

Na transição do trabalho escravo para o assalariado, intelectuais da Faculdade de Direito de São Paulo, da Faculdade de Direito do Recife, da Escola de Medicina da Bahia e do Instituto Histórico e Geográfico Brasileiro (IHGB) foram construindo um discurso ideológico, apropriado pelas oligarquias, de que a população negra não era adequada para o trabalho assalariado; de que a miscigenação levava a doenças; de que os negros tinham problemas de caráter; e de que sua idade mental era inferior à dos brancos.

A aparência não deveria importar, uma vez que o objetivo deveria ser apenas a formação de turmas multidisciplinares de trabalho, nas quais cada um colabora com as tarefas para as quais tem aptidão. Na prática, contudo, empresas seguem usando artifícios como respostas evasivas para justificar o fato de não contratarem profissionais com determinados

[5] Dias, 2013.

perfis. É o caso, por exemplo, da marca de moda feminina Maria Filó, que foi denunciada por uma funcionária grávida.[6]

Alberto Osório, dono da grife, teria dito para a gestante, na frente de outras pessoas, que em breve demitiria todas as mulheres e as substituiria por gays, já que eles não engravidam. Indignada, a funcionária fez uma denúncia de assédio moral por discriminação e seu post teve vários compartilhamentos, além de resultar em uma campanha de boicote à marca.[7]

Muitas publicitárias denunciam que as agências também levam em conta padrões estéticos na hora da contratação. Relatos de que os contratantes verificam as fotografias dos perfis pessoais das candidatas em redes sociais, a fim de "avaliar" qual é a mais bonita, homens que fotografam por debaixo das mesas as funcionárias que estiverem de saia e depois compartilham as imagens entre si e o constante uso de palavras de baixo calão para se referir a mulheres estão expostos no blog Liga das Heroínas,[8] que foi criado como um meio para que mulheres possam manifestar o mal-estar provocado por casos de assédio moral no trabalho. A proposta é publicar relatos de situações vexatórias e violentas, de maneira anônima ou não. Em um dos casos, uma profissional,[9] que preferiu não se identificar, relatou: "Em uma reunião com o diretor de atendimento para decidir o nome da comunidade interna da empresa, uma das meninas do endomarketing disse que também queria fazer parte do projeto; o diretor falou que era para ela mandar uma foto peladinha para ver se ela se encaixava na equipe. Ela não falou nada e o caso foi abafado pela diretoria."

As narrativas do blog são ricas em detalhes e retratam situações que, segundo as denunciantes, são comuns, mas pouco abordadas, uma vez que as mulheres se sentem o elo mais fraco de um ambiente masculino

---

[6] Vaz, 2015.

[7] Ibidem.

[8] Disponível em: <http://ligadasheroinas.tumblr.com/>.

[9] Disponível em: <http://goo.gl/y9K9Ye>.

regido pelos milhões de reais investidos por clientes muito disputados. Em outra situação, exposta também sob anonimato no blog Liga das Heroínas:[10]

> (...) É fácil saber quando a gente passa por um departamento de criação, especialmente em agências grandes. Trabalhei em uma em que toda semana tinha a "sexta de ouro", também conhecida como "troféu sainha". Os caras da criação usavam um grupo secreto no facebook para fazer uma votação da gostosa da semana. Uma vez eleita, eles davam um jeito de surpreender a menina e uns 30 caras cercavam ela, colocavam uma música alta e aplaudiam, gritando "gostosa", "merece", etc., e entregando o troféu. Cheguei a ouvir um dos caras gritando "essa eu até estuprava". Todos riam. Era constrangedor, mas era de conhecimento geral da agência, com aprovação risonha da diretoria, e ser contra era malvisto, "coisa de recalcada". Claro que algumas meninas levavam na brincadeira, mas várias se sentiam constrangidas e vi até uma sair chorando. Soube que uma delas finalmente denunciou pro RH e foi ridicularizada. Sua queixa só foi levada em conta quando ela ameaçou reportar para a gerência dos EUA. Não preciso dizer que mulher era menos de 1% da criação e não tinha voz. Quando eu saí, dos 30 caras só havia uma mulher sênior e uma assistente. Durante um brainstorming para uma marca de beleza, a discussão passou por "qual o motivo da mulher se cuidar, se arrumar", e a resposta deles foi imediata "para arrumar homem, claro". Quando contestei, fui ridicularizada. Piadas com estupro ou conteúdo sexista pesado, glorificando abuso, eram frequentes. Atendimentos recebiam avisos para, no dia de visita de cliente, irem de saia curta para agradar. Na festa de final do ano havia a edição ampliada da Sexta de Ouro, com categorias como "Eu pegava por trás", "Deixou saudades", "Troféu Revelação". Mulheres que engravidam são malvistas e já vi várias serem demitidas ao

[10] Disponível em: <http://goo.gl/prdODJ>.

voltarem da licença-maternidade. Em outra agência, uma amiga redatora foi assediada por um diretor de criação, que sempre que ia ao banheiro parava antes na mesa dela e perguntava se ela não queria acompanhá-lo para dar aquela sacudida.

Identificar e apontar práticas abusivas na contratação de funcionários não é simples. As agências podem alegar que já preencheram a vaga ou simplesmente terminar a entrevista com uma frase pronta: "Agradecemos por ter comparecido, entraremos em contato em breve." E a ligação nunca é feita. Fica difícil saber se houve discriminação ou se apenas faltou sorte diante de uma concorrência grande. Mas é questionável que a pouca participação de mulheres resulte unicamente da seleção de currículos. A inexistência de mulheres negras em cargos decisórios na publicidade, então, significaria que não existem mulheres negras inteligentes para essas funções? Aceitar isso é inadmissível. A história mostra que desde o começo o lugar dos negros fora muito bem determinado, e somando isso à cultura machista temos um resultado amargo para a publicidade.

O que o ambiente "descolado" esconde

Em oposição à imagem de um novo modelo de trabalho, que seria mais libertador e não mais transformaria as pessoas em robôs, mas sim em donos do próprio estilo, a rotina em uma agência pode ser mais pesada do que parece. Por trás do glamour da aparência, é possível perceber um alto índice de estresse entre os profissionais. A hierarquia, que em uma organização tradicional é bem definida e constantemente reforçada, é muito mais nebulosa, dando uma falsa ideia de liberdade de gestão do próprio tempo, sem a figura tétrica do "chefe", que passa a atender por "gestor", e com "funcionários" que se tornam "colaboradores", dando uma ideia de cooperação horizontal, mas com um clima constante de concorrência.

> A estrutura permanece nas forças que impelem as unidades ou indivíduos a realizar; o que fica aberto é como fazer isso, e o topo da organização flexível raras vezes oferece as respostas. Está mais em posição de fazer a contabilidade de suas próprias exigências do que de indicar um sistema pelo qual elas podem ser cumpridas. "Concentração sem centralização" é uma maneira de transmitir a operação de comando numa estrutura que não mais tem a clareza de uma pirâmide — e a estrutura institucional se tornou mais complexa, não mais simples. Por isso a própria palavra "desburocratização" é enganadora, além de desgraciosa. Nas modernas organizações que praticam a concentração sem centralização, a dominação do alto é ao mesmo tempo forte e informe.[11]

A criação desses novos meios de trabalho pode ser especialmente nociva para as mulheres. Agora pensemos em como um ambiente cansativo, no qual o funcionário talvez se sinta culpado por não ser grato àquela oportunidade — já que estamos falando de ambientes descolados nos quais qualquer um daria tudo para ter a chance de estar —, junto com o assédio moral de constantes piadas machistas e empecilhos propositais para o crescimento profissional de uma mulher podem ser o estopim para prejudicar profundamente a sua saúde mental. É a batalha dentro da batalha, porque, além de falarmos sobre a pouca participação feminina na área da comunicação, falamos também da situação dessas mulheres que já atuam no mercado.

É das agências de publicidade que saem as peças que transformarão um cidadão comum em potencial consumidor, definido a partir do público-alvo que se deseja atingir. São os filmes, fotografias e conteúdos produzidos lá que ajudarão as marcas a alcançar seus objetivos mercadológicos. Para isso contam com a criatividade sem limites de seus contratados. Mas o que significa essa falta de limite? Uma marca de cervejas

[11] Sennett, 1999, p. 65.

julgou aceitável comprar duas páginas de uma revista para estampar sua então mais recente propaganda: uma mulher negra com uma roupa bem decotada e os dizeres: "É pelo corpo que se reconhece uma negra." A ideia, criada para vender uma cerveja escura, provavelmente não passou pelo crivo de uma pessoa negra, que possivelmente alertaria para o fato de que aquilo não era minimamente responsável e empático em relação às mulheres negras.

Mais do que simples gafe, essas situações mostram que um comercial preconceituoso é um reflexo direto da equipe responsável pela aprovação dele, ou seja, profissionais em posição de tomada de decisão, os mesmos cargos que a Meio&Mensagem afirmou que carecem de diversidade, pois são ocupados majoritariamente por homens. Portanto, quando falamos de comerciais machistas, racistas, transfóbicos e homofóbicos, estamos falando de pessoas que carregam consigo essa cultura e a transportam para seu trabalho.

A jornalista Andrea Dip[12] abordou essa situação no artigo "Machismo é a regra da casa", no qual ouviu denúncias de publicitárias sobre o assédio que as mulheres sofrem no meio publicitário. Questionado pela reportagem, o Conselho Nacional de Autorregulamentação Publicitária (Conar), órgão responsável por receber denúncias de consumidores e órgãos públicos sobre irregularidades na publicidade, afirmou que, graças à maturidade da publicidade brasileira, são raros os casos de propagandas preconceituosas no país. Entretanto, a memória do consumidor pode rapidamente elencar alguns casos que chamaram atenção. Em março de 2015, a revista *Fórum*[13] publicou em seu site alguns exemplos de erros que passaram pela aprovação de diretores de criação: uma modelo negra com cabelos alisados e, entre aspas, os dizeres: "Meu cabelo liso ressalta o melhor de mim"; a marca de absorventes que compara o vazamento de

---

[12] Dip, 2015.

[13] Anjos; Arraes, 2015.

sangue menstrual à publicação de imagens íntimas sem o consentimento da dona da imagem; a marca de produto de limpeza que afirma para a mulher que, agora que a casa está limpa, ela finalmente poderá se dedicar a seus projetos pessoais; uma mulher com uma garrafa de cerveja em uma das mãos e uma lata da bebida na outra, comparando a quantidade de líquido em cada recipiente com o tamanho do implante de silicone em seus seios.

A matéria feita por Dip, que enfrentou resistência por parte das agências no momento de falar sobre problemas com consumidoras que denunciaram campanhas, abordou as situações de machismo enfrentadas no local onde nascem esses conceitos. A defesa mais comum é que não há a intenção de provocar constrangimento, apenas o uso do humor. Mais uma vez, somos arremessados na cultura interna das agências. Humor de quem? Por trás da ideia, há um ser humano. Qual é o perfil de pessoa que vai achar graça de ver mulheres atreladas à imagem de limpadoras de chão ou de corpos perfeitamente esculpidos, de acordo com padrões estéticos preestabelecidos, como atrativo para o consumo de bebida alcóolica? Quem achará graça do perfil de mulher indecisa, "fútil", que não tem objetivos na vida? E, por fim, como reescrever essa história?

Por que se naturalizou que beleza é sinônimo de cabelo liso, que a limpeza doméstica é um trabalho para mulheres e que somente depois do cumprimento dessa obrigação é que elas podem se dedicar a si mesmas? Apenas homens bebem cerveja? Por que usar um corpo feminino para tornar uma marca mais vendável? O burburinho gerado nas redes sociais por algumas campanhas compreendidas como preconceituosas faz com que determinadas marcas cheguem a tirar do ar os materiais apontados como ofensivos. Foi o caso da Skol, que lançou, no Carnaval de 2015, a campanha "Esqueci o 'não' em casa". A frase dava a entender que, durante a festa, não haveria necessidade de respeitar a mulher que dissesse "não". A publicitária Pri Ferreira e a jornalista Mila Alves improvisaram uma intervenção nos *outdoors*, usando fita isolante. Elas acrescentaram a frase "e trouxe o nunca", deixando claro que a situação de falta de respeito não seria aceita. Ferreira, entrevistada pela revista *Exame*[14] na ocasião, disse:

> É uma campanha que estimula as pessoas a não respeitarem os seus próprios limites, nem os dos outros. Não é um problema só de passar uma mensagem de desrespeito às mulheres numa época [Carnaval] em que os estupros aumentam, mas de beber além da conta ou de usar drogas só para aparecer ou se afirmar.

Ainda assim, estereótipos de gênero e raça estão enraizados culturalmente de tal modo que novos casos surgem a toda hora.

As mulheres podem recriar a publicidade, a despeito da resistência masculina

Para haver uma comunicação eficiente para fora, é necessária uma comunicação bem-feita dentro das agências, que precisam estar alinhadas aos anseios da população, abrindo portas para novos prismas sobre velhos debates. Não há problema em manter o funcionamento de uma agência em uma casa que fuja dos moldes empresariais mais antiquados e ofereça novos conceitos no ato de trabalhar. Mas, para que o trabalho seja não apenas justo, mas eficaz em seu objetivo final, é importante que, além de belas instalações, o ser humano seja contemplado em suas diferenças, e mulheres, negros, transgêneros, homossexuais e outras minorias sociais sejam abraçados não apenas como marketing organizacional, mas como estratégia de construção de novas relações trabalhistas. Esses grupos, ao contrário do que o senso comum prega, não pretendem se vitimizar — atentando para a diferença entre "se vitimizar" e ser vítimas reais de desigualdades sociais, o que de fato são —, mas reivindicam

[14] Barbosa, 2015.

igualdade, que aqui se traduz na possibilidade de estarem inseridos na maneira como a publicidade é planejada.

Ao estudar as barreiras da comunicação, Margarida Kunsch afirma:

> As organizações em geral, como fontes emissoras de informações para seus mais diversos públicos, não devem ter a ilusão de que todos os seus atos comunicativos causam efeitos positivos desejados ou são automaticamente respondidos e aceitos da forma como foram intencionados. É preciso levar em conta os aspectos relacionais, os contextos, os condicionamentos internos e externos, bem como a complexidade que permeia todo o processo comunicativo.[15]

Isso quer dizer que, além da diversidade necessária para a diluição desses vícios de comportamento, é preciso investir e planejar a comunicação interna no sentido de que os processos sejam eficazes e permitam às empresas obter retorno sobre trabalhos que atingirão os consumidores de maneira positiva. Ainda segundo Kunsch:

> As barreiras psicológicas são os preconceitos e estereótipos que fazem com que a comunicação fique prejudicada. Estão relacionadas com atitudes, crenças, valores e a cultura das pessoas. São percepções equivocadas de acordo com determinadas experiências e distintos marcos de referência.[16]

Trabalhar a cultura organizacional, porém, dependerá, entre outros fatores, de como os gestores lidam com a discriminação masculina dentro dos departamentos. Com medo de perder o emprego, mulheres relataram, sob anonimato, a violência psicológica vivenciada dentro de agências de publicidade. A representatividade feminina é muito

---

[15] Kunsch, 2003, p. 72.

[16] Ibidem, p. 74.

questionável para elas. Apesar de o mercado de comunicação ser bem dividido e ser composto por cerca de 50% de profissionais mulheres, nas empresas e agências esse número é diferente. A criação conta com maioria masculina, enquanto o atendimento é composto quase sempre apenas por mulheres que sejam consideradas bonitas, para atender o objetivo de seduzir clientes (e há denúncias de demissão em massa de funcionárias que não eram consideradas atraentes o suficiente). Mesmo que nada seja dito abertamente, para que se preservem os empregos, todos sabem que a ordem é contratar "meninas bonitas". Além das costumeiras piadas machistas, as ameaças de violência física e humilhações públicas também não são raras. Uma gerente de planejamento alega ter ouvido de um gestor com quem trabalhara que ele daria um tapa em seu rosto caso ela fosse homem, e em uma famosa agência, durante a festa de fim de ano, há a entrega de um prêmio chamado "Calota de Ouro", em uma alusão ao volume da vagina das mulheres, que se submetem ao que é chamado de "apenas uma brincadeira", com o receio de ficarem desempregadas e serem difamadas para outros empregadores como funcionárias ruins. Esses são apenas alguns dos fatos apurados pela Agência Pública.

Publicidade e relações públicas precisam ser vistas como mais do que táticas geradoras de lucro. É necessário exercitar a criatividade humana com sensatez em um patamar que vá além do uso de pessoas em situações vexatórias ou da exposição de mulheres com velhos rótulos, relembrando que a comunicação também tem caráter educativo e que o comprador do produto ou serviço absorverá aquilo que lhe for apresentado, não por incapacidade de raciocínio próprio, mas porque está sendo alvo de sugestões — sutis ou não — que transmitem um conceito. Isso quer dizer que uma marca de preservativos que apresenta como algo jocoso o ato de retirar a roupa de uma mulher sem seu consentimento, reforça o conceito de que forçar sexo — ou seja, estuprar — é aceitável. Esse exemplo ilustra a reflexão proposta aqui: machismo alimenta machismo.

Não é possível que a única forma de passar uma mensagem seja mantendo o *status quo* intacto e reagindo de maneira colérica em oposição aos que propõem mudanças. Ao desenvolver veículos e plataformas de comunicação de massa, o comunicador está sendo responsável pela pulverização de uma ideia. A sociedade machista mantém homens violentos que, sem considerar que suas atitudes podem ser nocivas ao coletivo, perpetuam esse comportamento em seu ambiente de trabalho e refletem no resultado final uma postura agressiva contra as mulheres, promovendo a manutenção de uma cultura desigual, alimentando um ciclo. Mudar essa realidade só será possível com a apreciação da diversidade por meio de uma mudança sensível nas estratégias de negócio que norteiem a informação, de maneira que causem mais do que riso no consumidor.

Executivos e influenciadores têm que agregar aos seus projetos a preocupação com a dignidade humana. Ignorar essa ânsia por mudança, tachando protestos e lutas sociais de lamúrias sem sentido, não é racionalizar sobre o mercado, mas tão somente uma arrogante recusa em rever o próprio comportamento sob a perspectiva da admissão de erros e da necessidade de novos aprendizados.

Referências

ANJOS, Anna Beatriz, ARRAES, Jarid. "As 10 propagandas mais machistas e racistas do último ano". *Revista Fórum*, 25 mar. 2015. Disponível em: <http://www.revistaforum.com.br/2015/03/25/as-10-propagandas-mais-machistas-e-racistas-do-ultimo-ano/>. Acesso em: 24 fev. 2016.

BARBOSA, Vanessa. "Outdoor da Skol para o Carnaval causa indignação em SP". *Exame*, 11 fev. 2015. Disponível em: <http://exame.abril.com.br/marketing/noticias/outdoor-da-skol-para-carnaval-causa-indignacao-em-sao-paulo>. Acesso em: 7 mar. 2016.

DIAS, Valéria. "Após abolição, negro foi excluído do mercado de trabalho". Agência USP de notícias, 11 mar. 2013.. Disponível em: <http://www.usp.br/agen/?p=130331>. Acesso em: 1º mar. 2016.

DIP, Andrea. "Machismo é a regra da casa". *Agência Pública*, 13 mar. 2015. Disponível em: <http://apublica.org/2015/03/machismo-e-a-regra-da-casa/>. Acesso em: 24 fev. 2016.

GONZALES, Lélia. Racismo e sexismo na cultura brasileira. Artigo157. Disponível em: <http://artigo157.com.br/wp-content/uploads/2015/12/RACISMO-E-SEXISMO-NA-CULTURA-BRASILEIRA.pdf>. Acesso em: 17 fev. 2016.

KUNSCH, Margarida Maria Krohling. *Planejamento de relações públicas na comunicação integrada*. São Paulo: Summus, 2003.

MELO, Hildete Pereira de. *Gênero e pobreza no Brasil: relatório final do projeto Governabilidad Democratica de Género en America Latina y el Caribe*. Brasília: CEPAL/SPM, 2005. Disponível em: <http://acesso.mte.gov.br/data/files/FF8080812BAFFE3B012BCB0B9B4B1EBA/GEneroPobreza_Brasil04.pdf>.

SENNETT, Richard. *A corrosão do caráter:* as consequências pessoais do trabalho no novo capitalismo. Rio de Janeiro: Record, 1999.

VAZ, Tatiana. "Maria Filó diz que só contratará gays porque não engravidam. *Exame*, 25 set. 2015. Disponível em: <http://exame.abril.com.br/negocios/noticias/maria-filo-diz-que-so-contratara-gays-porque-nao-engravidam>. Acesso em: 1º de março de 2016.

Cultura geek: arrancando o aviso "meninas não entram" da porta

#MeuAmigoSecreto diz que jogos hardcore não são feitos para mulheres e que elas deveriam parar de reclamar das roupas das personagens e jogar Candy Crush.

Quem foi criança nas décadas de 1990 e 2000 sabe que o arquétipo do nerd era entendido como algo ruim, imagem personificada geralmente em uma figura masculina e jovem, antissocial e com pouca aptidão para relações interpessoais. Por esse motivo, "nerd" muitas vezes era usado como ofensa.

Esse clichê mudou. O que antes era uma provocação, hoje é uma expressão de semelhança entre um grupo com grande intimidade com tecnologia, filmes, séries e universos fantásticos de super-heróis. Os canais dedicados a esse mundo estão entre os mais lucrativos do YouTube;[1] filmes e séries sobre super-heróis são recordistas de bilheteria e audiência; personagens de histórias em quadrinhos estão sendo representadas por atores do alto escalão; e jogos ultrarrealistas e com orçamentos gigantescos estão sendo criados. O problema é para quem esses materiais são feitos e por que eles são o que são hoje.

Falando especificamente de quadrinhos: em 1938 nasceu o Superman, ou o Homem de Aço, na revista *Action Comics* #1. Não muito tempo depois veio o Batman, na *Detective Comic*. Esses dois personagens foram essenciais para tornar a indústria de quadrinhos o que ela é hoje e dizem muito a respeito do público-alvo dessas publicações. Por serem homens fortes, destemidos e inteligentes, essas figuras atraíam a atenção

---

[1] Como, por exemplo, pewdiepie, o maior canal do YouTube, com 43 milhões de inscritos. No Brasil, temos os canais rezendeevil (com mais de 5 milhões de inscritos), tazercraft (com mais de 4 milhões), entre muitos outros.

masculina, principalmente dos jovens. Praticamente todas as revistas são pensadas para atender a esse público. Nos bastidores, os homens também dominam: são a esmagadora maioria de produtores, desenhistas e escritores. Isso se reflete muito no modo como as HQs são feitas e em como as mulheres são vistas e retratadas.

A importância da mulher nos quadrinhos: ainda a serviço do imaginário masculino

Em 1941 surge a Mulher Maravilha e, assim como o Superman, ela foi um divisor de águas. Além de sua força estar equiparada à do maior herói dos quadrinhos, outro fator chamava atenção na época: *o discurso de empoderamento feminino*. Nas primeiras tiragens, Diana utilizava-se frequentemente de discursos encorajadores para outras mulheres. Steve Trevor, interesse romântico da personagem, vez ou outra tentava ter a atenção da amazona, mas recebia como resposta que a prioridade dela era o bem-estar mundial. O desinteresse em casar-se e o fato de colocar seu marido/namorado em segundo plano e favorecer seu trabalho eram aspectos realmente progressistas na época.

Tempestade, Miss Marvel, Batgirl, She Hulk e todas as heroínas que vieram depois da Mulher Maravilha seguiam o mesmo padrão. Eram mulheres tão poderosas quanto seus colegas, independentes e de opiniões fortes. Contudo, o público-alvo ainda era o mesmo, formado por homens jovens, e, portanto, essas novas personagens precisavam ter traços que os atraíssem. O resultado foi a hipersexualização de todas as heroínas.

Todas as personagens de maior destaque se tornaram símbolos sexuais, carregando o ideal estético da "mulher perfeita" de cada época. Como se não bastasse, os discursos de empoderamento, assim como as questões feministas, foram diminuindo cada vez mais. Aconteciam? Sim, mas não eram o foco. Eram momentos raros e rápidos. Enquanto isso, as cenas de lutas nas quais as personagens, de forma muito antinatural, faziam poses sexy, em ângulos completamente estranhos, aumentavam. As capas *brokeback*, aquelas nas quais a personagem fica em uma posição em que é possível ver os seios e a bunda e, como o próprio nome sugere, "quebram" a coluna da personagem, apareciam com frequência. As mulheres, portanto, não eram personagens com as quais as meninas poderiam se identificar.

Mulheres no refrigerador, *boom* de leitoras femininas e uma mudança de postura

Em 1999, Gail Simone, famosa pelas suas histórias com os personagens Mulher Maravilha, Batgirl e Aves de Rapina, resolveu criar um site chamado *Women in refrigerators*.[2] A intenção era criar uma lista de personagens femininas que tinham sofrido algum tipo de mal (morrer, perder os poderes ou ficar seriamente ferida) como recurso de roteiro, usados em revistas de personagens masculinos para a construção do seu caráter.

O nome do site é uma referência à cena em que o personagem Kyle Rayner, na época como Lanterna Verde, ao chegar em casa, se depara com sua namorada esquartejada dentro da geladeira. A morte tão brutal de Alex serviu apenas para "desenvolver" um personagem masculino, para que houvesse uma reviravolta na vida de Kyle.

Nos anos 2000, com uma crescente onda de conscientização sobre o poder feminino e a chegada de mais mulheres ao mercado de comics, as grandes editoras se viram obrigadas a rever sensivelmente seu modo de trabalho e seus produtos. Ainda que não tenha acontecido uma mudança radical, o cenário finalmente se tornou mais propício às leitoras.

Naturalmente, as críticas a certos comportamentos, cenas, capas e situações em que as personagens femininas estavam envolvidas surgiram.

---

2 Simone, *Women in refrigerators*. Disponível em: <http://lby3.com/wir/>. Acesso em: 20 fev. 2016.

Questionamentos sobre os uniformes extremamente sensuais das heroínas, que destacavam propositalmente peitos, bundas e pernas, e sobre suas poses forçadamente sexuais durante as lutas, nas quais se evidenciavam suas curvas, escolhidas pelo desenhista para dar mais destaque às partes do corpo das personagens do que às batalhas em si, eram recorrentemente abordados. Os leitores mais conservadores ficaram enfurecidos e houve um ataque massivo a todo e qualquer grupo que se mostrasse contra a objetificação das personagens.

Hoje, grande parte do público das HQs (e da cultura nerd/geek em geral) são mulheres, mas continuamos a ver sexismo nas maiores editoras. Grupos e fóruns dedicados ao assunto ainda são recheados de machismo, misoginia e homofobia. A palavra feminismo é odiada, e toda pessoa que se preste a apontar o óbvio é violentamente hostilizada. O argumento mais utilizado para rebater as críticas das mulheres é que, se há objetificação nas roupas das mulheres, os homens sofrem do mesmo mal, a fim de proporcionar às leitoras o prazer de ver heróis musculosos em roupas coladas ou quase nenhuma.

Andrew Wheeler, em uma pesquisa realizada em seu site, *Comics Alliance*, e traduzida para o português pelo site *Nerdgeek Feelings*, coletou dados que demonstraram que a quantidade exagerada de músculos dos heróis das HQs não era considerada atraente por mulheres em geral. Se as adaptações para o cinema fazem mais sucesso entre o público feminino com personagens como Thor, Capitão América e Superman, isso se deve ao fato de que a versão cinematográfica não é absolutamente fiel aos quadrinhos. O ator Cris Evans, que interpreta o Capitão América nos cinemas, é metade do tamanho — em músculos — da versão comic do personagem, por exemplo. As figuras ultramusculosas nos quadrinhos representam o homem perfeito na visão do próprio homem. É, portanto, a idealização do masculino na visão deles mesmos.[3]

Em uma entrevista ao site *Judão*, Cris Peter, colorista brasileira ganhadora do Prêmio Eisner conta o que acha disso:

---

[3] Souza, 2014.

Realmente existe muita coisa errada com a representação da mulher nos quadrinhos *mainstream* — a maioria das revistas independentes foge dessa crítica, ainda mais porque muitos títulos estão sendo publicados por autoras mulheres e autores preocupados em mostrar mais do que beleza física. O *mainstream* está refém de um padrão bastante restrito de personagens femininas. Elas têm sempre o mesmo rosto, mesmo corpo e, muitas vezes, mesma personalidade, normalmente vazia. Ainda temos muitos outros problemas, como o papel delas nas histórias. A desculpa dos editores é dizer que o público-foco dessas HQs são homens, pois eles são os maiores consumidores de quadrinhos. Será que isso é verdade? Será que, se isso for verdade, é porque mulheres não se interessam em comprar HQs nas quais não são representadas? Acho que muito pouco mudou. Ainda vejo tudo muito igual, porém algumas coisas andam modificando sim. Na Marvel, por exemplo, ando percebendo uma preocupação maior, a começar com a contratação de roteiristas mulheres. [4]

Mídias diferentes, problemas iguais

No ano de 2015, a indústria de games faturou 1 bilhão de dólares no Brasil e 66 bilhões no mundo todo, segundo reportagem do site G1.[5] A pesquisa Game Brasil 2016,[6] realizada pela agência de tecnologia interativa Sioux, a empresa Blend New Research e a Game Lab, divisão da Escola Superior de Propaganda e Marketing (ESPM), apontou que 52,6% do público *gamer* no Brasil eram mulheres. Esse número chega a 48% nos Estados Unidos, segundo a Entertainment Software Association (ESA).[7] Apesar de serem quase metade do público, as meninas e mulheres ainda

---

4 Abrão, 2014.

5 Notícia do G1 sobre faturamento em games: <http://g1.globo.com/jornal-da-globo/noticia/2015/10/mercado-de-games-fatura-cerca-de-us-1-bilhao-por-ano-no-brasil.html>.

6 Pesquisa Game Brasil 2016: <http://g1.globo.com/tecnologia/games/noticia/2016/03/mulheres-sao-526-do-publico-que-joga-games-no-brasil-diz-pesquisa.html>.

7 Mota; Geremias, 2014.

sofrem em sites dedicados ao assunto, em canais do YouTube, em fóruns de discussão ou em conversas on-line nos próprios servidores dos jogos. Elas sofrem desde assédio, com frases como "manda nudes" ou "liga a webcam", até ofensas extremamente sexistas, tendo que ler coisas como "vai lavar uma louça ou arrumar a casa" e "tinha que ser mulher mesmo".

É importante lembrar que os videogames não nasceram como algo pensado exclusivamente para o gênero masculino. Na década de 1960, quando os primeiros consoles foram lançados, a intenção era que toda a família os usasse. Foi só na década de 1980 que a Nintendo, tentando se lançar no mercado norte-americano, colocou seu novo videogame no mercado de brinquedos, que era segmentado por gêneros. Por algum motivo, a empresa achou que o produto deveria ser direcionado ao público masculino infantil e adolescente. O que aconteceu nos anos que se seguiram foi uma onda de sexismo, objetificação e discriminação feminina nesse meio. Personagens eram usadas como apoio, decoração sexy ou, mais comumente, como "donzelas em perigo". Isso tudo eram recursos de roteiro para chamar a atenção do público-alvo. A semelhança com os quadrinhos não era mera coincidência e, naquela altura, os grupos se misturavam e as empresas miravam no mesmo lugar.[8]

Por meio de um canal no YouTube, o *Feminist Frequency* realizou uma análise de como as mulheres eram retratadas nos jogos, e o que se vê não é nada animador. O primeiro exemplo é realmente triste: em 1999, os produtores de "Rare" estavam desenvolvendo um jogo para Nintendo 64 chamado *Dinosaur Planet*.[9] O jogo teria dois protagonistas e um deles seria Krystal, que teria 16 anos e viajaria no tempo. Com um bastão mágico, lutaria contra os mais diversos seres pré-históricos. Quando já estava em fase final, o roteiro foi incorporado ao terceiro jogo da franquia Star Fox. Krystal se tornou uma donzela em perigo que teria que ser salva

[8] Sampaio, 2015.

[9] Disponível em: <https://www.youtube.com/watch?v=X6p5AZp7r_Q&list=PLn4ob_5_ttEaA_vc8F3fjzE62esf9yP61>.

pelo protagonista. Fox McCloud utilizava o bastão mágico de Krystal o jogo inteiro para poder salvá-la e as roupas dela foram intencionalmente diminuídas para que a personagem tivesse mais apelo sexual. Assim como Krystal, outras personagens de jogos como Double Dragon, Mario Bros, Prince of Persia e Shadow of the Colossus se reduziam a mulheres frágeis, esperando para serem resgatadas de uma situação terrível.

E não, não dava para reclamar dessas situações em locais comuns ao meio *gamer*. Comentários nesse sentido seriam hostilizados e seria feito um verdadeiro ataque à imagem do autor. Acostumados com jogos voltados para um grupo específico, os homens da comunidade *gamer* viam e ainda veem movimentos feministas dentro desses grupos como uma ameaça a seu conforto e bem-estar. Sendo assim, o mercado que, na época, idealizava abranger todo tipo de público acabou se tornando ameaçador e preconceituoso, e isso se deve em grande parte à falta de diversidade nos produtos que eram oferecidos.

O mundo nerd e geek: agressivo e perigoso para mulheres

GamerGate é o nome do movimento que surgiu com o suposto propósito de combater a corrupção e o chauvinismo no meio jornalístico gamer. O movimento teve início quando a desenvolvedora do jogo *Suicide Quest*, Zoe Quinn, teve sua vida pessoal violada quando seu ex-namorado, Eron Gjoni, publicou uma carta aberta relatando supostos casos de infidelidade da desenvolvedora com um jornalista do *Kotaku* (site especializado em games). Vale ressaltar que Gjoni acusou Quinn de se prostituir em troca de avaliações positivas no site, mas provas dessa alegação nunca foram encontradas no Kotaku[10] e, mesmo que fossem reais, não justificariam tudo que Zoe começou a sofrer depois que essa acusação foi divulgada. Zoe Quinn passou a receber várias ameaças de morte e de

[10] Stary, 2014.

estupro, e seus números de telefone, e-mails e endereço de casa foram vazados na internet. As ameaças se estenderam a seus familiares e amigos próximos, e ela teve que sair de sua casa e se refugiar na casa de amigos.

Esse não foi o primeiro nem o último ataque misógino nesse meio. Anita Sarkeesian, do *Feminist Frequency*,[11] canal do YouTube, tem se dedicado a apontar os inúmeros casos de sexismo nas produções gamers. Seus vídeos contêm análises profundas e comparações. Isso transformou a vlogueira no alvo preferido dos ditos *haters*[12] em sites como 4chan e Reddit (fóruns on-line). As ameaças a Anita foram tão graves que ela teve que cancelar uma palestra que faria na Universidade Estadual de Utah.

Brianna Wu, desenvolvedora de jogos, também recebeu ameaças de morte, pelo Twitter. A princípio não se importou, pois isso fazia parte de seu cotidiano. Mas quando o usuário em questão revelou o endereço onde Brianna morava, ela ficou apavorada. O comentário vinha acompanhado da hashtag #GamerGate. O que levou à fúria de muitos contra Brianna? A fundação de um estúdio desenvolvedor de jogos chamado Giant Spacekat com o intuito de colocar personagens femininas no centro do enredo, a criação de um game chamado *Revolution 60* e seu posicionamento contra os ataques machistas, misóginos e covardes do GamerGate. O jogo *Revolution 60* é uma aventura espacial da qual só mulheres participam. O jogo não fala claramente sobre feminismo, mas segundo a autora declarou ao site da *Época*: "Essa mensagem está implícita. Mostramos mulheres sendo incríveis. E isso chateou muita gente."[13]

O mercado de trabalho nesse ramo é completamente desfavorável para a mulher: 15%[14] das pessoas que trabalham na indústria de jogos são mulheres, segundo uma pesquisa realizada pela Gamasutra e pela

---

[11] Borbolla; Cardim, 2014.

[12] Traduzido, o termo significa "odiadores". Na internet, o termo *hater* é utilizado para designar as pessoas que fazem comentários odiosos, ofensivos.

[13] Carrera; Ciscati, 2014.

[14] "A atuação feminina no universo dos games", 2015.

Next Gen Skills Academy e publicada no Brasil pelo *Jornal do Campus*, da Universidade de São Paulo (USP). Isso deixa o cenário pouco diversificado, e o resultado são produtos muitas vezes com conteúdo bastante pobre, com enredos parecidos e repetitivos. A necessidade de algo novo era urgente.

Anos recentes e a pressão feminina por mudança: a questão da representatividade

Em 2012, Carol Danvers, a até então Miss Marvel, deixou de lado o maiô e as luvas pretas, que lhe davam um toque fetichista. Finalmente a Marvel tinha entendido que não podia representar mulheres fazendo delas um objeto sexual. Carol Danvers passou a ser a Capitã Marvel, e a editora tomou essa decisão da forma certa: quem escrevia as histórias da heroína agora era uma mulher, Kelly Sue DeConnick.

Com a saída de Carol, o posto de Miss Marvel ficou vago. Então surgiu Kamala Khan, filha de imigrantes paquistaneses, muçulmana e residente nos Estados Unidos. Sua revista em quadrinhos está cheia de lições sobre as dificuldades de ser mulher, adolescente e filha de imigrantes, mas, principalmente, repleta de conhecimentos sobre a cultura muçulmana. Isso tudo acontece de forma muito natural, porque a escritora — sim, novamente uma mulher — é Willow Wilson, que também é muçulmana.[15]

Por fim, em 2014, foi anunciado que Thor teria uma nova identidade. Na verdade, a Thor. O personagem, que desde sua criação foi do gênero masculino, passaria a ser uma mulher. Sem medo de ser associada ao feminismo, a nova personagem chegou a esmurrar um vilão que ofendeu o movimento.

A DC Comics também sabia que teria que abrir espaço para suas personagens femininas. O maior esforço nesse sentido foi feito com Barbara

[15] Hessel, 2015.

Gordon, a Batgirl. Sua revista tinha um único propósito: dialogar com o público jovem, em especial com meninas adolescentes e jovens mulheres. Babs passa pelas mais diversas situações do cotidiano de uma mulher de sua idade nos dias atuais, incluindo o assédio, que ela combate com bravura. O sucesso da nova fase da personagem foi quase instantâneo, e sua revista era a que continha mais diversidade.

Outras personagens famosas da editora também passaram por mudanças progressistas. Selina, a Mulher-Gato, finalmente mostrou publicamente sua bissexualidade, e Arlequina e Hera Venenosa assumiram sua relação. Até mesmo o uniforme-maiô da Mulher-Maravilha foi substituído por uma roupa mais próxima de um uniforme de guerreiro.

Nos games, o melhor ano para a representatividade foi 2015. *Life is Strange* aborda temas como *bullying*, drogas, depressão, invasão da intimidade e descoberta da sexualidade por meio de suas protagonistas, Max Caulfield e Chloe Price.[16] O jogo começou desacreditado por causa de seus gráficos, considerados ultrapassados, mas a proximidade dos temas com o público jovem e o desenvolvimento profundo que as personagens tiveram transformaram a aposta despretensiosa em revelação do ano. Outra grande novidade bem recebida pelas jogadoras foi a primeira protagonista mulher na cronologia principal de *Assassin's Creed*. Evie Frye divide o protagonismo com seu irmão gêmeo e luta ao lado de ninguém mais, ninguém menos que Florence Nightingale, considerada mãe da enfermagem moderna. Como *Assassin's Creed* é um jogo que mistura eventos reais a eventos fictícios, Frye ajuda Florence na luta durante da Revolução Industrial, época em que se passa o jogo.

A maior de todas as mudanças ocorreu em 2013, com o *reboot*[17] da série *Tomb Raider*. Lara Croft era considerada a maior figura feminina dos jogos e uma das maiores do mundo nerd/geek. Desde sua criação, em 1996, porém, Lara virou um personagem com personalidade cada

[16] Sampaio, 2015.

[17] Significa "reinicialização" em tradução livre.

vez menos elaborada e corpo cada vez mais exagerado, tornando-se assim apenas um símbolo sexual. Mas com o *reboot* veio a decisão mais corajosa e acertada do mundo dos games: deixar o aspecto sexual de lado e focar no desenvolvimento de caráter da personagem. Começando do zero, Lara estaria em sua primeira viagem para a exploração de artefatos com uma grande equipe. Ela não era a líder da equipe e nem de longe lembrava a sua antiga fase. Apesar de ainda ter um rosto comercialmente bonito, ou seja, dentro dos padrões exigido pela mídia, sua atitude era tão comum que ela não era o centro das atenções de todos os homens do jogo. Como o jogo era focado em seu crescimento como pessoa, Lara não usava mais os típicos shorts curtos, mas uma calça bem mais apropriada para uma expedição em uma ilha isolada. Seu lado sexy foi abandonado e o desenvolvimento de seu caráter foi excepcional: ela vai, gradativamente, ativando seu instinto de sobrevivência e resistindo às mais diversas situações.

Em 2015, a sequência do primeiro jogo estreou e *Rise of the Tomb Raider* surpreendeu de novo. Lara trazia as cicatrizes de sua experiência anterior. Para muitos pode parecer pouca coisa, mas com certeza foi uma mudança de paradigma. Isso é um acontecimento extremamente raro nas indústrias de games, já que o corpo das personagens é considerado essencial para atrair compradores. Além disso, Lara fazia terapia para tentar superar o que havia sofrido e as perdas que tivera, humanizando ainda mais a personagem ao dar-lhe defeitos e fraquezas, e não apenas virtudes.

Está melhorando, mas ainda não dá para comemorar

Não adianta se apropriar de uma causa e não a aplicar na vida real. A 43ª edição do Festival Internacional de Histórias em Quadrinhos[18] de

[18] Ar, 2016.

Angoulême foi marcado pela completa ausência de mulheres na lista de finalistas dos prêmios. Isso se deve, certamente, ao fato de o mercado de trabalho em comics para as mulheres ainda ser bem restrito. Na área de games, a mesma coisa: menos de 15%[19] são mulheres que estão trabalhando na indústria de games.

Se comparado há poucos anos, o mundo nerd e geek é muito mais representativo hoje, mas isso não quer dizer que ele está ideal. Nem ao menos chegou perto disso. Se, em um mundo vasto, rico e que cresce cada vez mais, ainda é possível listar um pequeno número de nomes que realmente representam a luta feminista, não, nós não podemos comemorar.

Referências

"A atuação feminina no universo dos games". *Jornal do Campus*, 19 nov. 2015. Disponível em: <http://www.jornaldocampus.usp.br/index.php/2015/11/a-atuacao-feminina-no-universo-dos-games/>. Acesso em: 20 fev. 2016.

ABRÃO, José. "Precisamos falar sobre peitos e quadrinhos". Judão, 6 mar. 2014. Disponível em: http://judao.com.br/precisamos-falar-sobre-peitos/. Acesso em: 20 fev. 2016.

AR, Roberta. "Mulheres que fazem quadrinhos e o boicote a Angoulême". MinasNerds, 7 jan. 2016. Disponível em: <http://minasnerds.com.br/2016/01/07/mulheres-que-fazem-quadrinhos-e-o-boicote-a-angouleme/>. Acesso em: 20 fev. 2016.

BORBOLLA, Thiago; CARDIM, Thiago. "Anita Sarkeesian está certa. Viva com isso". Judão, 1º nov. 2015. Disponível em: <http://judao.com.br/anita-sarkeesian-esta-certa/>. Acesso em: 20 fev. 2016.

CERRERA, Isabella; CISCATI, Rafael. "GamerGate e a guerra contra mulheres nos videogames". *Época*, 4 nov. 2014. Disponível em: <http://epoca.globo.com/vida/noticia/2014/11/bgamergateb-e-guerra-contra-mulheres-nos-videogames.html>. Acesso em: 12 fev. 2016.

HESSEL, Marcelo. "Como a Capitã Marvel se tornou o maior ícone feminista nos quadrinhos de super-herói". Omelete, 28 set. 2015. Disponível em: <http://omelete.uol.com.br/quadrinhos/artigo/como-a-capita-marvel-se-tornou-o-maior-icone-feminista-nos-quadrinhos-de-super-heroi/>. Acesso em: 20 fev. 2016.

MOTA, Nathani; GEREMIAS, Priscilla. "A representação da mulher nos games". Digitais PUC-Campinas, 31 out. 2014. Disponível em: <https://digitaispuccampinas.

[19] "A atuação feminina no universo dos games", 2015.

wordpress.com/2014/10/31/a-representacao-da-mulher-nos-games/>. Acesso em: 20 fev. 2016.

SAMPAIO, Henrique. "Representação feminina nos games em 2015". Overlaodr, 23 dez. 2015. Disponível em: <http://overloadr.com.br/especiais/reportagens/2015/12/fim-de-ano-overloadr-representacao-feminina-nos-games-em-2015/>. Acesso em: 20 fev. 2016.

SOUZA, Rodrigo F.S. "Super-heróis: Quais deles REALMENTE atraem as mulheres". NerdGeekFeelings, 29 set. 2014. Disponível em: <http://nerdgeekfeelings.com/2014/09/29/desenhos-arte-super-herois-quais-deles-realmente-atraem-as-mulheres/>. Acesso em: 20 fev. 2016.

STARY, Carolina. "FAQ Gamergate: Por que precisamos falar sobre ele?". Revista *Capitolina*, 5 nov. 2014. Disponível em: <http://www.revistacapitolina.com.br/faq-gamergate>. Acesso em: 2 mai. 2016.

Por que o ódio ao feminismo?

#MeuAmigoSecreto fala que feministas são iguais a miojo: ficam prontas em três minutos e são comida de universitário.

Esse meu amigo secreto se acha muito engraçado. Mal sabe ele que apenas encontrou uma forma sem graça e nem um pouco original de ser machista. Desde os primórdios da história feminista, quando as mulheres ainda lutavam por direitos políticos como o voto, temos que enfrentar esse tipo de comentário — ora disfarçado de humor, ora desprovido da máscara de piada. Várias charges retratavam as *suffragettes* como mulheres feias, insinuando que a falta de marido seria a causa de seu engajamento político ultrajante e desnecessário:

> No século XIX, ainda na França, não há como deixar de mencionar Honoré Daumier, célebre caricaturista, radical republicano e fervoroso antifeminista. (...) Daumier mostra-se crítico mordaz das mulheres com pretensões a qualquer tipo de atividade pública, ou não tradicionalmente feminina, que, na sua opinião, negligenciavam seus deveres domésticos e maternais. Atacava as feministas, "mulheres que não querem resignar-se a ser mulheres", tornando-as alvo do riso satírico. As feministas, as literatas e todas aquelas que fugiam ao estereótipo feminino tradicional são apresentadas, contraditoriamente, como feias, supremo pecado da mulher, masculinizadas, grosseiras e algozes dos maridos.[1]

Não é difícil perceber que esse tipo de discurso perdura até hoje, protegido, muitas vezes, pelos guardiões do "politicamente incorreto". Por muito tempo, as reclamações em relação ao "politicamente correto" costumavam ser restritas — e mais comuns — ao humor. A crítica era que

---

[1] Soihet, 2005.

não se podia fazer piada com mais nada porque alguém sempre ficava ofendido. Não estavam falando de qualquer piada, é claro, mas sim daquelas que tinham como alvo grupos minoritários, como mulheres, negros, população LGBT, pessoas com deficiência etc. Até hoje, alguns veem a falta de critério na escolha de seu repertório "politicamente incorreto" como motivo de orgulho. Para eles, no humor "vale tudo".

Ignorando completamente o fato de o humor também estar inserido no campo político, ou seja, de o humor ser mais um tipo de discurso entre os diversos que compõem o caldeirão de ideias em uma democracia, essas pessoas logo passaram a fazer reclamações generalizadas em relação à "patrulha do politicamente correto". Ou seja, a defesa da liberdade de expressão irrestrita — que abarcaria todo tipo de piada ofensiva — não poderia vir seguida de críticas. Quem se opõe ao teor ofensivo do que está sendo dito é imediatamente tachado de "chato", sob acusações de que estaria estragando uma brincadeira engraçada, afinal, "é só uma piada".

As críticas ao "politicamente incorreto" — ou seria politicamente conservador? — são vistas, então, como uma reação desproporcional a piadas, como falta de senso de humor ou, simplesmente, como a mais pura chatice. Segundo Susan Faludi, ganhadora do prêmio Pulitzer de jornalismo, "embora o movimento feminista tenha certamente tornado as mulheres mais conscientes da própria desigualdade, nem por isto o crescente protesto feminino deveria ser descartado com sendo apenas 'hipersensibilidade' atiçada pelo feminismo".[2] O curioso é que é justamente isso que alega a turma do politicamente incorreto: que a culpa não é da piada ofensiva, mas das pessoas chatas que estão se *sentindo* — e não efetivamente *sendo* — ofendidas por nada.

Será que estamos mesmo muito sensíveis ou será que despertamos para um nível de consciência política que não mais aceita certos discursos? Não ouvimos piadas com estupro, mulheres burras, negros ladrões

[2] Faludi, 2001, p. 16.

somente uma vez. Depois da milésima, é compreensível que qualquer pessoa se levante e diga *chega!*. Além de manifestarmos nossa indignação, ao dizer isso estamos também quebrando um acordo implícito de cumplicidade. A pessoa que conta uma piada ofensiva o faz também por acreditar que esse discurso será aceito por seu interlocutor, uma vez que se trata de algo naturalizado na sociedade. Ao desfazer essa suposição e questionar o que está sendo dito, o piadista se vê obrigado a repensar o que disse. Esse choque o incomoda e o faz acreditar que a pessoa está sendo chata ao não colaborar com o momento humorístico. Afinal, o mundo está ficando chato para quem? Para os que têm que ouvir calados sua humilhação ou para os que querem ter o direito de contar piadas ofensivas?

O "politicamente incorreto", porém, atravessou as barreiras do terreno do humor, se inserindo nas mais diversas áreas sociais. Na internet e na vida real, é comum vermos antifeministas proferirem ataques a mulheres, atribuindo nossa militância à falta do que fazer, à falta de sexo ou à promiscuidade. Sem dúvida o discurso de ódio e os ataques pessoais, feitos lançando mão de xingamentos, ameaças e insinuações de insanidade, têm por objetivo deslegitimar o movimento feminista.

É o que acontece, por exemplo, quando se referem às feministas como "feminazis", em uma alusão ao nazismo, ou quando atacam nossas bandeiras com o argumento de que elas seriam apenas plataformas para propagar nosso ódio aos homens ou mesmo para chamar atenção. Questionam nossos motivos para permanecermos em luta, ora desqualificando nossas pautas por completo, ora admitindo que elas podem até ser importantes, mas que não se compārariam às reais tragédias humanas — para as quais, supostamente, as feministas fechariam os olhos.

Ora, o fato de lutarmos por pautas específicas não significa, evidentemente, que ignoremos a existência de outras demandas. Significa que, embora nos sensibilizemos com diversas questões, não dispomos de tempo nem de recursos para lutar ativamente por todas — somos feministas, não deusas onipresentes. Então, focamos nas questões que nos são mais sensíveis e em relação às quais acreditamos poder promover mais mudanças.

A ofensiva antifeminista, porém, vai muito além das frases misóginas revestidas de humor, do questionamento infundado de nossas intenções ou mesmo dos ataques pessoais. Em 1991, Susan Faludi publicou uma obra essencial para a análise desse fenômeno, que contribuiu para que pudéssemos analisar a teia na qual se forma um discurso antifeminista. Em *Backlash: o contra-ataque na guerra não declarada contra as mulheres* (2001), Faludi começa por elaborar um termo para se referir a tudo isso: *backlash* — que, em português, seria algo como "reação negativa". A partir de uma pesquisa extensiva, Faludi afirma que o *backlash* contra os direitos da mulher é um fenômeno recorrente, que se segue a todo período de avanços femininos, desde o fim do século XIX até as décadas de 1920, 1950 e 1980, decênio no qual ela foca sua análise:

> Toda a vez que as mulheres parecem ter algum sucesso na sua marcha rumo à igualdade, surge uma inevitável geada atrapalhando o florescimento do feminismo (...). Os historiadores nunca deixam de se surpreender com esse padrão capenga, cheio de saltos e interrupções, do feminismo americano. "Enquanto os homens prosseguem em seu desenvolvimento, construindo sobre tradições herdadas", escreve a historiadora Dale Spencer, "as mulheres ficam confinadas em ciclos de contínuos recomeços."[3]

Quantas vezes precisamos explicar a alguém que feminismo nada tem a ver com ódio aos homens? Quantas vezes nos vemos obrigadas a debater mais do mesmo, nunca fugindo do óbvio, em vez de nos aprofundarmos nas discussões que nos são caras, devido à propagação de desinformação? E quantas vezes, mesmo diante de direitos já conquistados, temos que justificar a necessidade deles, além de com frequência

[3] Ibidem, p. 65.

vermos esses mesmos direitos serem ameaçados por legislações cada vez mais conservadoras? Com o crescimento e o surgimento de mais páginas e blogs feministas nas redes sociais, é verdade que muitas de nós ficamos satisfeitas ao perceber que não estamos sozinhas. Entretanto, o feminismo, como vimos, não é nenhuma novidade, mas sim uma luta que perdura através dos séculos. Logo, por que, ainda hoje, algumas pessoas têm tanto medo do termo "feminismo"? Por que sempre temos que recomeçar nossa discussão da estaca zero?

O antifeminismo foi e ainda é uma resposta imediata dos setores conservadores da sociedade à luta feminista. Segundo o sociólogo norte-americano Michael Kimmel, a argumentação antifeminista é justificada por "normas religiosas e culturais" e como um meio de "salvar" a masculinidade da "poluição e invasão".[4] Ele afirma que antifeministas se refugiam em nostálgicos conceitos de gênero, considerando a "divisão sexual tradicional do trabalho como natural e inevitável, talvez também divinamente sancionada".[5] Ou seja, mulheres são excluídas dos ambientes políticos, de trabalho e de educação, entre outros, porque são supostamente frágeis ou até mesmo porque não querem, não se esforçam o suficiente, entre outros argumentos meritocráticos, e não porque existe um sistema patriarcal no qual os homens detêm privilégios social e historicamente construídos e, consequentemente, o domínio desses espaços. Mais de um século depois da emergência das *suffragettes*, as feministas continuam a ser desqualificadas como mulheres mal-amadas, feias, rejeitadas, megeras, frígidas, putas ou loucas. Tudo isso contribui para que haja uma má compreensão do que é o feminismo e para que muitas mulheres tenham medo de se proclamar feministas — mesmo quando, na prática, defendem valores e pautas feministas.

Susan Faludi analisa o *backlash* nos anos 1980, mas poderia muito bem estar falando dos dias atuais. Naquela época, segundo mostra

---

[4] Kimmel, 2004, p. 35.

[5] Ibidem, p. 36.

a autora, uma onda antifeminista inundou os jornais, a publicidade, os livros, a moda, o cinema, a televisão, até mesmo o discurso da medicina e da psicologia. O discurso que permeava a sociedade americana era o de que as mulheres já haviam "chegado lá" e, mesmo assim, se sentiam infelizes. O feminismo e sua busca por igualdade — que, de acordo com esse discurso, já havia sido alcançada —, portanto, eram os culpados pela insatisfação feminina.

De taxas de suicídio e depressão, problemas com a aparência e a alimentação, insatisfação financeira, aumento da violência na TV, até o aumento da criminalidade entre mulheres, todo tipo de problema foi posto na conta do feminismo. Faludi, porém, fez uma pesquisa intensa para desmitificar todas essas "aflições atribuídas ao feminismo":

> O senso comum convencional do *backlash* responsabiliza o feminismo pelo atual "esgotamento" da mulher. As mulheres puxaram a corda demais, pontificam os papas do *backlash*; o feminismo procurou mudar as coisas demais, e num tempo curto demais, e acabou prostrando as mulheres. O mal-estar e a insatisfação que as mulheres estão experimentando hoje em dia nada têm a ver, no entanto, com a rapidez da liberação, mas sim com a sua estagnação. A revolução feminista esgotou-se, deixando inúmeras mulheres desencantadas e paralisadas frente à descoberta de que seu progresso real possa ter sido, mais uma vez, impedido.[6]

A pesquisa de Susan Faludi é abrangente, minuciosa e muito aprofundada. O que nos cabe enfatizar aqui, porém, e o que Faludi conseguiu esmiuçar com tamanha categoria, é que toda ação feminista traz a reboque uma reação conservadora de manutenção do *status quo*. Isso pode ser percebido desde um Legislativo empenhado em retroceder em direitos já conquistados e em criar empecilhos para novas conquistas até as ondas

[6] Ibidem, p. 76.

fervorosas de ataques virtuais. Assim, existe um discurso sendo formulado que atua em pelo menos dois eixos: um que diz que não precisamos do feminismo[7] — ou que não precisamos mais do feminismo — e outro que se desenrola em uma reclamação sobre o ativismo de movimentos sociais, buscando deslegitimá-los e freá-los.

Contudo, como procuramos mostrar neste livro, o feminismo ainda é extremamente necessário e continuará sendo enquanto perdurarem as desigualdades de gênero — e existem muitas, como pudemos constatar no decorrer da leitura. Mesmo depois disso, o feminismo será necessário para evitar retrocessos, já que, além de criarem barreiras à nossa luta, o que conquistamos é sempre posto de volta na berlinda.

Assim, embora exista muita resistência à luta feminista, estamos firmes, fortes e empenhadas nessa empreitada. Devemos, então, ser gratas às mulheres que vieram antes de nós por tudo que alcançaram, e às que estão aqui e às que virão, é preciso enfatizar que ainda há muito a ser feito. Não porque queremos fazer parte de uma militância política, mas porque precisamos.

Referências

FALUDI, S. *Backlash: o contra-ataque na guerra não declarada contra as mulheres.* Rio de Janeiro: Rocco, 2001.

SOIHET, R. "Zombaria como arma antifeminista: instrumento conservador entre libertários". *Estudos Feministas*, Florianópolis, v. 13, n. 3, pp. 591-611, 2005.

KIMMEL, M. "Antifeminism". In: ______. *Men and Masculinities: A Social, Cultural, and Historical Encyclopedia.* Santa Barbara, CA: ABC-CLIO, 2004, pp. 35-37.

[7] Ver capítulo sobre anticapitalismo.

Sobre as autoras

Bruna de Lara é estudante de Jornalismo da UFRJ e integrante do Livre de Abuso, projeto de conscientização sobre relacionamentos abusivos. Em 2015, foi painelista da I Jornada Mulher Viver Sem Violência, na mesa "O papel dos meios de comunicação no combate à cultura de violência contra a mulher".

Bruna Leão Rangel é advogada, bacharel em Direito pela Universidade de Brasília (Unb) e pós-graduanda em Sociologia e Cultura pela PUC-Rio, idealizadora e integrante do Advogados Feministas.

Gabriela Moura é relações públicas pela Universidade Estadual de Londrina, estudou cultura e idioma árabe no Centro Cultural Árabe Sírio de São Paulo e Sociopsicologia na Fundação Escola de Sociologia e Política de São Paulo. Atua com comunicação, marketing digital e pesquisa o feminismo negro. É autora do blog Nada Sob Controle e palestrante sobre feminismo e mulheres na comunicação.

Paola Barioni é bacharel em Direito pela Universidade Estacio de Sá. Milita no feminismo interseccional e geek, esse último sua paixão de infância.

Thaysa Malaquias é mestranda em Teoria, História e Crítica pelo Programa de Pós-Graduação em Arquitetura da Universidade Federal do Rio de Janeiro. Formada em Arquitetura e Urbanismo pela mesma universidade. É sócia-fundadora do escritório ARQz Arquitetura. Ministra palestras e entrevistas acerca de temas inerentes ao feminismo.

INFORMAÇÕES ÚTEIS

Central de Atendimento à Mulher
Disque 180

O 180 é um serviço oferecido pela Secretaria de Políticas para as Mulheres da Presidência da República que tem como objetivo receber denúncias, relatos de violência, orientar as mulheres sobre seus direitos e fornecer informações. O serviço é gratuito!

Procure também uma Delegacia da Mulher de sua cidade.

Ministério Público

Você pode denunciar diversas ilegalidades aos Ministérios Públicos Estaduais. Procure o site do Ministério Público do seu Estado para buscar informações.

Acesse também o Portal do Cidadão, do Ministério Público Federal, pelo site: cidadao.mpf.mp.br

Sofreu violência obstétrica?

Exija cópia do seu prontuário na instituição de saúde onde foi atendida. Essa documentação pertence à paciente, podendo ser cobrado apenas o valor referente aos custos das cópias.

Procure a Defensoria Pública do seu Estado, independentemente de ter usado o serviço público ou privado.

Ligue para o 180 ou para o 130 (Disque Saúde)*

Violação de Direitos Humanos
Disque 100

Serviço gratuito, vinculado à Secretaria de Direitos Humanos da Presidência da República, atende denúncias de violação de direitos humanos, presta informações e orienta ações a serem tomadas.

Crimes virtuais

Acesse safernet.org.br ou procure uma delegacia especializada em crimes cibernéticos no seu Estado.

Não se esqueça de que, além da esfera criminal, você pode procurar reparação por danos morais e/ou materiais na esfera cível. Consulte a Defensoria Pública de seu Estado ou uma advogada.

* <http://www.defensoria.sp.gov.br/dpesp/repositorio/41/violencia%20obstetrica.pdf>.

Este livro foi editado na cidade de São Sebastião do Rio de Janeiro
e publicado pela Edições de Janeiro. O texto foi composto
com as tipologias MinionPro e WalbaumGrotesk Book
e impresso em papel Avena 80 g/m² nas dependências da Lis Gráfica.